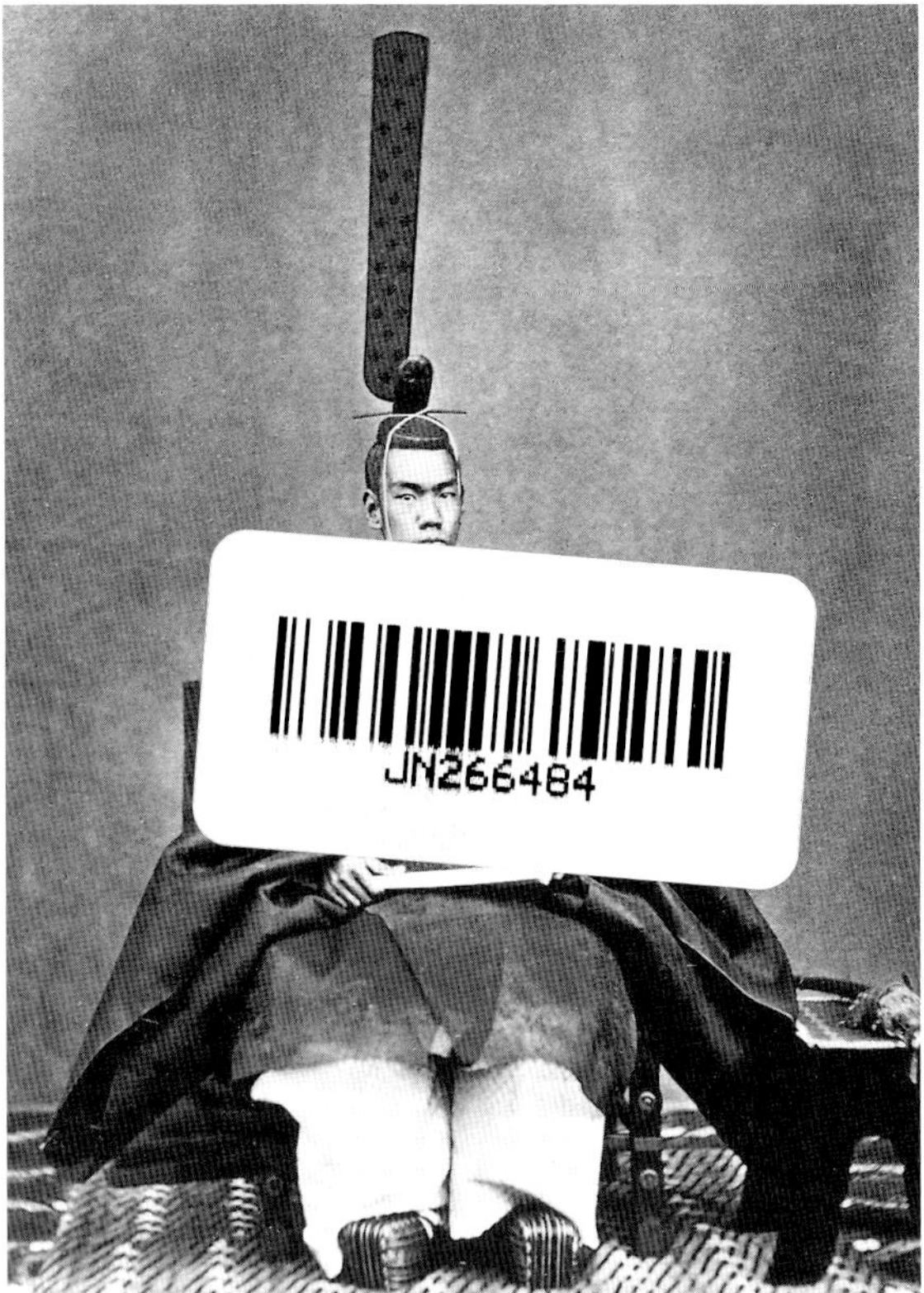

恐らく明治５年(1872)４月、内田九一(1844–1875)によって撮影された明治天皇。天皇は、宮廷の正式な衣裳《いしよう》である「束帯」を着けている。頭に被《かぶ》っているのは、謁見《えつけん》した外交官たちが回顧録などで一様に触れている「纓《えい》」である。この写真は、外国に贈られることがなかった。思うに、天皇が近代的君主のようには見えなかったからだろう。(宮内庁蔵)

堤哲長《あきなが》(1827–1869)による孝明天皇の公式の肖像画。現在、京都の泉《せん》涌寺《にゅうじ》にある。(泉涌寺蔵)

太陽臨時増刊「明治聖天子」(1912、博文館)に掲載された孝明天皇の肖像画。
現在どこにあるかは不明。
(資料提供・三康図書館)

明治天皇の生母である中山慶子(1835-1907)。
(「明治天皇御写真帖」より)

内田九一が撮影した美子《はるこ》皇后。死後は、昭憲皇太后として知られる。皇后は明治19年（1886）まで和装だったが、以後はもっぱら洋装で通した。（宮内庁蔵）

新潮文庫

明治天皇

(一)

ドナルド・キーン
角地幸男訳

新潮社版

8138

目次

〔第二巻目次〕

〔第三巻目次〕

〔第四巻目次〕

永井道雄の霊に捧ぐ

明治天皇

㈠

序章

京都御所を取り巻く御苑《ぎょえん》の北の端に、板塀で仕切られた屋敷跡がある。その庭の一角に、一棟の小さな家が建っている。明治初期、初めて古都に住むことを許されたアメリカ人宣教師たちは、自分たちの家を探す当座の間だけ、家具調度など身の回りの品々を置く倉庫代わりにこの家を使ったことがある。今となってはほとんど目をとめる者とてないが、この家は嘉永七年（一八五四）四月の内裏を全焼させた大火をまぬがれたばかりでなく、明治元年（一八六八）の事実上の東京遷都《せんと》後の荒廃と破壊をも生き抜いた数少ない公家《くげ》屋敷の一つである。

人の出入りを禁じるように周囲に板塀をめぐらせた外側には、「祐井」と記された小さな木柱が建っている。板塀の内側には、より重々しい石碑があるのが塀越しにかろうじて目に入る。過去を物語るこの二つの標識だけが、ここを訪れる者に次のことを教えてくれる。この家は江戸末期に建てられた伝統的な日本建築の一つ——それも実にありきたりの——というだけでなく、はるかに重要な意味を持っている、と。事実、この家で明治天皇（＊1）が生まれ、（信用できない伝説によれば）「祐井《さちのい》」の水で産湯《うぶゆ》をつかったのだった（＊2）。

明治天皇が御所の中でなく、このような質素な家で生まれたのは宮中の慣習によるものだった。生母中山慶子《よしこ》（一八三五—一九〇七）は、懐妊が明らかになるや御所の局《つぼね》を出なければならなかった。出産は建物を穢《けが》す、と古くから信じられていたからである。代々、天皇の御子《みこ》は宿下がりした生母の家近くで生まれるのが普通で、それも用済みの後は壊される別棟で生まれることが多かった。皮肉にもこの小さな家は壊されるどころか、かつてその周囲に見事な屋根を競い合っていた公家たちの凝った屋敷よりも長く生き延びることになった。

御子の誕生にあたり慶子の父、権大納言《ごんだいなごん》中山忠能《ただやす》（一八〇九—一八八）は敷地内の屋敷の隣に、この「産所」を建てた。当初は、近隣の公家の邸内の空地を融通してもらうつもりだった。生まれてくる子供は、或《ある》いは将来天皇になる皇子かもしれないのだった。にも拘《かかわ》らず忠能の土地借用の申し出は、ことごとく断られた。仕方なく忠能は、狭い自分の敷地内に産所を建てなければならなかった。忠能は当時の多くの公家がそうであったように、浴室と厠《かわや》のついた二間だけの質素な家を建てる費用さえ賄《まかな》えないほど貧しかった。建築の費用の大半は、借金しなければならなかった（＊3）。

家そのものは、確かに大した建物ではない。しかし、それにしても現に明治神宮に祀《まつ》られ、正月には何百万という参拝者を迎え、ふだんでも多くの人々が参拝に訪れる神格化された天皇の生家である。さしたる関心の対象ともならず、なおざりにされたままとは、なんとも妙な話である。長年にわたって打ち捨てられてきた家の瓦《かわら》が新たに葺《ふ》き直されたのは、近年になってからのことである。畳をはがされ、床が剝《む》き出しになった飾り一つない実用本位のこの住居からは、日本史上最も名高い天皇となる皇子の生まれた家であるという気配すら感じられない。

明治天皇の生家に対する無関心は、おもしろいことに、明治天皇という人物についての一般的知識にも共通する特徴である。明治天皇が日本史上最も偉大な統治者であると信ずる日本人でさえ、その輝かしい名声に見合う天皇の業績一つ思い起こすのに苦労するありさまである。明治天皇という名前から、我々は当然のように近代日本の始まりを告げる「明治維新」を連想する。しかし、改元当時（一八六八年）の天皇は満十五歳に過ぎず、維新ならびにそれに続く数々の重大な変革に天皇が何らかの重要な貢献をなし得たとは考えにくい。明治天皇の名は、また日清《にっしん》、日露の戦争の勝利とも日英同盟の締結とも結びつけられるが、これらの出来事に際しての天皇の役割は、明らかに政策や戦略の実際の立案者というよりは仁慈ある統率者ということであったろう。しかし明治天皇の治世を通じて、いや後世に至るまで、この天皇の存在が人々に非凡な勇気ある行為を演じさせたということもまた確かな事実である。明治新政府の数々の変革をなし遂げた功臣たちにとって、明治天皇が常に心の拠《よ》り所であったことは疑うべくもない事実だった。

明治天皇という人物に関する一般的な知識不足は、なにも大がかりな証拠湮滅《いんめつ》の結果というわけではない。天皇誕生以来のありとあらゆる証拠資料は、十二分にそろっている。公式記録である「明治天皇紀」は、それこそ一日単位で天皇が直接関係した出来事から天皇の周辺で起きた出来事まで細大漏らさず記録している。また天皇の死後、その日常と人柄を偲《しの》ぶ数多くの書物や文章が天皇を知る人々によって発表されたが、この種の書物はどういうわけか読む者を感銘させるという性格に欠けている。ヨーロッパ人を引見した最初の天皇として、明治天皇は日本を訪問した外交官たちの日記にも登場する。天皇と直《じか》に会うことの出来た日本人の文章ほどは抑制が利《き》いていない彼らの記述は、初めて公衆の前に姿を現わした天皇の姿を率直に語っていて極めて興味深い。しかし、そうした記述さえも天皇の人物そのものに関しては、ほとんど何も教えてくれない。

公刊された全十三巻（最終巻は索引）ものびっしり詰まった分厚い公式記録（原本は本文二百六十巻）のおびただしい事実に加えて、例えば天皇の艶聞《えんぶん》にまつわる話か、或いは天皇がどのくらい酒を嗜《たしな》まれたかとか、それこそ無数の伝説や逸話が明治天皇にはある。中には、たいした証拠もないのに自分こそ明治天皇の非嫡出《ひちゃくしゅつ》の子孫であると名乗り出る者までいる始末である。むしろ手に入る材料が多すぎるため、行き届いた伝記を書こうとする学者に唯一《ゆいいつ》必要なものは忍耐であるということになるかもしれない。しかし、明治天皇の伝記作者たる最も肝心な務め——四十五年間にわたる治世が日本史上最大の変革の時期でもあった明治天皇という一人の人物の信用できる肖像を描き出すこと——に成功した伝記作者は残念ながら皆無に近い。

或いは自ら進んで認めるかどうかは別にして、伝記作者たちは、明治天皇の個性が「御真影」と呼ばれる肖像——その表情の下に何が隠されているかと思うこともはばかられるまま臣民がその前で最敬礼する様式化された一人の君主の肖像——以上の深みも複雑さも持ち合わせていないという苛立《いらだ》たしい結論に達したのかもしれない。また、明治天皇にも「人間的」な側面があったのだということを言いたいがために、伝記作者たちは様々な逸話を持ち出す。例えば、感情をめったに表に現わさない天皇ではあるが実は皇后を深く愛していたとか、いつも臣民のことを考えていた、或いは素晴らしいユーモアのセンスの持主だった、等々。しかし、この種の逸話は記憶に残るどころか、ほとんど信じられない気さえする。また、いわゆる真実を暴《あば》くことを旨《むね》とする後世の批評家たちは、明治天皇をその数々の功績に値しない「無」の存在として、或いは逆に、やることなすこと臣民の幸福に無関心であることを露呈するような冷酷無比な暴君として描きたがる。恐らくこれはいずれも間違っているのではないかと思われて、批評家たちがそのような天皇像を描き出そうとすればするほど明治天皇の不滅の名声とその崇拝者たちの膨大な数の謎《なぞ》はかえって深まるばかりである。

ほとんど同時代を生きた英国のヴィクトリア女王と違って明治天皇は日記をつけなかったし、手紙も書かないに等しかった。明治天皇の父である孝明天皇は多くの書簡を残していて、そのほとんどが世の中の動きに敏感だった孝明天皇の激しい怒りに満ちている。しかし、ごく稀《まれ》に残っている明治天皇の書簡は興味に乏しい。また詔勅の親署は別として、明治天皇の宸筆《しんぴつ》もほとんど残っていない。天皇がどのような声の持主であったかさえ、しかとはわからない。天皇を知る人々の話では、その声が大きいものであったことはわかっても、その声の質まではわからない。天皇の写真もほとんどなく、公表されたのはせいぜい三、四枚ではないだろうか。同時代の身分が低い日本人の写真は、幾らでも残っているというのにである。死後に描かれた多くの肖像画は、例えば銀山を視察しているものであれ、憲法起草の会議を主宰しているものであれ、あくまで絵姿であって実物そのままを正確に写し取ったものではない。その大部分は、明治天皇の御顔を一瞬なりとも拝する機会さえ持たなかった画家たちの仕事だった（＊4）。

公式の記録や侍従たちの書いた非公式の、時に信用するに値しない回想録以外に、明治天皇を知る一つの方法は、天皇の御製を読むことである。明治天皇は、その生涯に十万首を越える短歌を詠《よ》んだと言われる。いずれも伝統に則《のっと》った型通りのものであるが、そこには自伝的な興味の片鱗《へんりん》なりともうかがわれるし、また折りに触れての天皇の気持を示唆《しさ》するものがある。一方、明治天皇といえば真先に引き合いに出される「軍人勅諭」や「教育勅語」など詔勅の類《たぐい》は、実際には天皇以外の人物の手に成るものであり、その言葉遣いの中に明治天皇個人の考えを見つけるのは難しい。

明治天皇の死後、天皇を知る宮中の人々によって書かれた証言には不十分なものが多く、中には相矛盾するものさえある。或《あ》る一人の回想によれば、明治天皇は幼少時代に極めて健康で活発な少年で、いじめっこの風貌《ふうぼう》さえ帯び、相撲も一番強かった。

ところが別の人物の回想では、幼少時代の天皇が虚弱で病気がちの少年であったことが述べられていて、先の相撲が強かったという回想には疑問を抱かざるを得ない。「蛤御門《はまぐりごもん》の変」で初めて大砲の音を聞いた天皇が驚きのあまり気を失ったという話は多くの伝記作者が繰り返すところであるが、一部の伝記作者たちはこれを否定している。こういう幾つもの矛盾に出くわした時、現代の読者というものは最悪のことを邪推しがちで、それは幼少時代の明治天皇が実際には病気がちで臆病《おくびよう》だったにもかかわらず、伝記作者たちが強いて天皇をたくましい日本男児《やまとおのこ》に仕立てあげようとしたのではないかということである。しかし、幼少時代に何年にもわたって天皇の親しい遊び相手として仕えた人物が、自分は何度も天皇にげんこつで殴られたものでしたと回想する時、わざわざ嘘《うそ》などつけるものだろうか（＊5）。

矛盾は何も、天皇の幼少時代に限ったことではない。天皇の聡明《そうめい》さ、賢明さ、臣民を思う気持、そのほか明治天皇に備わっていたとされる君主にふさわしい資質のことごとくが、最近の学者によって疑問視されている。この種の矛盾のつまらない例を一つ挙げてみよう。例えば（侍従の一人が回想録の中で書いているように）、明治天皇は十数もの邦字紙、英字紙などの新聞をとっていたばかりでなく、毎日それらすべてに丹念に目を通していたのだろうか（＊6）。それとも（別の侍従が書いているように）、天皇もある時期までは新聞の見出しに目を通していたが、その後は新聞そのものを見ることさえしなくなってしまったのだろうか（＊7）。伝えられる天皇の日頃の振舞いについても似たような矛盾が見られて、実のところ明治天皇がどういう人物だったかを見定めることは極めて難しい。もし、よく言われるように明治天皇が身の回りのことにあまり構わない性格で、自分のことに金を使いたがらないため、天皇の軍服にはいつも継ぎが当てられていた（＊8）というのが本当なら、同じ回想記が伝える高価なダイヤモンド（＊9）やフランスの香水（＊10）に対する天皇の嗜好《しこう》については、どう辻褄《つじつま》を合わせたらいいのだろうか。

天皇の日々の生活を記録した全十三巻を丹念に追っていったとしても、明治天皇についてわかったという気持になることは難しい。例えば天皇が御所から初めて外に出たのが正確にいつであるか、我々は知ることが出来る。しかし我々が本当に知りたいのはその刻限のことなどではないので、天皇がその世界のすべてだった禁裏から出て外の空気に触れ、（例えば釈迦牟尼仏陀《しやかむにぶつだ》のように）生まれて初めて貧困や病気や死を目にした時、何を感じたかということである。

明治天皇を個人的に知る人々は天皇の剛毅《ごうき》さ、公平さ、その他数々の優れた資質について語る。かりにこれらの褒め言葉を文字通り受け取ったとして、なお我々が知りたいのは次のことである。禁裏の外の世界について何も知らない女官たちの手で育てられ、武器を手にするどころか古式ゆかしい上品な公家の遊びにもっぱらふけっていた一人の皇子が、それも多くは一度も戦闘に参加したことのない歴代天皇の末裔《まつえい》である皇子が、どういうわけで何よりも軍人として、しかも軍服を脱いだ姿ではめったにお目にかかれないような人物として記憶されるようになったのか。

明治天皇について書いていると、天皇自身だけに焦点を定めているのが難しくなってくることがあるのは事実で、それは天皇を取り巻く顕官たちがいずれも並外れた能力を持つ強い個性の持主ばかりだからである。伝記作者たちは、明治天皇の治世をこれらの人物が活躍した時代として捉《とら》え、天皇の名の下に彼らの輝かしい功績が成し遂げられた、いわば儀礼上の役割だけを天皇に与えがちである。しかし明治天皇の並はずれた名声を、たまたま政治的社会的な大変動の時代に天皇であったということだけに帰するのは、なんとも公正を欠く処遇であると言わざるを得ない。消極的に言っても、天皇の若さと未熟が維新の立案者たちに手を貸す結果となったことは疑いのないところである。もし明治天皇の父である孝明天皇（その外国人嫌いは救いようがなかった）が、「天の計らいによって三十五歳の若さで亡《な》くならなかったとしたら、維新の功臣たちの仕事が事あるごとに妨げられたに違いないことは容易に想像出来る。そして、明治天皇は若年であるにもかかわらず重大な決断を下せる能力の持主でもあった。例えば、西郷隆盛ほか明治新政府の大半の重臣たちが唱えた朝鮮出兵を未然に防ぐことが出来たのは、明治天皇が間に入って裁断を下したからだった。また機会あるごとに示された数々の実践行動——例えば繰り返し行われた明治天皇の全国巡幸——は、臣民の間に統一近代国家としての日本の意識を植えつけるに十分だった。明治天皇に単なる「無」の存在のレッテルを貼《は》ることは、ヴィクトリア女王を「無」の存在として片づけるのと同様、不適切極まりないことと言わなければならない（＊11）。

明治天皇の幼名祐宮《さちのみや》は、七夜の礼の後に父孝明天皇によって授けられたものである。祐宮はのちに親王睦仁《むつひと》として知られることになるが、この「睦仁」という名は治世を通じて明治天皇が御名御璽《ぎょめいぎょじ》する詔勅に登場する。現在一般に知られている「明治」は天皇崩御後の諡号《しごう》で、同時にこれは元号でもある。明治天皇の治世の呼称として「明治」が採用されるまでは、元号は一人の天皇の治世の間に何度か変わるのが普通だった。例えば干支《かんし》（十干十二支六十通りの組合せ）でいう辛酉《しんゆう》、甲子《かっし》の年、また祥瑞《しょうずい》、災異が起きた年がそれである。これに対して「明治」は、明治天皇が王政復古で君主となった一八六八年から一九一二年の天皇の死までの治世すべてに当てられた元号だった。「明治」は今や、目まぐるしく変化しながら時に激動した一時代の日本文化全般の特徴を示す呼称としても使われている。

私がこれから試みようとするのは、何世紀にもわたって西洋との接触をほとんどすべて拒否してきた国に生まれながら、その国が世界の列強の一つへと変貌《へんぼう》を遂げていくばかりでなく国際社会を形成する一国として成長していく姿を生涯を通じて見守ってきた一人の人物——明治天皇を発見することである。

＊1 天皇の「明治」という呼称は死後につけられたものだが、ここでは明治天皇という名前ですべて通すことにする。生前は、ただ「天皇」ないしは「天子様」と呼ばれていた。「睦仁《むつひと》」という本名は、主として外国人との接見で用いられた。

＊2 明治天皇の幼名「祐宮《さちのみや》」が井戸の名前から取られたという説があるが、井戸が掘られたのは嘉永六年（一八五三）八月の京の旱魃《かんばつ》の時であり、その時すでに天皇は一歳近くになっている。孝明天皇は、参議五条為定《ためさだ》が差し出した七つの候補の中から「祐宮」という名前を選んだ。明治天皇の曾祖父《そうそふ》である光格天皇（一七七一—一八四〇）もまた幼名を祐宮といった。つまり話は逆で、井戸の名前が明治天皇の幼名から取られたのである。孝明天皇は井戸の清冽《せいれつ》かつ豊かな水量を喜び、皇子の名にちなんで「祐井」と名づけた（『明治天皇紀』第一巻二三、五九ページ）。

また、明治天皇は「祐井」で産湯をつかったと一般に信じられているが（例えば、栗原廣太

「人間明治天皇」一ページ）、公式の記録によれば産湯の水は賀茂川出町橋の北から汲《く》まれた（「明治天皇紀」第一巻三、二〇〜二一ページ）。

＊3　産所の建築にかかった費用は百両である。忠能は二百両の借用を願い出た。この願いは、議奏、武家伝奏を経て関白に上申されたが、百両以上の借用は前例がないとして断られた。忠能は十五年賦《ねんぷ》返納の約束で百両を借用した。幸い、忠能の祖姑（大叔母）にあたる中山績子《いさこ》が大典侍《てんじ》であったため、その名義でさらに五十両を借用することが出来た。こちらは十年賦償還の約束だった（「明治天皇紀」第一巻八〜九ページ）。忠能は、皇子が無事に誕生すれば、娘慶子の受け取る養育料その他で借財の返済にあてられると見込んでいたようである。

＊4　明治神宮にある聖徳《せいとく》記念絵画館には、明治天皇の誕生から葬儀に至るまでの生涯のハイライトが描かれた八十幅の絵画が展示されている。大正十五年（一九二六）から昭和十一年にかけて当時の画の大家たちが描いたものだが、恐らく実際に明治天皇に会ったことのある画家は一人もいなかったろう。イタリアの画家エドアルド・キョッソーネ（一八三三―一九八）は、明治天皇を実際に写生した数少ない画家の一人である。キョッソーネの原画は写真に複製され日本全国の学校に「御真影」として設置された。

＊5　木村禎之祐「明治天皇の御幼時」（太陽臨時増刊「明治聖天子」二一〜二二ページ。大正元年九月に刊行された「太陽」の臨時増刊号は、全ページを故天皇の回想にあてている。原文は総ルビ、以下同）には次のように記されている。

「聖上には御勝気に在《ましま》す丈《だ》けいと性急に在《おわ》され、少しく御気に叶《かな》はぬことの出来れば、直ちに小さき御拳《おんこぶし》を固められ、誰《たれ》にでも打ち給《たま》ふが例にて、自分など此《この》御拳を幾何《いくら》頂きたるか数知れず。

何分自分は一歳年下のこと故《ゆえ》、恐れ多しといふ観念は更になき上に、固《もと》より考への足らぬ勝ちなるより、常《つねづね》に御気に逆らい奉《たてまつ》りたること少からず、其度毎《そのたびごと》にぽかんぽかんと打たせ給ひたり。」

＊6 坊城俊良《ぼうじようとしなが》「宮中五十年」一五ページ。

＊7 日野西資博《ひのにしすけひろ》「明治天皇の御日常」五三ページ。

＊8 同右四四ページ、一七四ページ。

＊9 同右五九ページ。ダイヤモンドの指輪のために「数千円、あるひは万を超すやうなことが時々ございます」とある。

＊10 香水については、同右一四六ページ。一壜《びん》の香水を「二日か三日くらゐの間に使つてお了《しま》ひになります」とある。

＊11 Giles St. Aubyn "Queen Victoria" 二一八ページ。オービンは「十九世紀の検定教科書のほとんどが、女王がただの『無』の存在であることをほのめかしている。(中略)実際、これほど真実から遠い指摘はない。グラッドストーンはこの馬鹿《ばか》げた指摘に悲しげな微笑を浮かべたに違いない」と書いている。

第一章　孝明《こうめい》天皇

私の手元に孝明天皇（一八三一―六六）の肖像画が二枚ある。複製でよく見かける一枚は、畳の玉座に坐《すわ》り、宮廷の装束を身につけ、天皇であることを示す立纓《りゅうえい》の冠をつけている。心持ち右を向いた面長の顔はまったくの無表情で、その描きぶりからして典型的な天皇の肖像画と言える。この肖像画が例えば十三世紀のものでなく十九世紀のものであることを示すものと言えば、江戸中期以前には垂纓《すいえい》であった天皇の冠が立纓になっていることぐらいで、そのことを除けば、いつどこの天皇と言われても見分けがつかない。その表情の描き方にしても、幕末という史上稀《まれ》にみる騒然たる時代に天皇の地位にあった孝明天皇という人物の苦渋を伝えようとする気配すら感じられない。この肖像画から判断する限り、孝明天皇は過去二百年にわたって国の発展とほとんど無関係に存在した近世歴代の天皇たちとさしたる違いはないということになりそうである。近世歴代の天皇は、いずれもその生涯を通じて日本の民衆とはほとんど無縁の存在だったし、今日ではその名前すら忘れ去られている。しかし、この一枚の肖像画に描かれた特徴のない平凡な顔つきとは裏腹に、孝明天皇は今なお人々の記憶に鮮やかである（＊1）。

もう一枚の肖像画から受ける印象は、先の一枚とはまったく異なる。顔には強い個性が表われているし、その表情からは「憤怒《ふんぬ》」といったものが色濃く漂ってくる。孝明天皇は事実、生涯を通じて怒り続けていた天皇だった。残された手紙や文書類が明らかにするところでは、在位中に起きた事件のことごとくが孝明天皇を激怒させた。その個々の反応ぶりからいって、それは単なる怒りというよりはむしろ、政治的社会的状況の急変を押し止《とど》めることが出来ない自分の無力に対するやり場のない鬱憤《うつぷん》だった。

孝明天皇が生まれたのは、天保二年（一八三一）六月十四日。父は歴代天皇の系譜で第百二十代目にあたる仁孝《にんこう》天皇、母は権典侍《ごんのてんじ》で堂上公家《とうしょうくげ》正親町《おおぎまち》実光の娘雅子。しかし正式には、准后祺子《じゅごうやすこ》の実子として登録された。仁孝天皇の四番目の皇子として、普通であれば皇位を継ぐ立場になかった。しかし孝明天皇が誕生した時、すでに兄の皇子たちはこの世になかった。当時のみならず後世でも、天皇の皇子皇女の死亡率は驚くほど高い。例えば仁孝天皇の十五人の皇子皇女の内、三歳以上に成長したのは三人だけだった(＊2)。孝明天皇の六人の皇子皇女の内、父孝明天皇より長生きしたのは一人(明治天皇)だけである。明治天皇の十五人の皇子皇女の内では、五人だけが成人した。宮廷における乳児死亡率が、同時代の日本の農家より遥《はるか》に高い理由は明らかではない(＊3)。しかし、これには幾つかの理由が考えられて、例えば極端な早婚(皇位継承者はふつう十六歳までに結婚した)、宮中漢方医の遅れた医術、御所に漂う不健康で陰鬱《いんうつ》な空気、等々(＊4)。或《ある》いはこれはめったに指摘されないことだが、皇子皇女の母親になる女性がごく一部の公家の娘に限られていたことから、それが近親結婚を助長する結果を招いたとも考えられる。

天皇、なかでも江戸中期以降の天皇は、ごくわずかの例外を除いて短命だった。桜《さくら》町《まち》天皇は満三十歳で死去、桃園天皇二十一歳、後桃園天皇二十一歳、仁孝天皇四十五歳、孝明天皇自身は満三十五歳で死去している。従って、後継の天皇の即位も早かった。孝明天皇の祖父光格天皇は満八歳で即位、その皇子である仁孝天皇は十七歳、孝明天皇自身は十四歳、そしてその皇子である明治天皇は十五歳で即位した。事と次第によっては、経験おぼつかない若き天皇の即位は国の政治を左右する由々しき事態を招くことになったかもしれなかった。しかし日本の国情にとっては、天皇が君主にふさわしい智恵を備えた立派な人物であろうと、ただの幼君であろうと問題ではなかった。天皇の務めは国を治めることにはなく、その唯一《ゆいいつ》の公的活動は定められた祭儀式典を執り行なうことにあった（＊5）。将軍が何らかの行動をとるにあたって天皇に助言を仰ぐ義務は無かったし、いったん将軍が決断すれば天皇の承諾を得る必要もなかった。この状況が、孝明天皇を境に一変したのである。

孝明天皇は、京都市中心部に小さな一廓を占める御所の中で育った。御所の周りには、公家たちがひしめくようにして住んでいた。御所は皇族にとって、その世界のすべてだった。東久世通禧《ひがしくぜみちとみ》（一八三三―一九一二）によれば、天皇を人間世界と切離し、あたかも生ける神のごとく禁裏に閉じ込めたのは徳川幕府の政策だった。およそ新しい出来事、変わった珍しい出来事を天皇の耳に入れることは厳しく禁じられた。九歳の時に幼い孝明天皇の遊び相手に選ばれた東久世は、晩年、孝明天皇の幼少時代について思い出せる限りのことを語り残している。自分の知っていることを今書き留めておかなければ、数々の由緒《ゆいしょ》ある慣習が永遠に人々の記憶から消えてしまうのではないかと恐れたためである（＊6）。その記憶力には驚くべきものがあり、東久世が親しく目撃した数多くの儀式が微に入り細にわたって記録されている。例えば或《あ》る儀式に誰がいたか、どんな装束であったか、何を賜ったか、等々。その一つの典型的な儀式に就いて、東久世は次のように語っている。

九歳におなりになった六月七日に御読書初めの式があった（＊7）。九歳まで御読書をなさらぬのではない。其前《そのまえ》より孝経、大学などは御読に成て鷹司《たかつかさ》左大将が御相手をして御教授申上て居た。それであるから此《この》御読書初めは表向きの御式と云《い》ふものに過ぎない。当日巳《み》の刻に行はれた。御学問所へ出御になる。二藍《ふたあいみ》三重襷《えだすき》の御直衣《のうし》に、紫亀甲《きっこう》の御奴袴《さしぬき》、中段に御着座になる。武家伝奏、東宮の三卿《きょう》、公卿殿上人御次より御縁へ居並ぶ。久我《こが》建通《たてみち》（中納言）が御机を持出しておん前に置くと清原三位在賢（舟橋）が進んで御机の前へ座し、古文孝経の序文を読む。三遍くり返して読む。東宮も直《す》ぐ其通り御読になる。清原三位が退くと久我が出て御机を引く、そこで入御になると云ふ次第だ（＊8）。

皇子の教育の大半を占めていたのは、「孝経」のような儒学の書を師の後について声に出して読むことだった。まず意味もわからぬまま字句を読むことから始め、ついには漢籍がわかるようになり、自ら漢詩を作るまでに至る。書もまた皇子の教養として欠かせないもので、手習いの師匠を誰にするかということは極めて重要な問題だった。そして日本の古典的な詩形式である和歌を自ら詠《よ》めるようになること、これが皇子に期待された最後の務めだった。

これらの伝統教育の要素を除けば、あと皇子が書物から学ぶべきことはほとんど無かったようである。わずかに日本、中国の史書および地理など基本的事項だけだったのではないかと思われる。天皇の中にはもっぱら日本古来の物語を読むことを好んだ天皇もいれば、宮中で千年の伝統を誇る舞楽の観覧を趣味とした天皇もいた。御所で能楽（＊9）や文楽が上演された記録さえ残っている。しかしこれらの趣味はあくまで気晴らしであって、幕府が天皇の主な務めとして課した真摯《しんし》な学問とは性質を異にするものだった（＊10）。

元和《げんな》元年（一六一五）、天皇、公家、親王、門跡《もんぜき》の行動を規制すべく定められた諸《しょ》法度《はっと》が徳川家康、二代将軍秀忠（当時は名目だけの将軍だった）、前関白二条昭実《あきざね》の連署で発令された。「禁中並公家諸法度《きんちゅうならびにくげしょはっと》」として知られるこの条例は十七の条文から成り、これは恐らく六〇四年に聖徳太子によって制定された「十七条憲法」に倣《なら》ったものと思われる。第一条に掲げられた最も重要な条文は、天皇が学問芸能に専念すべき事を定めている。徳川時代の天皇は、これを肝に銘じて守ったようである。学問(儒学と古道)と芸能(主として、和歌と書)は、天皇の公的生活を支える大黒柱だった。なにも四書五経を学ぶことによって、徳川期の儒者と新解釈を張り合おうとしたわけではない。宮中の人間として孔子の教えに一通り通じ、それを時宜にかなって引用することさえ出来ればそれで十分だった。残りの条文は大臣摂関の叙任と辞任、武家と公家の官職、大臣親王の序列、門跡の取扱い、等々特定の事項を定めている。

天皇並びに宮廷の公家たちの多くは、かりに幕府の天下を恨みに思い、天皇が君臨した往時をなつかしんだとしても、自らに課せられた規制の下で苛立《いらだ》つということはなかった。その住む世界は極めて小さく、しかもその限界には気づいていなかったようで、取るに足らない些細《ささい》な関心事が何十年、何百年にもわたって宮廷の人々の心を占めていた。宮廷の生活にくちばしを入れる幕府や、彼らの一挙一動を監視するため江戸から派遣されてきた役人の存在に憤慨する人々でさえ、幕府から与えられる俸禄《ほうろく》なしには生き延びることが出来ないことぐらい百も承知していた。下級公家の場合、俸禄は一家の最低の生活さえ維持出来ないほど微々たるもので、その多くは好んで品格を落とさない程度の内職に助けを求めた。古書の筆写、歌留多の地紙《じがみ》張りの類《たぐい》である。公家たちはこれらの「手細工」を売るにあたって、その輝かしい肩書の魅力を勘定に入れた。岩倉具視《ともみ》（幕末から明治にかけて最も傑出した公家として登場することになる）の家は、大層貧しかった。岩倉は公家屋敷がいわば治外法権であることを利用して屋敷を博打場《ばくち》として開放し、その寺銭で暮らしを立てていた。しかし極貧の公家でさえ自分の家柄と社会的地位は誇りにしていたし、社会の方からも一応尊敬されていた。勿論《もちろん》、中には公家自ら証言しているように無法な行為に及んだり、およそ金になることなら手段を選ばない輩《やから》がいたことも事実だった（＊11）。

天皇や公家の貧乏は特に通俗歴史家によって誇張して描かれることが多く、天皇も生き延びるためには斯《か》く斯くの思い切った手段に訴えたものである、などという話がまことしやかに伝えられた。実情は、同じく贅沢三昧《ぜいたくざんまい》に誇張されて描かれがちな当時の大名の生活水準から見ても、かなりいい暮らしをしていた。

それにしても、徳川時代の天皇の生活というものは極めて退屈であったに違いない。寝所での楽しみを別にすれば（後水尾《ごみずのお》天皇には三十七人、後西《ごさい》天皇には二十七人の皇子皇女がいた）毎日が祭儀式典の連続で、それが寸分違いなく毎年繰り返されていたようである。しかし我々が天皇の生活を極めて鬱陶《うっとう》しいものに感じてしまうのは、その毎日の行動範囲が狭く限られていることから来ているものと思われるが、これはかならずしも事実ではなかった。天皇は確かに御所を遠く離れて旅することは絶えて無かったが、時折市内を巡幸することはあった。たとえば寛永三年（一六二六）、後水尾天皇は将軍の京都の居城である二条城で四泊五日のもてなしを受けている。しかし、三代将軍徳川家光（一六〇四―五一）が父秀忠の死で名実ともに権力を握った寛永九年（一六三二）以後、天皇が御所から外に出ることは幕府によって禁じられた。何度か、御所から火が出た時に天皇が市内の寺に避難せざるを得なかったことがあるのは事実である。しかし、近世歴代の天皇は幽閉された国事犯のようなものだったと言っても誇張にはならない。

上皇（譲位した天皇）は、比較的自由に御所の外に出ることが出来た。京都市北東の山麓《さんろく》にある修学院《しゅがくいん》離宮は、もと後水尾上皇の別荘として明暦元年（一六五五）から万治二年（一六五九）にかけて造営された。その後も何人かの上皇が離宮を訪れたが、やがて荒廃し、光格上皇が文政六年（一八二三）に幕府に修学院行幸を願い出た際、直前になってあわただしく復旧されなければならなかった。行幸は、華やかに執り行われた。

日吉の山のふもと、修学院の御茶屋は、後水尾院法皇始て御幸まし〳〵、霊元《れいげん》院法皇もまた志《し》ば〳〵行幸なりしあとなり、享保十七年、霊元法皇かくれさせまし

〱ける後は、星霜百年計、荒廃して行幸も絶たりしを、文政六年の秋、武家より新に修理を命じ玉ひ、旧貫に復して是《これ》を奉《たてまつ》らしめ給ふ、さるによて、文政七年九月廿一日、太上皇〇光格はじめて御幸なる、御道筋は、清和院御門を出て、升がたにいたり、賀茂川をわたり、新田山ばなを御小休の所とす、万民歓呼して、万歳を唱へ、ちまたにみちてをがみ奉る、げにありがたき御代にてぞありける（＊12）

上皇や門跡には、この程度の自由は幕府から許されていた。しかし在位中の天皇は、そうはいかなかった。寛永九年から孝明天皇が賀茂社と石清水《いわしみず》八幡に参拝した文久三年（一八六三）まで、歴代の天皇は何かの惨事が起きた時を除いて御所を離れることはなかった。海を眺めた天皇も、富士を仰いだ天皇も、また将軍家お膝元《ひざもと》である江戸の町を見た天皇もいなかった。生涯を通じて天皇が会うことが出来た人間は、たかだか数百人の公家だけであり、日本人のほとんどが天皇を垣間《かいま》見《み》たことさえなかった。都の人々は、天皇が御所の築地《ついじ》塀《べい》の向こうに日々暮らしていることは十分承知していた。しかし、例えば光格上皇が修学院離宮に行幸した時のように稀《まれ》な機会を除けば、天皇、上皇はおろか、その運ばれていく乗物さえ目にする機会はなかった。天皇は側《そば》近く仕える一握りの公家を除けば誰の目にも見えず、畏《い》敬《けい》の念を抱かせはしても完全には人間世界に属しているとは言えない御簾《みす》のうしろの存在だった。
東久世通禧は、のちの孝明天皇が自分にとって一人の人間であると同時に友人でもあった宮廷で数少ない証人の一人である。東久世は、若き日の孝明天皇の学問の熟達ぶりを次のように語っている。

四書、五経（＊13）位は容易《たやす》く御読になって講釈を遊ばす位の御学力はある。和書の方はさして御学びはないけれど和歌は父皇《ちちみかど》の御添作《てんさく》を御受になって日々御よみになった。歌は余程御達者である。雅楽は葉室《はむろ》大納言顕孝が御指南申上て笛が御上手であった（＊14）。

孝明天皇は天保十一年（一八四〇）、数えで十歳の時に正式に東宮（皇太子）になった。東久世の回想によれば、立太子礼に先立って七社七寺に勅命が発せられ、風雨の難なく儀式が無事執り行われるよう祈りが捧《ささ》げられた（＊15）。儀式は、紫宸殿《ししんでん》で行われた。最後に天皇が、東宮に皇位の継承者であることを示す壺切御剣《つぼきりのごけん》を渡すところで式は完了した。
東久世が実際に東宮に出仕したのは天保十三年（一八四二）だが、その二年前の立太子礼の様子は伝え聞いて知っていた。

東宮の御装束だけを言へば、御髪は総角《あげまき》、まだ御元服をなさらぬから頂上《うえ》で左右へ分て御耳の上へ輪にして垂れて居る。聖徳太子の画像に二人の童が附て居るのがある、あの童の髪のやうなものだ（＊16）。

立太子礼の模様は人から伝え聞いたかもしれないが、孝明天皇の「元服」には東久世自らが立ち会っている。東宮として二番目に大事な式典である「元服」は、天保十五年（一八四四）三月二十三日、東宮にお歯黒をつける「御鉄漿《おかね》初め」の儀式で始まった。孝明天皇はこの儀式を大層嫌ったため、無理強いされなければならなかった（気味悪い黒い汁を歯に塗りつけられる十二歳の少年が、それを嫌がって恐らく悲鳴をあげたであろうことは容易に想像できる）。続く二日間は、式典の稽古《けいこ》が行われた。東久世は、次のように書いている。

天子御一代に一度の事で当職の者も記憶して居る者は少いから皆記録によって一通りは演習する（＊17）。

式典当日の未明、東宮は南殿の装束をつけた。公家はみな束帯で、螺鈿《らでん》の太刀を佩《は》き、裾《すそ》を引いていた。仁孝天皇が出御し、東宮の冠を捧《ささ》げ持った女官がこれに従った。東宮は南殿に出て、主殿寮《とのもりよう》の官員が幔幕《まんまく》を開いた。鷹司《たかつかさ》東宮大夫、久我《こが》権大夫が先に立ち東宮が昇殿し、関白政通《まさみち》がその傍らに立った。九条右大臣が東宮の裾を執った。この厳粛な瞬間、公家たちはことごとく平伏し、地下《じげ》の者たちも庭に平伏した。加冠は内大臣近衛忠煕《このえただひろ》が行ない、理髪は権中納言久我建通《たけみち》（一八一五―一九〇三）が行なった。まず近衛が前に進んで冠を捧げ、退き、次に久我が進み、東宮の後髪を整えた。これが済むと、東宮はひとまず入御し、御袍《ごほう》（上衣）を替えた。

弘化三年（一八四六）一月二十六日未明、父仁孝天皇が逝去《せいきょ》した。誰もが予期せぬ突然の死だった。仁孝天皇は壮年期（まだ四十五歳だった）で、並外れた体格の持主でもあった。風邪以外に、病気らしい病気もしたことがなかった。しかし、夜中に厠《かわや》へ立とうとして腰が立たないことに気づいた。女官たちが脇《わき》から助けたが、重すぎて抱え上げることが出来なかった。天皇は、仕方なく這《は》って便所に向かった。その途中で、発作に襲われた（＊18）。関白三公に急使が走り、関白等が参内した時には天皇は既にこの世の人ではなかった。譲位のことは口に洩《も》らしていたものの、天皇の譲位には幕府の許可が必要だった。天皇御不予（病気）ということで、京都所司代から譲位伺いの急使が江戸に飛んだ。

仁孝天皇の死が公表されたのは、二月六日だった（＊19）。七日後、孝明天皇践祚《せんそ》の式が簡潔に行われた。仁孝天皇入棺は、翌十四日だった。二月二十三日、御息所《みやすどころ》（夫人）九条夙子《あさこ》が宮中席次で皇后に次ぐ女御を称した。これは、孝明天皇にも后《きさき》にあたる伴侶《はんりょ》が出来たことを意味する（＊20）。

「孝明天皇紀」に出てくる在位初期の記述の多くは、歴史的にさして重要な事柄ではない。故仁孝天皇の法会《ほうえ》、禊《みそぎ》などの神事、月食、闘鶏など、あらゆる事実が同じ重みで詳細に列挙されている。中でも重要な出来事と言えば、学習院（公家の師弟の学習所）の創設ぐらいだろうか。弘化三年（一八四六）八月二十九日、次の見出しが突然眼に飛び込んでくる。

二十九日壬午異国船渡来の状京師に聞ゆ因て海防の勅を幕府に降す（＊21）

過去数百年の歴史の中で、時の天皇が初めて国の外交方針に関して意見を表明したのだった。外国の侵略の脅威を知った満十五歳の孝明天皇（或《ある》いはその側近たち）の側に、極度の狼狽《ろうばい》があったことを示しているようである。弘化四年（一八四七）四月二十五日の項の見出しは、やはり同じ調子を帯びている。

二十五日甲戌石清水臨時祭参議藤原定祥宮野を以《もっ》て勅使と為《な》す特に外艦来航の事を以て四海静謐《せいひつ》を祈らしむ（＊22）

これは、日本から外国の侵略者を排除するにあたって何度も神々に助力を求めることになる孝明天皇が捧げた最初の祈願となった。孝明天皇は、生涯を通じて外国人に会ったことは一度もなかった。恐らく石清水八幡に祈願した時点でも外国人については何も知らないに等しかったろうし、その後もその理解が深まったとは思えない。しかし孝明天皇が、外国人（或いは、もっと厳密には西洋人）の出現を神々の国に対する許しがたい侮辱と考えていたことは間違いない。ここで「外艦」と言っているのは、恐らく前年夏に江戸湾に入港したジェームズ・ビドル提督率いる二隻《せき》の米国軍艦のことである。ビドル提督は浦賀奉行に交易を求めたが、不首尾に終わった。同じ弘化三年に、フランス軍艦一隻も日本に来航している。孝明天皇は石清水八幡に捧げた宣命《せんみよう》の中でこの二回の来航に触れ、もし外国船が再び日本を訪れるようなことがあれば八幡大菩薩《だいぼさつ》よ、風波を起こして敵を打ち払い、国の安泰を守りたまえ、と祈願している。

孝明天皇の反外国感情には一点の迷いもなかった。時には為すすべもなく一時的に外国人が日本に滞在することを渋々認め、彼らを海に追い払う時機が来るまでじっと耐えたこともあった。若い時期に形成されたその外国人嫌いは最後まで消えることがなかったし、孝明天皇の肖像画に見られる表情の険しさの一因はここにあると言っても間違いではない。

弘化四年九月二十三日、数えで十七歳になった孝明天皇の即位の大礼が紫宸殿で行われた。天皇は宣命（＊23）を口勅《こうちょく》し、国家の平安と臣民の忠誠への期待を念じた。残された記録によれば式典は盛大に挙行され（＊24）、その翌日、普段であれば御所に近づくことさえ許されない人々までが、盛儀の片鱗《へんりん》なりと一目見ようと御所に押し寄せた（＊25）。

即位後の孝明天皇の生活は、歴代天皇の治世に確立された慣例とさしたる違いはなかった。法会、大嘗祭《だいじょうさい》、和歌御会、宮中役職の異動、等々。必要とあれば、いつに変わらぬ晴れやかな和歌一首を詠《よ》みもした。

梅柳色めく春の庭の面に
　朝日まちえて鶯《うぐいす》のなく（＊26）

続く二、三年の間に起きた平静を乱す出来事と言えば日食と月食くらいで、その間は宮中の行事の一切が一時的に滞ることになった。孝明天皇は御所の中で舞楽や能楽を楽しみ、時に応じて月見の宴を張り、様々な祭儀や行事に臨御した。天皇の為《な》すべき務めの一つ一つが、例年通り定められた日時に厳かに行われた。稀《まれ》に見られる病気の記述（＊27）以外、「孝明天皇紀」には天皇の個人的な事柄はほとんど出てこない。御所の外では大火が家々を焼き、洪水が橋を流失させ、天皇はこれら惨禍《さんか》のあるたびに七社に万民安穏の祈願を命じている。

ますます頻繁に日本近海に外国船が出没するようになり、その度に孝明天皇は狼狽《ろうばい》することになった。しかしその脅威に対して天皇に出来ることといえば、七社七寺に国家安寧を祈らせることだけだった。

幸福な瞬間の訪れを告げる記述もまた、「孝明天皇紀」には登場する。例えば嘉永三年（一八五〇）十一月四日、准后《じゅごう》夙子が着帯後二ヵ月で第一皇女を出産した（＊28）。

また同十二月十七日には新典侍藤原伸子が第一皇子を出産、しかし同日、母子ともに死去した。これは、孝明天皇の治世中に皇族を見舞うことになる出産と死の繰り返しの始まりだった(＊29)。第一皇子の母が天皇の正式な后でないという事実は、皇子誕生の重要性を減じるものではなかったし、また皇子の死去に対する天皇の落胆を和らげるものでもなかった。しかし皇子があまりに短命であったため、通例皇族の死を悼《いた》んで市中に出される鳴物停止令は出なかった(＊30)。

孝明天皇の治世初期の記録には、読者が心を奪われるといった類の記述はほとんど見受けられない。しかし時たまではあるが、後世の歴史の知識がある読者であれば一見無味乾燥に見える記述にも興味を示さざるを得ない。例えば嘉永四年(一八五一)七月十二日の項の見出しは、天皇が有栖川宮熾仁親王《ありすがわのみやたるひと》(一八三五—九五)に皇妹和宮(一八四六—七七)との縁組承諾の勅使を出したことを伝えている。和宮は当時、まだ五歳だった。縁組は明らかに愛情に基づくものでなく、宮中の取決めによるものだった。しかし十年後、将軍家茂《いえもち》が和宮の降嫁《こうか》を願い出るに至って、この縁組は暗礁《あんしょう》に乗り上げることになる。

さらに、「孝明天皇紀」嘉永五年(一八五二)九月二十二日の項は、簡潔な四文字で一人の皇子の誕生を告げている。この日に生まれた人物が誰であるか前もって知らない読者にとって、生まれたばかりの皇子がのちの明治天皇であると知るためには、「皇子降誕」という見出しから延々数ページにわたって続く細かい活字の記述をかなり丹念に辿《たど》っていかなければならない。

＊1　天皇の公式の肖像画に個性が欠けているのは、もともと天皇の肖像画というものが天皇の死後に描かれるものであり、画家がその題材たる天皇の生前の姿を一度も見たことがないためではないかと思われる。その辺の事情に就いては、例えば以前に光格天皇の肖像画を描いたことのある豊岡治資《はるすけ》が弘化三年（一八四六）秋、仁孝天皇が亡《な》くなられて八カ月後にその肖像画を依頼された例がある。豊岡の報酬は「白銀十枚絹二匹」だった（「孝明天皇紀」第一巻二七〇〜二七一ページ、藤田覚《さとる》「幕末の天皇」一四一ページ）。

＊2　この三人の天皇の皇子皇女について詳しくは、「大宅壮一全集」第二十三巻二四〜二六ページ参照。死亡率がなぜこのように高いのか、大宅の意見も添えられている。

＊3　明治三十二年（一八九九）の日本の乳児死亡率は人口千人につき一五三・八人だった。かりに四十年前の割合が、これより幾分高かったとしても、なお皇室における乳児の死亡率とは比べものにならない。加藤仁《ひとし》「明治天皇お局《つぼね》ご落胤《らくいん》伝」（「新潮45」一九八八年九月号）六二ページ参照。

＊4　飛鳥井《あすかい》雅道「明治大帝」二一一ページ参照。飛鳥井は皇室の子孫の死亡率の高さを、昔なが

らの旧弊な宮中の漢方医の医術のせいだとしている。明治後期、これに代わって洋医が宮中に導入されることによって、それ以後生まれた六人の皇子皇女のうち四人が無事に成長している。

*5 勿論《もちろん》、儀式は宮廷の最重要事項だった。廃《すた》れていた幾つかの儀式の復活に成功したことは、光格天皇の天皇たる特徴の筆頭にあげていい（藤田「幕末の天皇」八七〜八八ページ）。またハーシェル・ウェブは、「周期的に繰り返される様々な儀式、官職の任命、年中行事は宮廷の国家的任務のすべてだった」と述べている（Herschel Webb "The Japanese Imperial Institution in the Tokugawa Period" 一一九〜一二〇ページ）。

*6 東久世通禧「竹亭回顧録 維新前後」二九ページ。東久世が何故《なぜ》この本を書いたか、次のように述べている。「吾等は追々高齢になったから今に遺忘《わすれ》るかも知れぬ。今の中に話をして置く。是《これ》も将来の史家が誤謬《ごびゅう》のない様にと思ふ故《ゆえ》である」。

*7 実際は誕生日の七日前である。当時の孝明天皇は満年齢で七歳だった。ほかの箇所では人物の年齢を数え年から満年齢に変えたが、文献から直接引用する場合は原文に従った。

*8 東久世「竹亭回顧録 維新前後」三二ページ。数種の文献から構成された儀式の公式記録は「孝明天皇紀」第一巻四三〜四五ページ参照。

*9 例えば、孝明天皇は弘化二年（一八四五）一月二十日に舞楽を、同年四月十日に能楽を楽しんでいる（「孝明天皇紀」第一巻二四七ページ）。この他にも、孝明天皇の在位中に宮中で数多くの能楽が行われた記録がある。不治の病の兆候が初めて現れたのは、天皇が舞楽を観《み》ている最中だった。

*10 もう一つの気晴らしに、闘鶏があった。孝明天皇は弘化四年（一八四七）三月三日を始めと

して何度か闘鶏を楽しんでいる（「孝明天皇紀」第一巻三一二ページ）。

＊11 福地重孝「孝明天皇」二一ページに引用されている「三条実万《さねつむ》手録」に、公家の身分として最高位にある堂上公家たちの非道な行為の数々が語られている。例えば、効能ある家伝来の薬と偽って武家に怪しげな薬を売りつけたり、往来の途中で武士や裕福な商人に出会うと、つまらぬことで言い掛かりをつけ、金をせびる等々。自身も身分の高い公家である三条は、堂上公家たちの一攫千金《いっかくせんきん》的な奸計《かんけい》は雨後の筍《たけのこ》のように始末に負えない、と述べている。

＊12 「古事類苑」帝王部七四七ページ。

＊13 いずれも儒学の教えの典拠となっている書物。四書は「論語」「中庸」「大学」「孟子《もうし》」のこと、五経は「易経」「書経」「詩経」「礼記《らいき》」「春秋」を指す。

＊14 東久世「竹亭回顧録 維新前後」三三ページ参照。

＊15 同右参照。七社は、伊勢神宮、石清水八幡、上賀茂下賀茂の社、松尾、平野、稲荷（伏見）、春日（大和）。七寺は、仁和寺《にんなじ》、東大寺、興福寺、延暦寺、園城寺《おんじょうじ》、東寺（教王護国寺）、広隆寺。これらの寺がいずれも奈良朝に発するもの、或《ある》いは平安朝の天台宗、真言宗の系列に属するものばかりで、鎌倉時代以降に新しく興《おこ》った宗派の寺でないことを指摘しておきたい。

＊16 同右三四ページ参照。元服の儀式については、三六ページ参照。

＊17 同右三六ページ参照。

＊18 この詳細は、東久世「竹亭回顧録 維新前後」四三ページに引用されている「野宮《ののみや》定祥日記」にある。

＊19 これは、仁孝天皇死去の公式の日付である。しかし明治三年（一八七〇）、仁孝天皇が実際

に死去したのが一月二十六日であることが明らかにされた。さらに明治六年（一八七三）に太陽暦が採用されて以後、この日付は二月二十一日と改められた。「孝明天皇紀」第一巻一六二ページ参照。

＊20　夙子に正式に女御宣下《せんげ》があったのは嘉永元年（一八四八）十二月十五日である（「孝明天皇紀」第一巻七六四ページ）。夙子は天保五年（一八三四）生まれだが、年廻りが悪いということで誕生年を天保四年（一八三三）と改めた（福地「孝明天皇」三五ページ参照）。正式に孝明天皇の后と認められた後も、肩書は皇后に次ぐ「准后」だった。この肩書には幾つかの別称があり、その最も一般的な呼び名は「准三后《じゅさんごう》」。これは太皇太后、皇太后、皇后の三人の后に次ぐ地位であることを示す。のちに夙子は明治天皇の正式な母親となり、明治天皇即位後は皇太后となった。

＊21　「孝明天皇紀」第一巻二五五ページ。

＊22　同右三七〇ページ。

＊23　この宣命の原文は「孝明天皇紀」第一巻四二四〜四二五ページ参照。一見したところ漢文に見えるが、実際には純然たる国文として読み上げられた。漢字の大字の間に小字を書き入れ、これが動詞語尾や助詞の役割を果たしている。

＊24　大礼の経費は、四千三百三十二石四斗三升四合だった（福地「孝明天皇」四四ページ）。

＊25　同右四四ページ。二十五日には一般庶民も参観を許された。この時期の貴重な資料である「言成卿記《ときなるきょうき》」を書いた山科言成によれば、「御即位御調度拝見雑人如雲霞云々車寄前無尺地混雑也」（即位の調度拝見の人々が雲の如《ごと》く霞《かすみ》の如く、車寄せの前は一寸の余地もない雑踏だった）とある（「孝明天皇紀」第一巻四三二ページ）。

＊26　「孝明天皇紀」第一巻五一二ページ。この和歌は弘化五年（一八四八）、菅原道真《みちざね》を偲《しの》ぶ聖廟《せいびょう》御法楽の二月二十五日に詠《よ》まれた。梅は春を告げる花として詠まれたに違いないが、道真と梅との間にも伝統的に因縁がある。

＊27　例えば「孝明天皇紀」は嘉永三年（一八五〇）二月二十一日、孝明天皇が一カ月以上にわたって患《わずら》ってきた痔疾《じしつ》から回復したことを伝えている（「孝明天皇紀」第一巻八八七ページ）。

＊28　同右九三八ページ参照。皇女は嘉永五年（一八五二）六月十四日に内親王の宣下を受け、順《より》子《こ》と命名された。しかしその三日後、一歳七カ月で死去した（「孝明天皇紀」第二巻七〇、七五ページ）。

＊29　「孝明天皇紀」第一巻九四八ページ。母の新典侍藤原伸子は大納言坊城俊明の娘、没年は二十歳だった。

＊30　同右九五〇ページ。皇族及び将軍家一族の死去の際の鳴物停止令に関して、藤田「幕末の天皇」三〇〜三二ページに興味深い考察がある。

第二章　祐宮《さちのみや》誕生

「孝明天皇紀」は、のちの明治天皇の誕生について必要最小限の事実にしか触れていない。しかし「明治天皇紀」は、権典侍《ごんのてんじ》中山慶子《よしこ》が出産の兆《きざ》しを見せた嘉永五年（一八五二）九月二十二日辰《たつ》の刻（午前八時前後）から一部始終を極めて詳細に伝えている。

慶子の父権大納言《ごんだいなごん》中山忠能《ただやす》は、直ちに行動に出た。巳《み》の刻（午前十時前後）、忠能は典薬寮医師三人と産婆《さんば》一人を呼び寄せ、さらに関白鷹司《たかつかさ》政通、議奏（＊1）、武家伝奏（＊2）に書状で誕生が間近なことを伝えた。報《しら》せは、書状で宮中の然《しか》るべき筋へ次々と伝わった。誕生は、午《うま》の半刻（午後一時頃）だった。新たな書状が回った。孝明天皇が報せを受けたのは、常御殿北庭の花壇に咲く菊の花を愛《め》でながら午餐《ごさん》の膳《ぜん》に向かって一献かたむけていた時だった。皇子誕生の吉報に孝明天皇はことのほか喜び、さらに杯を重ねたと言う。

生まれたばかりの皇子は、胞衣（胎盤など）ともども請衣《うけぎぬ》に包まれた。請衣とは、白羽二重三幅を方形に袷《あわせ》にしたものを言う。「明治天皇紀」を読む者は、日本最大の国語辞典にも出てこない「請衣」のような言葉に何度もぶつかることになる。皇子の誕生は、あらゆる宮中行事と同じく、禁裏でのみ通用する特殊な語彙《ごい》を伴った一つの儀式だった（＊3）。

誕生の奏上の後、皇子は継入《つぎいれ》の湯（＊4）に入れられた。それが終わると、中山邸内にある火は全部捨てられた。代わりに、禁裏御用を務める餅屋《もちや》の川端道喜《どうき》の家から新しく火が取り寄せられた。邸内の火がことごとく捨てられたのは、火もまた出産の穢《けが》れに触れたとされたからだった。それにしても妙なのは、新しい火が神社もしくは皇族が門跡となっている寺から取られるならまだしも、一商家から取られたことだった。川端道喜の家は足利時代末から宮中に出入りし、代々朝廷から特別の待遇を受けていた。この家で用いられる火は「清火」として知られ、宮中釜殿でも使われていた。

まず、臍帯《さいたい》（臍《へそ》の緒《お》）を切ってこれを縛り、創痕《そうこん》（傷痕《きずあと》）を焼灼《しょうしゃく》する儀式が行われた（＊5）。胞衣は洗浄され、土器に入れて白木の胞衣桶《おけ》に納められた。桶は披露物台に載せられ、産所の次室に置かれた。桶の蓋《ふた》の上には箏刀《たこうながたな》一双、青石二個、韶陽魚《ごまめ》二尾が載せられ（＊6）、桶と一緒に白絹で包まれた。その前に屛風《びょうぶ》がめぐらされ、白木の菊灯台一基が置かれ、昼夜灯《とも》し続けられた。桶と菊灯台には、胡粉《ごふん》の白絵で松竹鶴亀が描かれている。松竹梅に付き物の梅花だけは、散るのを嫌われて絵模様から省かれていた。

臍帯を切った後、皇子は産湯《うぶゆ》に入れられた。水は古例に従い賀茂川から取られ、これに井戸の水を加えた。産衣を着るまでの数日間、皇子は襦袢《じゅばん》と袖無《そでな》し、さらに御巻と呼ばれる請衣に似た白羽二重でくるまれた。皇子の蓐《しとね》は、産所正室の片高の畳の上に敷かれた。片高とは厚畳を斜めに殺《そ》いだもので、その丈の高い方に枕《まくら》を置いた（＊7）。ふつう、東あるいは南を枕とする。枕元には犬張子一双が向き合うように置かれ、犬張子の中にはそれぞれ白粉《おしろい》や黛《まゆずみ》など化粧道具一式十六品が入っていた。後ろに披露物台が置かれ、これには先に賜った守刀一口と、天児《あまがつ》の人形が載せられた（＊8）。人形の頭は綿を白絹で包んだもので、肢体は丸く削った木を丁字形に組んで白絹が貼《は》ってあるが、四肢の端だけは紅絹《もみ》となっている。床の間には、やはり披露物台の上に胞衣桶に似た白木の押桶が二つ、いずれも白絵が描かれていた。片方の桶には米一包と花結びの糸二条、もう片方の桶には青石三個と方頭魚《かながしら》二尾が納められていた（＊9）。

米は銀箔《ぎんぱく》を押した貼紙《はりがみ》に包まれ、皇子の座を動かすたびにこれを撒《ま》いて御祓《おはらい》に代えた。白絹の花結びの糸は、いずれも長さ一丈二尺（約三・六メートル）で、七夜までに皇子がくしゃみをするたびに結び目をつけられる。古俗によれば、嬰児《えいじ》のくしゃみが多ければ多いほど長寿のしるしとされた。皇子の蓐の東に置かれた二つの衣架には黒紅に金箔を押した提帯二条が懸けられ、双方が結ばれて垂れていた。彩色されたこの提帯を除き、皇子の身辺は白一色だった。生まれたばかりの皇子の服飾調度はすべて白色を用い、めでたい松竹鶴亀の絵柄もやはり胡粉で描かれている。「色直しの儀」で、これがすべて彩色したものに改められるのが習いだった。

中山忠能は皇子の誕生前に社寺、町年寄から借りた安産の守り神に寄進を添え、それぞれ返却した。孝明天皇は生まれたばかりの皇子のもとに女官を遣わし、女官は皇子に拝謁《はいえつ》し、守刀と搔巻《かいまき》を捧《ささ》げた。このほか、皇子は古式に則《のっと》って次々と贈り物を受けることになる。いずれも慣習に則ったものだが、現代の読者にとっては風変わりなものばかりかもしれない。

これより先、すでに陰陽頭土御門晴雄《おんようのかみつちみかどはれお》（一八二七—六九）に即刻出仕を促す使者が飛んでいた。何か重大な決定を下す時、ないしは大事が生じた際には決まって陰陽師《おんようじ》が呼ばれ、大事の意味を解明し、取るべき行動を指図した。土御門家は代々朝廷の陰陽頭を務める家柄で、その吉凶判断は特に重んじられた。すでに中山慶子の出産が間近に迫った時、晴雄は出産日の月日によって分娩《ぶんべん》の行われるべき方角を占い、入念な指示を与えた。

妊娠六カ月で慶子が高熱を発した時は、大騒ぎだった。幸い危機を脱し、無事出産まで漕《こ》ぎつけたが、それでも万が一ということもあり、皇子誕生にあたって晴雄の勘《かん》進《しん》が即座に必要とされたのだった。不幸にも、晴雄の家は御所からかなりの距離にあり、晴雄が中山家に到着した時には、すでに皇子は産湯を終えた後だった。しかし、晴雄はあたかも出産の刻限に間に合ったかのように次々と指示を与えた。いつ臍帯を切るか、いつ浴殿を設備するか、いつ産湯に入れるか、それぞれの日時を勘進した。晴雄がさらに、胎髪を除き、産衣を着せ、胞衣を埋蔵する日時についても指示した。晴雄はここで改めて指図した手順の多くは実際には既に済んでいたわけであるから、これは形式上のことだった。ただ一つ、決めるべき大事が残っていた。胞衣を埋蔵する場所だった。晴雄は、方角から勘案して洛東《らくとう》にあたる吉田神社を選んだ。勘文《かんもん》が御所に伝えられ、御所から承諾の返事が届いた時には既に夜に入っていた。

その間、中山忠能と息子の忠愛《ただなる》（一八三二―八二）は書を武家伝奏に送り、触穢《しょくえ》、即《すなわ》ち二人が出産の穢れに触れたことを報告した。忠愛は役所の同僚にも、同じく触穢のことを告げた。これもまた形式上のことだった。穢れに悩むどころか、忠能は感極まって次のような和歌一首を詠《よ》んだ。

天照す神のみまこを我やどの
　ものとよろこぶけふのあやしさ

残念ながら、和歌として優れていると言うわけにはいかない。しかし忠能の喜びを、あますところなく伝えている。

これに続く数日間の行事は、ことごとく陰陽師の指示に従ったものだった。しかし、陰陽師の判断だけがすべてを左右したわけではなかった。九月二十八日、忠能は七夜の礼を行うため皇子の居室、即ち元の産所の清祓《きよはらい》を陰陽師に依頼した。しかし、その日がまさに姉順子《よりこ》内親王の百カ日にあたることが明らかとなり、七夜の儀式は翌日に延期された。

次に考慮すべき重大な事柄は、胞衣の埋蔵だった。この儀式は、ふつう生後二、三日の内に行われることになっていた。皇子の誕生が土用の節にあたった場合、土用の節十八日間に地に穴を掘ると祟《たた》りがあるとの俗説があり、万一に備えて誕生前に中山家の邸内の空地に穴を掘ってあった（しかし、これは結局用いられなかった）。土用の節が終わった翌日は立冬で節替にあたり、これも避けられた。二十七日は、皇子の生後六日目で胎髪を剃《そ》る六日垂《むいかだれ》だった。翌二十八日は、既に触れたように順子内親王の斎日。二十九日は七夜の儀式が行われ、祐宮の命名があった。いずれも、胞衣埋蔵のために穴を掘るには相応《ふさわ》しくない日だった。しかし、この間に人をやって神社の境内を探索させ、穴を掘る然るべき場所だけは定めてあった。三十日と十月一日は、やはり日が悪かった。胞衣が埋蔵されたのは、祐宮が生まれて十日後の十月二日だった。

宮中の儀式がいかに土地占いに左右されるものか、その影響力の程が窺《うかが》える。似たような考え方は平安時代にまで遡《さかのぼ》ることが出来て、例えば物語や随筆などでお馴染《なじ》みの「方違《かたたが》え」のように、他出の際に不吉な方角を避けるなど土地の方位は人々の行動に直接影響を与えた。同じ俗信は、今日でもなお廃《すた》れていない。

孝明天皇は、誕生したばかりの皇子と未《いま》だに対面出来ないでいた。その日の来るのを天皇がどれだけ待ち焦《こ》がれたことか、想像するに難くない。しかし慣例は、父性愛の主張より重要だった。祐宮が初めて御所に出向いて天皇と対面したのは、生後三十日目の十月二十二日だった。その参内始めの日、出輿《しゅつよ》に先立って皇子は化粧を施された。額の生え際《ぎわ》に白粉で横に一線を描き、黛を点じた。その下に、臙脂《えんじ》を用いて

「犬」という字を書いた。魔除けの一種だった。生母中山慶子が板輿《いたごし》に陪乗して皇子を抱き、数百メートルの道のりを御所に向かった。着帯の日と降誕の日に賜った品々が、やはり板輿に載せられていた。

輿が御所に向けて出発したのは巳の刻（午前十時前後）だった。門番二人が先払い、禁裏使番十人が左右に並び輿に先行した。輿を担《かつ》ぐのは、八人の仕丁だった。輿の脇《わき》をかためたのは、直垂《ひたたれ》姿の滝口の士四人。典薬寮の医師二人が狩衣《かりぎぬ》を着けて列外に、御用掛一人がやはり狩衣姿で輿の後に付いた。ほかに麻裃《あさがみしも》を着けた予備の仕丁その他が、これに続いた。列外には中山忠能、忠愛も加わった。行列が速やかに御所に到着しようと思えば、ものの十分とかからなかったろう。しかし、陰陽師の指示に従って順路を甚だしく迂回《うかい》しなければならなかった。輿が御所に到着した時、孝明天皇は女御と常御殿で待っていた。皇子には、天皇と女御からそれぞれ人形が贈られた。皇子からは内侍所《ないしどころ》（神鏡＝八咫鏡《やたのかがみ》のこと）に金百疋《ぴき》、鮮鯛一折、天皇に中高檀紙《だんし》十帖、昆布、干鯛、酒一樽《たる》が献上された。その他、然るべき所に然るべき品々が贈られた。この日から皇子は、住居を生母中山慶子の局《つぼね》と定めた。忠能の母で祐宮には曾祖母《そうそぼ》にあたる綱子が、日夜御側《おそば》に仕えることになった。

その年の暮、祐宮の外祖父にあたる忠能は京の風習に従い、皇子の初正月の贈物として「ぶりぶり」と毬杖《ぎっちょう》を献上した。「ぶりぶり」は形が瓜《うり》に似た木製の玩具《がんぐ》で、高砂の鶴亀や千秋万歳のめでたい絵が描かれていた。両側に車のついているものもあり、これは紐《ひも》で引っ張るようになっていた。毬杖はやはり木製で槌《つち》の形をしており、長さは一尺八寸（約五十五センチ）、木製の毬《まり》が二つついていた。これら二種の玩具を併せて贈るのは、京の正月の習わしだった。もともとは、子供の玩具だった。しかし、あまりに高価になりすぎたせいか、もはや子供の遊び道具とは見なされなかった。すでに、形だけの贈物になっていたようである。

皇子に献上された贈物、またお返しに皇子の名で与えた贈物は、いずれも当時の京都の中流の裕福な家庭で取り交わされる品々とほぼ似かよったものだった。金銭も贈られたことは確かだが、品物はいたって質素なものだった。祐宮は京の子供の風習にならい、生母慶子に鏡餅を贈った（といっても、何を贈物にしたらよいか、いとけない乳児である祐宮にわかるわけもない）。やはり皇族間で慣習になっている伝統的な贈物に、干鯛があった。しかし、これは完全に乾燥しているため固くて食べられず、あくまで形の上のことだったようである。祐宮には人形や玩具も与えられた。これなら、いかにも乳児にふさわしい贈物と頷《うなず》ける。「明治天皇紀」には、祐宮の成長の節目節目が事細かに記録されている。例えば皇子の「箸初《はしぞめ》の儀」の式次第、皇子が初めて箕坐《きざ》(あぐらをかくように坐《すわ》る)したのはいつか、また皇子に初めて蚊帳《かや》を吊《つ》ったのはいつか、等々。

御所におけるこれら平和な日々は、しかし、そう長くは続かなかった。日本の近代史に通じる者なら誰でも知っているように、嘉永六年(一八五三)はマシュー・カルブレイス・ペリー提督率いるアメリカ合衆国東インド艦隊が日本近海に現れた年だった。米国大統領から日本政府に宛《あ》てた国書を携えたペリーの来航で、日本は長い間続いた鎖国から開国へと歴史の第一歩を踏み出すことになる。

ペリーの艦隊が日本近海に最初に姿を見せたのは嘉永六年四月十九日(西暦一八五三年五月二十六日)夕、琉球《りゅうきゅう》諸島の那覇《なは》港だった。当時の琉球が置かれていた政治的立場を理解することは、アメリカ人にとって難しかった。琉球は当時、日本(厳密には薩摩《さつま》)と中国(清《しん》朝)双方に属領という形をとり、しかも独自の王を戴《いただ》いていた。十九世紀初期から英国、フランス、アメリカの船は琉球諸島に立ち寄ることはあっても、日本本土の港に入ることは厳しく禁じられていた。これまで外国船の来航は、一度に一隻《せき》が普通だった。しかし、ペリーの艦隊は堂々と五隻を引き連れていた。上陸したペリーは沖縄の首都首里に入り、琉球摂政《せっしょう》などと会見、乗員滞在のための家屋を賃借した。首里での交渉に満足したペリーは、島民に農具と野菜の種子を与え、引換えに薪水《しんすい》、糧食を得た。琉球は事実上、開国したも同然だった。

ペリーの艦隊は、さらに小笠原諸島父島二見港に入港した。父島はイギリス人、アメリカ人、ポルトガル人、ハワイ人等を祖先に持つ三十人余の開拓民が住む孤島だった。ペリーは、ここでアメリカ人移住者からかなりの広さの土地を購入し、事務所、桟橋、貯炭所などの建設予定地とした。任務を終えたペリーは再び那覇に帰航し、本来の目的地である日本へと向かった。

これら一連の出来事を、京都は何も知らなかった。御所では、漣《さざなみ》も立たないような静かな日々が流れていた。五月五日、幼い祐宮の端午《たんご》の初節句が祝われた。皇子には数々の幟《のぼり》を始めとして、兜《かぶと》、長刀《なぎなた》など勇ましい玩具が贈られた。この時期、祐宮は祖父忠能の家に住んでいた。しばらく皇子に会っていなかった孝明天皇は、しきりに祐宮との対面を望んだ。医師にその時期を問うと、医師は大事をとって一歳の誕生日が済む九月まで待つことを勧めた。しかし、もし天皇が速やかに対面を望まれるのであれば、それもよろしかろう、ただし六月、七月の酷暑はお避けになるべきである、と。さらに天皇は中山忠能の意見を質《ただ》し、祐宮が近来すこぶる健康であること、定期的に医師の検診を受けているが、ほとんど異状はない、すぐに対面出来ないという理由は何もない、との返事を得た。五月二十七日、祐宮は参内した。天皇からは菊車曳《ひき》人形を賜り、女御から玩具を戴いた。

五日後の六月三日、新暦では一八五三年七月八日、軍艦一隻を琉球に残したペリーの艦隊四隻が、防備を固める浦賀湾に入港した。浦賀奉行所与力中島三郎助は、通詞《つうじ》堀達之助（＊10）を従えて旗艦サスクェハナに近づいた。最初は登艦を拒否されたが、堀が英語で士官と交渉し許可された。中島が退去命令書を示すと、ペリー（直接面会はしなかった）は副官を通じて次のことを伝えた。自分は、日本と通商条約を結ぶべく大統領の国書を持参している、ただし、その国書は日本を代表すべき高官でなければ渡すことは出来ない、と。

翌日、奉行と偽って浦賀奉行所与力香山栄左衛門がサスクェハナ号を訪ねた。やはりペリーには面会出来なかったが、艦長ブキャナン他士官二人と会い、次のことを伝えた。浦賀は外国人応接の場ではない、従って国書を受け取ることは出来ない、長崎に回航してほしい、と。ブキャナン艦長は、もし日本政府が国書を受け取るにふさわしい官吏を直ちに任命しなければ、ペリー提督は必要に応じて武力をもって上陸し、将軍直々に国書を手渡す、と応《こた》えた。香山は、その旨《むね》を幕府に伝え三日後に返事することを約束した。

浦賀奉行井戸弘道（？—一八五五）は、米国艦隊の浦賀への来航を幕府に伝え、海防の不備を訴えた。その間、米艦は短艇を放って江戸湾内の水深を測量、幕吏の制止を無視して本牧《ほんもく》あたりまで短艇を進めた。米艦が湾内に入った報《しら》せが江戸へ伝わると上下ともに驚愕《きょうがく》し、狼狽《ろうばい》した。幕閣の決議は、こうだった。外国からの国書を受け取ることは国法が禁じている。しかし、もしここで拒めば戦禍を招くことは必定である。この場はしばらく忍耐し、国書を受け取り、米艦が去った後に衆議を尽くして国是を定めることこそ最良の策である、と。

九日、井戸石見守《いわみのかみ》弘道と戸田伊豆守氏栄が浦賀西南の久里浜に赴き、ペリーと対面し、ミラード・フィルモア米大統領からの国書を受け取った。さらに、将軍が目下重病につき国家の大事を即決するわけにはいかない（＊11）、翌年に答書を与えると告げ、ペリーもこれを了承し翌春の再航を約した。

これらの事件の報せは、未《いま》だ朝廷には達していなかった。七日は例年のごとく祇園《ぎおん》祭が行われ、十四日は孝明天皇の誕生日で赤餅が配られ、皇子からは鯣《するめ》が献じられた。

フィルモア大統領の国書が幕府のもとに届いたのは、同十四日だった。盛んに流言蜚語《ひご》が飛び交い、上下の動揺は止《とど》まる所を知らなかった。老中阿部正弘（一八一九—一八五七）は幕閣を集め衆議を諮《はか》った。しかし意見は分かれ、紛糾するばかりだった。筒井政憲《まさのり》（一七七八―一八五九）と川路聖謨《かわじとしあきら》（一八〇一―一六八）の二人は、次のことを理由に米国の要求を受け入れ開国すべきであると論じた。二百年以上も続いた太平の世に慣れ、武備は弛緩《しかん》し人心は萎縮《いしゅく》している。このような時に外国と事を構えるのは無理である、と。阿部正弘は、平生より国防に熱心で幕閣から長老として尊敬されている前水戸藩主徳川斉昭《なりあき》（一八〇〇―六〇）に使いを出し、意見を質した。米国の要求を斥《しりぞ》け、一戦交えることの難しさを斉昭は十分知っていた。しかし斉昭としては、外国の要求を素直に呑《の》むわけにはいかなかった。強硬なる態度をもって米国に対すべし、これが斉昭の返答だった。斉昭の意見に賛成する者は多かった。しかし、なお幕府は開国派と鎖国派に分かれ収拾がつかなかった。

十五日、幕府は京都所司代脇坂安宅《わきさかやすおり》（一八〇九―七四）を通じて米艦の来航を朝廷に伝えた。こうした大事が出来《しゅったい》することをかねてから恐れていた朝廷は、報せを受けて震駭《しんがい》した。孝明天皇の憂慮は特に深く、七社七寺に十七日間にわたって四海静謐《せいひつ》、宝祚《ほうそ》長久、万民安穏を祈願させた。

七月一日、幕府は大統領国書の訳文を諸藩主に示し意見を質した。従来、国政に関わる決断は幕府が一手に引受けていた。しかし事ここに至り、二百年余にわたる慣習は一朝にして崩れた。諸藩主が国政にくちばしを入れる端緒が、否応《いやおう》なく開かれることなったのである。

恐らく最も率直に意見を述べたのは、福岡藩主黒田斉溥《なりひろ》（一八一一―八七）だった。黒田は、次のような意見書を認《したた》めた。世界の大勢は、もはや我が国のみ永久に鎖国することを許さない。米国の要求を入れ、長崎に限って交易を許し、期間を五、六年に限ること。我が国の不用の地、もしくは無人島を石炭貯蔵所として使わせればよい。ただし、石炭の供給は許してはならない。もしこれを米国に許せば、露・英・仏の諸国が直ちに同じ要求を突きつけてくるに違いない。

さらに、黒田は続けた。交易の特権は米国とロシアに限るべきである。ロシアは文化元年（一八〇四）に、既に交易を求めている。しかし英仏その他の国々に対しては、断固として交易を拒絶すべきである。もし、これらの国々が不服を唱えた際には、よろしく米露の武力をもって蹴散《けち》らせばよい。もし交易特権を一国に限るというのであれば、米国が望ましい。米国と信義ある関係を結べば、米国の恩恵を得ることが出来る。米国を以《もっ》て欧州諸国に当たらせればよい。これ即《すなわ》ち「夷《い》をもって夷を制する」戦術である。もし米国の要求をにべもなく拒絶すれば、開戦は必至である。ひとたび戦端を開けば、日本の船舶は到《いた》る所で敵の襲撃を受け、海路は閉ざされることになる。江戸など、ひとたまりもない。それどころか、永く後世に弊を残すことになる。いわんや防備整わず、勝算などあり得ないことは火を見るより明らかである。これに乗じて例えばロシアが南下し、松前奥羽《おうう》を侵略する恐れもある。平和こそが、今や主たる目的でなければならない。

焦眉《しょうび》の急は海防である、と黒田は進言した。大船製造の禁令を速やかに解き、範を西洋にとって製艦、造兵の教師、職工を招聘《しょうへい》し、また国民の海外渡航を自由にすべきである。長く続いた太平の世のお蔭《かげ》で、上下ともに慰安を求め人心萎縮して振るわない。今こそ、武備を復活させるべき好機である、と。

黒田の進言は、何がなんでも開国全面支持というわけではなかった。しかし、米国艦隊が浦賀沖に姿を見せて二カ月足らずの内に、それもたかが石炭の権利を要求する大統領国書がきっかけで、有力大名の一人が二百年以上続いた制度の解体を提案したのだった。これは、驚くべきことと言わなければならない。当然のことながら、黒田は幕府そのものの解体を提案したわけではない。また、以前より囁《ささや》かれていた新生日本における天皇の存在の重要性を示唆《しさ》したわけでもない。しかし黒田は、はっきりと徳川政権の基盤である鎖国に終止符を打つべきだと提言したのである。黒田は日本の武力を評価するにあたって、驚くほど率直だった。政権というものが武士階級の支配の下に築かれること、そのためには武術の鍛練が常に欠かせないことを考慮した上で日本に勝算無し、と断定する黒田の推論は極めて冷静である。或《ある》いは、黒田の推論は少し厳し過ぎたかもしれない。明治政府樹立に際して起こった内戦を見れば、黒田が武士階級の戦意の衰退を訴えた事実が誇張に過ぎたことは明らかである。

大名のすべてがすべて、黒田のように列強との戦争に勝算無しと考えていたわけではなかった。薩摩藩主島津斉彬《なりあきら》（一八〇九－五八）は二十九日、書状で幕府に次のように進言している。米国の要求を受け入れることは幕府の体面を傷つけ、外国からの侮《あなど》りを招く恐れがある。しかし、今直ちに米国と砲火を交えても「必勝を期し難し」、米国使節再来の折りには、交渉を出来るだけ長引かせ、回答を三年後に延ばすことにしてはどうか。その間に武備を充実させ、民力を養うことによって一挙に「外夷を撃攘する」ことは決して難しいことではない、と。斉彬の意見は、多くの大名の共感を呼んだ。これ以降、「攘夷《じょうい》」という言葉は国防を主張する武士たちの合言葉となった。

朝廷のもとに大統領国書の訳文が届いたのは、七月十二日になってからだった。会議が召集されたのは、さらにその九日後だった。朝廷における時間の流れは、重々しく緩慢だった。関白鷹司政通、議奏広幡基豊、同烏丸《からすまる》光政、武家伝奏三条実万《さねつむ》（一八〇二－五九）、同坊城俊明（一七八二－一八六〇）等が参内、御学問所で衆議を重ねた。これまで外交問題は、すべて幕府の裁量に任されてきた。しかしここに来て、にわかに朝廷の衆議の一致が求められることになったのだった。

当然のことながら朝廷は、外夷への開国につながるあらゆる措置をこぞって拒否するものと思われた。しかし驚いたことに、関白鷹司は米国の要求を受け入れることに賛成の意を表した。鷹司の言い分は、こうだった。我が国は、確かに国是として他国との交通を禁じている。しかし、現に清国とオランダとは長年にわたって交易しているではないか。かりに米国との通商を許したとしても、二国が三国に増えるだけのことである。しかし、と鷹司は条件をつけた。交易の場は長崎に限るべきである。もし、これを冒すようなことがあれば、その時こそ撃攘すべきである。不幸なことに、我が国の武士は剛健の気風を忘れ、怯惰《きょうだ》柔弱となった。武士が戦の方法を知らずして、外国に戦を挑むが如《ごと》きは得策ではない。今は交易を許し、貿易の利を収めることこそ肝要である、と。

三条等多くは、鷹司に異を唱えた。しかし翌日、鷹司は伝奏を通じて米国艦隊再来の節に幕府が取るべき措置をあらかじめ内奏するよう伝えさせた。この前代未聞の朝廷の要求を、幕府は謹んで受けた。徳川幕府開闢《かいびやく》以来二百五十余年にして初めて、国の方針を決するにあたって朝廷の意見が請《こ》われることになったのである。

太平洋で操業する船に糧食を供給すべきだとするフィルモア米大統領の要求は、国際法上の慣例に照らしていかにも筋が通っていると米国人には思われた。あからさまに戦争のことは口に出さないまでも、その含意は明らかだった。日本側も、何らかの返答をしなければ報復の措置が取られることに気づいていた。このような時、とりわけ将軍が衰弱しているこのような時こそ、幕府は大名の支持を必要とした。徳川家に近い譜代大名は言うまでもない、その支持を求める声は外様大名にまで及んだ。それでもなお、これら大名だけの陣立てでは非常事態を乗り切るには不十分だったのかもしれない。助けを求める声は、ついに天皇にまで及んだ。持駒《もちごま》として一人の足軽も、一丁の銃さえ持っていない天皇にまで——。

しかし、いったん天皇と協議する先例が出来てしまうと、かりに不可能ではないにせよ、もはや天皇の意志を無視することは難しいということを幕府は痛いほど知ることになった。

＊1 朝廷の役人で、当時は四、五人いた。天皇の側近く仕え、天皇の口勅《こうちょく》を公家以下に伝える役を務めた。

＊2 朝廷の役人で、当時は二人いた。幕府との連絡係で、勅使の役を果たしたり、朝廷で幕府役

人と応対した。

＊3　御所言葉ばかり集めた二五〇ページもの本があるが、これにも明治天皇の誕生にまつわる特殊な用語は出てこない。井之口有一、堀井令以知「御所ことば」参照。

＊4　「継入の湯」の意味は不明。

＊5　「明治天皇紀」第一巻三ページ参照。小刀で実際に切る前に臍帯にあてがう「笋刀《たこうながたな》」は、普通は元服の理髪の儀式に用いられるが、これが臍帯を切る儀式にも使われた。「明治天皇紀」の編者は、これを「古俗」の名残りとしている。

＊6　「ごまめ」はカタクチイワシの乾製品。なぜこれがめでたいかと言えば、その名前の中に「まめ」、つまり「健康」という意味が含まれているからである。

＊7　幼児の頭の位置にあたる丈の高い方が約十四センチ、足元にあたる低い方が約六センチ。

＊8　現代のこけしに似た大変素朴な形の人形。ただ違うのは、身体から左右に直角に手が伸びているところで、十字架のような形を思い浮かべてもらえばいい。このような人形が幼児の布団《ふとん》の脇《わき》に置かれ、悪霊を吸い取って幼児を守るとされていた。三歳になるまで置かれ、「明治天皇紀」に出てくるものは全長一尺四寸（約四十二センチ）ほどである。

＊9　方頭魚は金頭とも書き、ホウボウに似た魚である。この魚が特に選ばれたのは、「金頭」という言葉に乳飲み子が極めて強くなるという意味が含まれているからである。「青石」にも同じような意味がある。

＊10　堀達之助（一八二三―一九四）は、代々オランダ通詞を務める家に生まれた。のちに英語を学び、弘化三年（一八四六）にジェームズ・ビドルが浦賀に持参した書簡の翻訳をしたのは堀であ

る。開成所教授になり、「英和対訳袖珍《しゅうちん》辞書」も出版している。

＊11 これは弁解ではなかった。徳川家慶《いえよし》（一七九三―一八五三）は六月二十二日に死去した。その死は幕府によって七月二十二日まで秘密にされた。「明治天皇紀」第一巻五五ページ参照。

第三章 開国必至

朝廷がペリーの突然の来航の衝撃から未《いま》だ回復していない八月十七日、幕府から新たな報《しら》せが入った。E・V・プチャーチン海軍中将（一八〇三－八三）率いるロシア艦隊四隻《せき》が、長崎に入港したのだった（＊1）。プチャーチンは長崎奉行所に、日露通商に関するロシア政府からの書簡を持参したことを伝えた。当初の命令ではプチャーチンは江戸に赴き、そこで幕府と交渉するはずだった。しかしロシア政府は日本の国法を尊重することが得策だと判断し、長崎、即《すなわ》ち外国との通商に指定された港に出向くよう予定を変更した。先に厚かましくも江戸湾に入港したペリー率いるアメリカ艦隊との差を、ここで際立《きわだ》たせようとしたのだった（＊2）。

ロシア艦隊が長崎に到着して間もなく、長崎奉行所役人がオランダ通詞《つうじ》を伴い来艦した。補佐官ポシェットは、プチャーチン海軍中将が日本政府宛《あ》てに持参した書簡のことを告げた。さらに、取り急ぎ手渡したい長崎奉行宛ての書簡があることも伝えた。翌日、奉行所役人が再度来艦、まず長崎奉行宛ての書簡を受け取った。書簡はロシア艦隊が日本の国法に敬意を払い、江戸でなくあえて長崎に寄港したことを強調していた。「即ちこれは」と極めて礼儀正しい言葉遣いで、「ロシア皇帝が両国の友好関係を強く望んでいる証《あかし》であります」と。

長崎奉行は直ちにロシア艦隊来航の報せを江戸に送り、ロシア政府から幕府に宛てた書簡を受け取ったものかどうか伺いを立てた。プチャーチンは日本側の返事をしばらく待った後（そして、返答が無ければこのまま江戸へ回航すると脅しつつ）、上海《シャンハイ》へ向けて出航した。糧食の補充と、恐らくロシア政府からの追加命令の確認のためだった（＊3）。仰天した長崎奉行は江戸へ急使を立て、次のことを進言した。ロシア人がアメリカ人に比べて如何《いか》に協調的であるか、またロシアを利用してアメリカの鋭鋒《えいほう》を鎮《しず》めさせてはどうか。もしここでロシアの申し出に疑心をさしはさもうものなら、日本はアメリカの二倍の大敵を抱え込む危険に身をさらすことになるだろう、と。

長崎からロシア艦隊来航の報せが江戸に届く直前、すでに将軍徳川家慶《いえよし》は死去していた。亡《な》き将軍家慶の喪に服しつつ新政権づくりに直面していた老中幕閣には、ロシア艦隊来航という新たな難問に直ちに反応するゆとりがなかった。かなりの議論の末、ロシア政府からの書簡を受け取ることにしたのは、米国大統領国書を受け取った先例に倣《なら》ったまでのことである。

外務大臣カルル・ワシリエヴィッチ・ネッセリローデ伯爵《はくしゃく》の書簡（ロシア語で書かれ、漢文とオランダ語の訳が添えられていた）には、ロシア政府が日露両国の平和友好関係を望んでいること、ついてはサハリン島（樺太《からふと》）における両国の境界線に決着をつけたいこと、交易のため日本に開港を求めたいこと、などが記されていた。幕閣の大勢は、ロシアの提案を受け入れることに賛成した。しかし幕府海防参与の徳川斉《なり》昭《あき》が真っ向から反対を唱え、議論は長引いた。結局、交渉を引き延ばすことこそ最善、ということで意見の一致を見た。

上海から戻ったプチャーチンは、先に長崎奉行が約束した江戸からの幕府全権の到着が遅れていることに業を煮やし、五日以内に全権が到着しない場合は江戸へ回航する、と再度脅しをかけた。四日後、筒井政憲と川路聖謨《としあきら》率いる幕府全権が、ネッセリローデ書簡に対する幕府の返事を携え、遅ればせながら到着した。返事の内容は、次のようなものだった。第一に、国境の画定はかなりの時間を要する難事である。第二に、開港は祖宗の図を作成しなければならず、関係各藩とも協議が必要である。地厳しい禁令に触れることになる。昨今の世界情勢に鑑《かんが》みて、幕府も開国の必要性は十分認識している。しかし、何分にも新将軍が職を継いだばかりで、諸事錯綜《さくそう》して即答は出来兼ねる。朝廷にも奏上しなければならず、諸大名にも諮問《しもん》しなければならない。回答を見出《みいだ》すには、議論を尽くして三年から五年の猶予《ゆうよ》が見込まれる、と。

返事の文面から見て、幕府が必死に口実を設け、決断を遅らせようとしていることは明らかだった。しかし、それにも増してここで重要なのは、長年にわたって遵守《じゅんしゅ》された鎖国政策にも拘《かかわ》らず今や開国が必至であることを幕府が認めたことだった。世界情勢の変化に対する幕府の認識は、返事の文面に匂《にお》わせた朝廷への奏上云々《うんぬん》にも拘らず、この時点では朝廷に伝えられていない。孝明天皇が激怒し、反発するであろうことは目に見えていた。

幕府の返事に失望したプチャーチンは、ここで反撃に転じた。サハリン南部を除くエトロフ以北の島はことごとくロシアの領土である、と幕府全権に告げたのである。これに対し、筒井は次のように応《こた》えた。日本は、かつてカムチャツカを領有していた。クリル島（千島）、サハリン島（樺太）については今さら言うまでもない。翌春にも幕吏を樺太へ派遣し、実情を査察させる所存である。その間、ロシア艦隊は江戸近海を除く日本沿岸各地で必要に応じて薪水《しんすい》の供給を受ければよい。将来もし他国に通商を許すようなことがあれば、ロシアに対しても同様の措置を取ることを約束する、と。
プチャーチンは強いて争わず嘉永七年（一八五四）一月八日、春の再訪を約して長崎を去った（＊4）。日本の有力大名は、もはやこれ以上鎖国政策を続けることが出来ないことに気づいていた。すでに見たように嘉永六年七月、福岡藩主黒田斉溥《なりひろ》は大船製造の禁令解除を建言、八月には鹿児島藩主島津斉彬《なりあきら》が幕府に書簡を呈し、オランダから軍艦兵器を購入することを勧めている。かねてから海洋に乗り出せる大型の艦船（沿海で操業する漁船の類《たぐい》ではない）の製造を唱えていた幕府老中首席阿部正弘は九月十五日、寛永年間から二百十余年にわたって続いていた大船製造の禁令を解いた。幕府はオランダに軍艦蒸気船数隻を注文し、やがて各藩も大艦を製造し幕府に上納した。嘉永七年七月、幕府は新造艦の艦旗を決定した。白地に赤の日章旗だった。

ロシアの来航、及びこれら一連の出来事に朝廷がどう反応したかは公式記録に記されていない。かりにアメリカとロシアの来航を知っていたにせよ、朝廷が開国をめぐる状況の大きな変化に気づいていたかどうかは明らかではない。いずれにせよこの時期、もっと身近な出来事が朝廷の関心を独占していた。嘉永六年八月の猛暑は、洛中《らくちゅう》洛外《らくがい》の井戸の多くを枯渇させた。中山忠能《ただやす》の屋敷の井戸も、その例にもれなかった。

祐宮《さちのみや》の傅育《ふいく》に支障をきたすのではないかと恐れた忠能は、陰陽師《おんようじ》の勘文《かんもん》により邸内に新たに井戸を掘ることにした。掘られた井戸の水は、極めて清冽《せいれつ》であった。忠能は大いに喜び、今後この井戸を祐宮の御用水とすることに決めた。この噂《うわさ》は、天皇の耳にも届いた。いたく感銘した天皇は、皇子の幼名に因《ちな》んでこの井戸に「祐井《さちのい》」と命名した(＊5)。

九月、祐宮は満一歳の誕生日を迎えた。天皇の血を引く男子の初めての誕生日だった。さぞかし念入りな贈物が宮中各所から祐宮のもとに届いたことだろうと想像される。しかし、贈物のほとんどは祐宮の方から天皇、内親王、准后《じゅごう》、典侍以下女房、また忠能の家人たちに配られた。さらに祐宮は医官、乳母を始め皇子に仕える人々を招いて内宴を催している。幼い皇子が、しきたりにかなった鮮鯛一折、小戴《こいただき》(丸い餅《もち》に小豆餡《あずきあん》を盛ったもの)、酒などの贈物を自ら選んだわけではない。しかし天皇や宮中の人々、さらに生母中山慶子《よしこ》から人形や玩具《がんぐ》を贈られた祐宮は、さぞ喜んだことと思われる。

しかし翌週、祐宮は嘔吐《おうと》と熱を伴う重い病に悩まされた。典薬寮医師などあらゆる医者が呼ばれ、漢方薬が調合された。中には、「紫雪」という類の風変わりな名の薬もあった。これらの調薬に効き目がないとわかると、准后始め宮中の人々は神社各社に使いをやり、祐宮の回復を祈願させた。祐宮は回復するかに見えて、また再発を繰り返した。宮中の人々はすっかり塞《ふさ》ぎ込み、これまで多くの皇族の子孫が幼時に亡《な》くなった過去の例を思い起こしていた。皇子にはまったく似つかわしくない無数の贈物が、病床の祐宮を慰めるために次々と届けられた。生母中山慶子は、祐宮の病床で徹夜の看病を続けた。覚勝院（＊6）法務前大僧正亮恕《りょうじょ》が召され、加持を行なった。祐宮の曾祖母中山綱子は、このまま皇子を失うことになるのではないかと憂慮に堪えず、次の歌を詠《よ》んでいる。

此《この》君のいまはとみゆるかなしさを
　神も佛もいかにみるらむ

同夜、中山慶子が卒倒し人事不省に陥った。僧侶《そうりょ》の加持や読経《どきょう》に加え（＊7）、陰陽師が祈禱《きとう》を行い、神祇伯《じんぎはく》が悪気払いに鳴弦を行なった。これらの加持祈禱に効きめがあったか、月の終わり頃になると祐宮、生母中山慶子ともに回復したかのように見えた。しかし、ほどなく祐宮の病は再発、僧侶たちの加持祈禱が再び始まった。祐宮の病が完全に癒《い》えたのは、その年も暮れになってからのことだった。西洋医学を急速に取り入れたお蔭《かげ》で、日本における医学の知識は着実に進歩を遂げていた。しかし、宮中における医学は相変わらず遅れていたという印象は拭《ぬぐ》いがたい。(皇子のために捧《ささ》げられた数々の祈禱の類は別にして) 宮中に住む皇族は、遥《はるか》に身分の低い人々ほどにも医学の恩恵に浴していなかったようだった。

十一月二十三日、前将軍家慶の四男徳川家祥《いえさき》(のち家定と改名、一八二四－五八)が将軍職を継ぎ、天皇から正式に第十三代将軍に任じられた。これは、家定が「征《せい》夷大将軍」になったことを意味する。この称号は本来、徳川将軍が紛れもなく将軍であることを示す上で非常に重要なものだった。しかし、軍事的意味は無きに等しかった。国が「夷狄《いてき》」に脅《おびや》かされることが絶えて無かったからである。しかし外国船の出現が日本中を震撼《しんかん》させている今、この称号は俄然《がぜん》意味を帯びることになった。孝明天皇は武家伝奏二人(三条実万《さねつむ》と坊城俊明)を江戸に遣わし、新将軍家定に勅旨を伝えた。「征夷大将軍たる最も重要な務めは」と勅旨は言う。「異国船を打ち払い、衆心を堅固にし、国辱後患を残さぬことである」と。また関白鷹司政通《たかつかさまさみち》からも老中阿部正弘に対し内意があり、米国船に対する処置及び天皇の心を安んじるがために幕府の取るべき真意を質《ただ》した。これに対し阿部正弘は、次のように応えている。米国船の処置については未だ結論が出ていない、しかし何をおいてもまず叡慮《えいりよ》を安んじ奉《たてまつ》ることに専念する。天皇に何か思《おぼ》し召しがあれば遠慮なくお申しつけ戴《いただ》きたい、如何《いか》ようにも取り計らいましょうほどに、と。

朝廷はこれまで、内外の政務はすべて幕府の手に委《ゆだ》ねてきた。しかし天皇即位の年である弘化三年(一八四六)に海防の詔勅を幕府に賜って以来、孝明天皇は事あるごとに幕府が外国人の処遇に手こずっていることに不満を表明してきた。

明けて嘉永七年(一八五四)三月、幕府は孝明天皇に一言の相談もなく米国と神奈川条約を結んだ。下田、箱館の二港を米国船に開港すること、米国領事を下田に駐在させること、必要に応じて米国船に薪水《しんすい》を供給すること、などを定めている。和親条約であるから、通商貿易については触れてない。しかし、これによって通商条約の基礎は固まったと言っていい。開港すべき港として下田と箱館を選択したについては、いずれも極めて不便な土地であることから、外国人を敬して遠ざけるという幕府の意向が反映していたことは言うまでもない(*8)。

この条約のことを朝廷がいつ知ったか、明らかではない。いずれにせよ、朝廷の関心は別の惨事によって外国の脅威から逸《そ》らされていた。四月初旬、御所で火災が発生した。強風に煽《あお》られ、またたく間に火は紫宸殿《ししんでん》、清涼殿などを焼き尽くした。天皇始め皇族は急遽《きゅうきょ》、下賀茂《しもがも》社に避難した。火の勢いがあまりに早かったため、かろうじて天皇を安全な場所まで警護する当番近習など供奉《ぐぶ》する者は六、七人のみ、いずれも裸足だった。使いが中山忠能の屋敷に走り、祐宮も同じ下賀茂社へ避難した。

この大火の被害は、御所だけにとどまらなかった。鎮火するまでに京都の社寺公家の屋敷、諸藩邸以下民家、合わせて五千四百有余が灰燼《かいじん》に帰した。下賀茂社は、かねてより御所炎上の際の避難所と定められていたが、何分にも皇族及び近習をすべて収容するには殿舎が狭すぎた。天皇は聖護院に移り、さらに桂殿を仮御所とした。准后は一時的に実家に戻り、一部は社寺に難を逃れた。中山忠能の屋敷は、焼失を免れた御所周辺の建物の数少ない一つだった。祐宮は四月十五日、中山邸に戻った。

皇族の災難は、これで終わったわけではなかった。五月初旬、祐宮が突如高熱を発し、一時は手の施しようのない状態に陥った。祐宮がやっと回復し、ほっとしたと思う間もなく今度は大地震が京都を揺るがした。かつてこの地域を襲った地震の中でも最大級のもので、死者多数を出し、無数の家屋が倒壊した。中山忠能の屋敷は、かりに倒壊を免れたとしても狭く、かつ危険でもあった。余震の続く間、祐宮は庭にいた。「明治天皇紀」は、この時の祐宮の様子を「皇子安らかに哺乳《ほにゅう》し、異変を感じたまはざるものの如《ごと》し」と記している。

これら幾多の災難にも拘らず、孝明天皇は和歌の稽古《けいこ》を欠かすことはなかった。記録によれば、天皇が和歌三部抄の伝授を受けたことを賀し、祐宮は御用掛を遣わして天皇に鯣《するめ》一折を献じている。

宮中では、あらゆる機会に贈答が行われた。しかしそれは、およそヨーロッパの王室で取り交わされるものとは類を異にしていた。最もよく使われた贈答の品は、鮮魚だった。特に海から取れたばかりの鮮魚は、内陸深く位置する京都では珍しい存在だった。しかし、それはキャヴィアとは比較にならないし、ましてや純金仕立てのファベルジェのイースター・エッグの比ではなかった。京都の宮廷は、外国の宮廷の水準から見れば質素に暮らしていた。その質素な生活は恐らく経済的な逼迫《ひっぱく》によるというよりは長年にわたる伝統、日本の宮廷の好みではないかと思われる。

大火と地震にも増して孝明天皇を狼狽《ろうばい》させたのは、嘉永七年（一八五四）九月十八日、大坂湾に突如姿を現わしたロシア軍艦ディアナ号だった（＊9）。前年、老朽艦パルラダ号を旗艦に来航したプチャーチンが、今度は近代技術の粋を集めた軍艦に乗って戻ってきたのだった。ディアナ号は大坂に二週間停泊し、京都中を震撼させた。天皇は、外国人に対する譲歩を一歩たりとも許さなかった。ほとんど玄関先にまで入り込んだに等しい外国船の厚かましい侵入に、孝明天皇の反発は容易に想像出来た。例によって七社七寺に国家安寧の祈願を命じたばかりか、天皇自ら日々の食膳を減じ、質素な生活を遵守している。京都市民の驚愕《きょうがく》もただならず、幕府は各藩に命じて京都及び周辺の警護を固めさせた。御所より守護しやすい大坂城へ孝明天皇を移す意見も出たが、すでにロシア軍艦の存在を知った幕府は、先の神奈川条約で米国船に開港した下田へ艦を回航させようとした。しかしプチャーチンは、これより早く錨《いかり》を上げ、東へ向かった。

十一月三日（西暦で十二月二十二日）、筒井、川路を代表とする幕府全権とプチャーチン率いるロシア側代表団との交渉が下田で始まった。条約を結ぶことに急なプチャーチンは、エトロフ島の所有権がロシアにあることを十分承知の上で日本に割譲する用意がある、と伝えた。ただし、これは日本が日露間の通商を許せば、という条件付きだった。幾らかの進展が見られ、第二回会談が二日後に予定された。しかし翌日、大地震が本州を襲った。地震は大津波を伴い、特に下田に大きな被害をもたらした。沿岸の無数の漁民が轟《とどろ》く波にさらわれ、ひどく損傷したロシア軍艦はかろうじて岩に打ち砕かれることだけは免れた（＊10）。ロシア艦は海に投げ出された日本人漁民を救助し、日本から感謝された。

下田は地震と津波で完全に破壊され、日露の協議が再開されたのは十日後のことだった。交渉は長引いた（＊11）。その間、京都の朝廷はこの度の一連の惨禍はすべて元号に原因があるとして、儒臣に新しい元号の候補を幾つか進言させた（＊12）。幕府は、朝廷の儒臣が進言した候補の中から「安政」を選んだ。これは「群書治要」に引かれた儒教初期の書「荀子《じゅんし》」の一節、「庶人安政然後君子安位矣」（庶人の政に安んじて然る後に君子も位に安んず）から取られたものだった。なかなか幸先《さいさき》のよい意味を含んだ元号であったにも拘らず、安政年間（一八五四―六〇）は決して泰平と言える時代ではなかった。

「明治天皇紀」に記された安政年間の最初の出来事の一つは、いかにも平和そのものと言えた。幼い祐宮の「色直しの儀」である。誕生このかた白一色だった皇子の衣服調度が、ここで初めて色彩あるものに改められた。言うまでもなく、この大事な儀式が行われるにあたって陰陽師の勘進《かんしん》が問われた。陰陽頭土御門晴雄《おんようのかみつちみかどはれお》は、儀式の日時を十二月十六日巳《み》の刻（午前十時前後）と定めた。その日は雪だった。さだめし幾重にも温かくくるまれたであろう幼い祐宮は、その朝、天皇の住む仮御所に出発した。輿《こし》には、曾祖母《そうそぼ》中山綱子が陪乗した。中山忠能、愛子を始めとする生母の家族が輿の後に続き、勘進の刻限に仮御所に到着した。午《うま》の刻（正午前後）になって、祐宮は初めて色彩ある服に着替えた。白練絹の上に濃色《こきいろ》紅梅の袍《ほう》、いずれも天皇から賜った衣服である。祝いの饗膳《きょうぜん》には、生母中山慶子が陪膳した。これが終わると、祐宮は祖父中山忠能と共に小御所代に赴き、天皇に拝謁《はいえつ》し、二献の儀が行われた。この後、さらに衣服を着替え拝謁し、天皇から口祝を賜り、一献の儀が行われた。菓子など供せられ、人形玩具を賜り、その後、祐宮は三たび衣服を着替えた。今度は赤地だった。儀式は次々と申《さる》の刻(午後四時前後)まで続いた。この日は天皇から衣服十二襲《かさね》、さらに内親王、准后などからも衣服が贈られた。祐宮からは天皇始め皇族方に鮮魚その他が、また儀式の参列者の間でも互いに贈答が交わされた。

五日後の十二月二十一日、朝廷の思惑をよそに日露和親条約が下田で調印された。先に米国と結んだ神奈川条約に比べ、日本はロシアに特権を与える上で寛大だった。ロシア人から受けた好意的な印象が影響していることは勿論《もちろん》、プチャーチンに対する同情もあったと思われる。なにしろプチャーチンは、この条約を取りつけるため四度にわたって日本へ足を運び、大津波と嵐《あらし》に軍艦を失う犠牲まで払ったのだった(＊13)。日本に立ち往生していたロシア人が、ついに帰国する日が来た。米国の輸送船を雇い、ドイツの商船に便乗し、またロシアの造船技師の指導の下に日本の船大工が建造した新船に乗って、それぞれ帰国の途についた。最後のロシア人の一行が日本を離れたのは、安政二年(一八五五)夏のことである(＊14)。

朝廷は、これら一連の事態の進展を知らなかった。「明治天皇紀」が記録している京都での出来事に限って言えば、もっぱらページが割かれているのは祐宮が育っていく過程の節目となるような事柄である。例えば顔に少し痕跡《こんせき》を残すことになった水疱《みずぼう》瘡《そう》のこと、或《ある》いは祐宮が初めてよちよち歩きで御所の中を歩いたこと、等々。しかし朝廷は、そんな最中にも或《あ》る切迫した危機を感じとっていたに違いない。鎖国を続けるか、開国するか、いずれにせよ国防を強める必要があるという点で朝廷は一致していた。安政元年（一八五四）十二月二十三日、寺院の梵鐘《ぼんしょう》を集め銃砲に改鋳することを命じる太政官符が出された。翌年、幕府は銅、鉄、鉛その他の金属を使った什器《じゅうき》、また仏像仏具の製造を厳禁する布告を出した。

自然の災害が、なおもこの国を悩まし続けていた。安政二年（一八五五）八月、暴風雨が京都の河川を氾濫《はんらん》させ、賀茂川に架かる橋は三条、五条の二橋を除いて、ことごとくが洪水で流失した。また同年十月、大地震が関東を襲い、江戸の大半を焦土と化し、無数の死傷者を出した。

朝廷にとって安政二年の唯一《ゆいいつ》明るい話題は、前年の大火で焼失した御所に代わる新内裏の完成だった。新内裏造営に要した期間は一年七カ月だった。天明八年（一七八八）に焼失した先の御所の造営が、二年十カ月の長きにわたったのと対照的である。

当時の日本は早急に解決すべき国防の難題に直面していたが、老中阿部正弘は御所の再建こそ何より急務であると考えた（＊15）。もとより「叡慮を安んじ奉る」ことを重く見たからである。天皇は新内裏について要望を問われ、数々改善すべき所はあるが今は国家の非常時である、かりに旧御所のままであったとしても何ら差し支えない、と応《こた》えている。幕府が天皇の要望を問い、天皇が国家の非常時を理由に奢侈《しゃし》を辞退したということは、単に朝廷と幕府の関係が大きく変化したことだけを示すものではない。政情の動きに対する天皇の認識そのものに、大きな変化があったことを物語っていた。

内裏造営の総工費は五十万両だった。これは幕府と諸大名、中でも裕福な加賀藩主前田斉泰《なりやす》（一八一一―一八四）が分担した。天皇、准后、祐宮など皇族方が次々と新内裏へ移ったのは安政二年（一八五五）十一月二十三日のことである。仏門に入り剃髪《ていはつ》していた祐宮の曾祖母綱子は、この喜ばしい行事に鬘《かつら》をつけて随行した。新御所を仰ぎ、往時を回顧して、綱子は感慨を禁じ得ず、涙ながらに次の歌を詠んでいる。

立のぼる天津日つきの光より
こぼるゝ露やめぐみ成らむ

＊1 プチャーチンの艦隊が実際に到着したのは、七月十八日（一八五三年八月二十二日）。しかし幕府が朝廷にその事実を伝えたのは、それから約一カ月が過ぎた後だった。「明治天皇紀」第一巻五七ページ参照。プチャーチン使節の背景については、和田春樹「開国―日露国境交渉」が詳しい。

＊2 プチャーチンが小笠原諸島で入手したロシア政府の追加命令の背景については、和田「開国」八九〜九一ページ参照。日本人の心情を汲《く》み取ったロシア側の判断は正しかった。ロシア応接掛に任じられた川路、筒井の両人は、先に来航したアメリカ人の厚かましさに対し、ロシア人の穏やかな国風を好意的に受け取めた。和田「開国」一〇一ページ参照。

＊3 この時期のプチャーチンの行動については、和田「開国」一〇九〜一一一ページ参照。プチャーチンにとってロシアからの報告が気がかりだったのは、ロシアとトルコとの間に戦争勃発《ぼっぱつ》が予想されたからである。それはとりもなおさずトルコの同盟国である英国、フランスとロシアとの戦争でもあった。上海でプチャーチンはペリー提督に手紙を書き、さらに香港《ホンコン》では米露の協力を訴え、上海の米海軍貯炭所の石炭八〇トンの借用を依頼している。ペリーは同盟関係は丁重に断ったが、石炭は五〇トンだけ貸与を承諾している。いったん石炭を積み長崎に戻ったプチャーチンは、すでにクリミアで戦争が勃発したことを知っていた。

＊4 「明治天皇紀」第一巻五九ページ。長崎での交渉について、さらに詳しくは和田「開国」九三〜一二四ページ参照。そこには、ロシア人及びロシア艦船を描いた日本人画家の興味深い絵画も収録されている。川路聖謨は長崎への旅とプチャーチンとの交渉に触れた日記を残しているが、これについてはドナルド・キーン「百代の過客」(金関寿夫訳、愛蔵版五二四〜五二九ページ)参照。「長崎日記」の最後に、川路は次のように記している。「詞《ことば》通ぜねど、三十日も一所に居るならば、大抵には参るべし(大方は通じるだろう)。人情、少しも変らず候。顔色も、鼻高く、白過ぎたるもの多きばかり、みなよき男にて、江戸ならば気のききたると申すものもみえ……」(「百代の過客」五二九ページ)。

＊5 明治十年(一八七七)七月、中山忠能は祐井(現在は涸《か》れている)の傍らに井戸掘削の梗概《こうがい》を記した石碑を建てている。

＊6 京都市右京区嵯峨《さが》にある真言宗大覚寺の塔頭《たっちゅう》。

＊7 不動法を修し、大般若経《だいはんにゃ》を転読している。

＊8 当時の下田は人口四、五千、戸数約千の村落だった。海路を除いては往来が難しく、また台風の通り道に位置していた。

＊9 もしプチャーチンの乗ったディアナ号が先回のように長崎へ行っていたら、面倒なことになったかもしれない。長崎には英国艦隊四隻《せき》が停泊していた。クリミア戦争勃発の時だったから、恐らく英国艦隊はディアナ号を攻撃したはずである。代わりにプチャーチンが向かったのは、先にアメリカ人に開港した箱館だった。そこでプチャーチンは、これより大坂へ向かう予定であることを記した幕府宛《あ》ての書簡を箱館奉行に託したが、この書簡はディアナ号が大坂沖に現れた時、

まだ江戸に届いていなかった。さらに大坂から下田へ向かう途中、プチャーチンは先年日本へ送り届けた日本人漂流民から、親切にも英国艦隊が日本近海にいることを知らされている。

＊10 地震と津波の状況を伝えるプチャーチンの真に迫った報告の抜粋は、和田「開国」一四二〜一四五ページに日本語訳で引用されている。ディアナ号は津波をなんとか乗り切ったが、かなりの損傷を受けた。

＊11 修理のため戸田《へだ》へ向かう途中、嵐でディアナ号が沈没したことで、交渉は再び中断された。その辺の複雑な経過は、和田「開国」一四六〜一六〇ページ参照。

＊12 儒臣が進言した七つの候補の名称は、文長、安政、安延、和平、寛裕、寛禄、保和。「明治天皇紀」第一巻八八ページ参照。

＊13 これに関連した川路聖謨の日記からの抜粋は、和田「開国」一五三〜一五四ページに引用されている。ロシアに対する好意的な待遇の一例として長崎、下田、箱館三港の開港が挙げられる。アメリカに対しては下田、箱館の二港しか開港していない。

＊14 「明治天皇紀」第一巻九八〜九九ページ。この帆船は、伊豆半島西海岸の戸田で建造された。地名にちなんで、新造された小型帆船にはヘダ号という名がつけられた。ヨーロッパの設計図に基づいて日本人が造った最初の帆船である。ディアナ号難破の後、ロシア人は船から引き揚げた荷物の中からクロンシュタット港司令官のヨット設計図を発見した。これが、帆船の図面を引くにあたって日本人の参考となった。和田「開国」一七二〜一八〇ページには、帰国船をめぐってのアメリカ人との苛立《いらだ》たしい交渉、さらに付近にいる敵艦隊の存在が原因となって起きた数々の試練が語られている。ドイツ商船で帰還を目指したロシア人の一行は、サハリン沖でイギリスの

軍艦に拿《だ》捕《ほ》され捕《ほ》虜《りょ》となった。

＊15 「孝明天皇紀」第二巻二三二ページに、阿部正弘が所司代脇坂安宅に宛てた嘉永七年（一八五四）四月十五日付の手紙がある。

第四章　タウンゼント・ハリス

明けて安政三年（一八五六）、新内裏で新しい年を迎えた孝明天皇は、激しい気性には珍しく平穏な日々を味わっていた。この比較的穏やかな時期にも、危機感を抱かせるような誘因が無かったわけではない。外国船の姿が大坂湾沖に頻繁に見受けられ、天皇が憂慮の念を深くすることを恐れた幕府は彦根《ひこね》、郡山《こおりやま》など諸藩に命じて京都の警護を固めさせた。しかし孝明天皇は、壮麗な新内裏のたたずまいにすっかり安堵《あんど》したせいか、特に警護の必要を感じなかったようである。関白鷹司政通《たかつかさまさみち》を通じて、徐々に警護の数を減らすよう幕府に伝えている。

しかし、なお天皇の心痛は絶えなかった。この時期、天皇が日本近海に出没する外国船の存在（いつもの心痛の種である）よりも気がかりだったのは、祐宮《さちのみや》の健康のことだった。前年の暮、祐宮は高熱を発した。口のまわりが腫《は》れ上がり、食事も満足にとれない状態だった。覚勝院前大僧正亮恕《りょうじょ》が急遽《きゅうきょ》参殿し、夜を徹して祈禱《きとう》を修した。また、護浄院僧都《そうず》湛海《たんかい》が加持を修した。その効果があったか、その日、祐宮は快方へ向かったように見えた。しかし、小康状態は一時的なものに過ぎなかった。一月十六日、祐宮の熱は急騰《きゅうとう》した。ひどく咳《せ》き込み、子《ね》の刻（深夜十二時前後）になっても寝つかれないほどだった。かろうじて喉《のど》を通った滋養物といえば砂糖水だけだった。十七日、少量の粥《かゆ》をとったが、安眠は出来なかった。十八日、熱は幾らか下がったが、昼食には一匙《さじ》の白湯《さゆ》を飲んだだけだった。孝明天皇は内侍所《ないしどころ》に皇子の回復を祈願し、神前に米を供えた。准后《じゅごう》は祇園社に皇子の平癒を祈り、湛海は再び加持を修した。

祐宮の病が完全に癒《い》えるまでには、さらに十日を要した。勿論《もちろん》、子供であれば誰でも病気をする。世の親たちは子供が風邪を引くたびに心配し、ましてやそれが重い病となれば、なおさらのことである。しかし皇室の子供の場合、かりに病気が軽くても、ひょっとしてこれは死の前兆ではないか、と恐れる気持が常に働いたかもしれない。医者の治療で効果が無ければ、あと頼りに出来るのは祈禱だけである。時間が経《た》つにつれ、しかも天皇の後継者となり得る男子がほかに誕生していないとなれば、孝明天皇の唯一《ゆいいつ》の皇子である祐宮の健康の成り行きに御所全体が一喜一憂せざるを得なくなるのは、しごく当然のことだった。

この年三月、祐宮は新内裏に参内した。まだ四歳にも満たない皇子は、すでに特有の頑固さを発揮した。手配された輿《こし》に乗るのを嫌がったのである。そのため、乳母が抱いて歩かなければならなかった。また祐宮は、群衆に見られることも嫌った。そこで通り道となる中山忠能《ただやす》の屋敷から御所の門まで、一般の往来を遮断《しやだん》するように幕が張り巡らされた。幕は好奇の目から祐宮を守ったかもしれないが、お蔭《かげ》で道行く人々は遠回りを余儀なくされた。その不自由を承知の上で、祐宮が参内する時には決まって幕が張り巡らされることになった。祐宮は、わずかな距離を御所まで歩くことが多かった。随行したのは、御世話卿《きよう》東坊城聡長《ときなが》ほか数名である。

祐宮に対する孝明天皇の可愛《かわい》がりようは、日に日に増した。時には御所に泊まることもあり、ある時など一カ月も居続けさせたことがあった。当然のことながら中山忠能は、自分の孫が家にいないことが寂しかった。しかし、これは或《あ》いは祐宮が御所に慣れる最善の方法かもしれないと判断し、忠能は自ら御所に伺候する時でも、なるべく祐宮の目に触れないよう心掛けた。祐宮は准后（祐宮の正式の母にあたる夙子《あさこ》）の御殿を訪問したり、時に御苑《ぎよえん》で遊ぶこともあった。祐宮に随伴することの多い曾祖母《そうそぼ》中山綱子は、祐宮が御苑の岩橋を渡る姿を見て、次の和歌を詠《よ》んでいる。

のぼるべき限りしられぬ日の御子の
　渡り初つる天の岩橋（＊1）

この平和な光景が綱子の歌に詠まれてから三カ月後の七月二十一日（西暦一八五六年八月二十一日）、米国総領事タウンゼント・ハリスが軍艦サン・ジャシント号で下田に到着した。二十五日、ハリスは下田奉行岡田忠養《ただやす》と会見し、自分がこれより米国総領事として下田に駐在することを告げた。岡田は予《あらかじ》め幕府の命を受けていたのか、ハリスが下田に駐在する権利を否定し、代わりに外国人の日本滞在を禁ずる法令を一つ一つ読み上げた。ハリスはこれに屈することなく、自分の日本駐在は神奈川条約に定められた条項に準拠するものであり、もし下田奉行が総領事としてふさわしい待遇を自分に与えなければ、直接江戸へ赴き、幕府老中と直談判すると応《こた》えた。八月二十四日、まる一カ月待たせたあげく幕府は、ついにハリスの下田駐在を承認した（＊2）。この間ハリスは、起居していた下田玉泉寺に米国国旗を揚げ、これを米国総領事館と称した。九月七日、幕府は京都所司代に命じ、この度の一件の経緯を関白に報告させた。

ハリスの下田到着二日後、長崎出島の元オランダ商館長で現オランダ全権弁務官であるヤン・ヘンドリック・ドンケル＝クルティウス（一八一三―七九）は、長崎奉行を通じて幕府に書簡を送り、鎖国政策を放棄するよう進言した。日本があくまで鎖国政策に固執するなら、世界列強との戦争を招くことは必定である、とドンケル＝クルティウスは主張した。同時に幕府にキリスト教に対する禁令を解くよう求め、特に他国との友好関係に反する行為として「踏絵」の使用に遺憾の意を表した。言うまでもなくこれは、江戸期寛永年間から安政年間まで二百年余にわたり、キリスト教徒（キリシタン）でないことを証明するため足で踏ませた踏絵（一般に、聖母マリア像が描かれていた）のことである。さらにドンケル＝クルティウスは、外国との貿易が日本にもたらす利益に触れ、日本は貿易税則を定め、貿易品の生産を奨励すべきであると説いた。また、日本と関係を持つ各国駐在員の家族を開港場に一緒に滞在させるよう許可すべきであると進言し、外国船舶に対する制約の撤廃、出港の許可並びに外国船舶の江戸参府に関する旧法の改正を要求した。

これより十二年前の弘化元年（一八四四）、すでにオランダ国王ヴィレム二世は幕府に国書を送り、日蘭通商条約の締結を求めていた。しかし尊大な幕府は、これを一顧だにしなかった。周囲の状況が劇的に変化した今、幕府はドンケル＝クルティウスの提案を真剣に受けとめざるを得なかった。幕閣衆議の場に居合わせた重臣たちは、こぞって速やかなる開国に賛成した。しかし一人老中阿部正弘だけは諸藩や過激な志士たちの反応を憂慮し、未《いま》だその機にあらず、と発言している。これを要するに、長い年月にわたって守られてきた鎖国の伝統を擁護する者は幕閣の中に一人もいなかったということになる。幕府の政策は、驚くべき速さで転換した。

これらの経緯は、この時点では未だ京都の朝廷に伝わっていなかったようだった。九月二十二日、祐宮の四歳の誕生日が祝われ、例によって鮮魚その他が天皇や宮中の人々から贈られた。七日後、祐宮は天皇の命により御所に住むことになった。祖父中山忠能の屋敷を去るにあたり、加持祈禱その他が行われた。当日、祐宮が輿に乗るのを嫌ったため、代わりに守刀および護符の類を輿に収め、あたかも皇子が乗っているかのように擬した。生母中山慶子《よしこ》は、目に見えぬ皇子に陪乗するように護符と共に輿に乗った。東坊城聡長、忠能、また御用掛、医師等が御所の門までの短い道のりを輿に従った。御所の門で祐宮を出迎えたのは、議奏万里小路《までのこうじ》正房《なおふさ》だった。

御所に入るや祐宮は天皇に拝謁《はいえつ》し、重肴《じゅうざかな》（重箱詰めの料理）で盃を賜った。准后からは交肴《まじりざかな》（菓子の詰め合わせ）と玩具《がんぐ》を戴《いただ》いた。祐宮からも天皇、准后に交肴一折がそれぞれ献上された。まだわずか四歳で、すでに祐宮は当然のごとく贈答の儀に参加していた。自分が演じなければならない役割に対して祐宮がどう反応したか、実際のところはわからない。恐らく皇子として振舞う儀式的行動の日々を、一種の遊びと考えていたのではないかと思われる。言ってみれば今日の能役者の子弟が、風変わりな衣裳《いしょう》をまとって中世の言葉遣いで朗々と謡《うた》い舞うことを、自分の家庭に特有の遊びと心得ているようなものである。しかし次第に祐宮は儀礼や贈答がただの遊びでなく、自分にとっては生活そのものであることに気づいたに違いない。後年、皇室付きのドイツ人医師エルウィン・ベルツは、伊藤博文が有栖川宮《ありすがわのみや》に向って言ったという次の言葉を小耳にはさんでいる。

「皇太子に生れるのは、全く不運なことだ。生れるが早いか、到《いた》るところで礼式《エチケット》の鎖にしばられ、大きくなれば、側近者の吹く笛に踊らされねばならない」と。そういいながら伊藤は、操り人形を糸で踊らせるような身振りをして見せたのである（＊3）。

皇太子が受けるあらゆる特権をもってしても、それはほとんど自由のない締めつけの厳しい毎日だった。しかし、人間的な感情が完全に抑えつけられていたわけではなかった。祐宮が一番身近な存在として感じていたのは、恐らく曾祖母の中山綱子だった。「明治天皇紀」の記述をそのまま借りれば、綱子は四年間にわたって「寝食を忘れて傅育《ふいく》に奉仕」してきた。祐宮が御所に住むことになり、もはや思うように皇子に会えなくなることを肝に銘じて知った時の綱子の辛《つら》さは、如何《いか》ばかりであったろう。「涕涙滂沱《ているいぼうだ》として禁ずる能《あた》はず」と記録にはある。

祐宮は、生母中山慶子の局《つぼね》に起居することになった。花御殿（＊4）の西に位置する三間《みま》だった。祐宮が誕生して間もなく、慶子は自分が産んだ皇子の母親としての権利を准后夙子《あさこ》に譲り渡した。皇子は准后を母と呼び、周囲の期待に応えて准后を母として慕った。慶子は、女官としては位の高い典侍だった。しかし望み得ても慶子に出来ることと言えば、自分が産んだ皇子に「仕える」ことだった。ベルツ博士は明治二十六年（一八九三）十一月二十八日、すでに二位局《にいのつぼね》となっていた慶子を診察した後、次のように書いている。

天皇は局の実子である。しかし天皇の母皇太后――通例コウダイ・コウゴウといわれる――は前の天皇の后であるから、この皇太后に対し、天皇は子としての義務を尽さねばならないのである。天皇は、年に数回、皇太后を儀礼的に訪問される。

しかしながら、実母の家の敷居をまたがれることは、決してない。なぜなれば、実母は臣下であるから。もっとも、実母の方からは、あらかじめ許可を願い出て、許可を得たときは、天皇のもとに伺候することが出来る。奇妙な礼式《エチケット》の精華だ！

ここにきて祐宮の世話を慶子に委《ゆだ》ねることにしたのは、自分の子供を奪われた女親に対する孝明天皇の憐憫《れんびん》の情から出たことと思われる。たとえ皇后であっても、普通はこのような幸運には恵まれなかった。宮中の慣例に従って、（つい二十世紀初頭まで）皇子を産んだ女親は自分の子供を取り上げられ、他人に委ねる苦痛を味わわねばならなかった。ベルツ博士は大正天皇の長男（裕仁《ひろひと》親王）について、次のように書いている。

五時、川村伯のところへ。この七十歳にもなろうという老提督が、東宮の皇子をお預りしている。なんと奇妙な話だろう！　このような幼い皇子を両親から引離して、他人の手に託するという、不自然で残酷な風習は、もう廃止されるものと期待していた。だめ！　お気の毒な東宮妃は、定めし泣きの涙で赤ちゃんを手離されたことだろう。そして現在、両親の宮は毎月数回、わずかの時間だけ皇子にお会いになる(＊5)。

しかし自分の生母と住めるようになった今も、祐宮は御所で心安らかに眠ることは出来なかった。慶子の局のある部屋は、これまで祐宮が過ごしてきた中山忠能の屋敷に比べて、ひんやり寒々したものに思われたかもしれない。恐らく祐宮は、祖父母に会いたかったのではないだろうか。とりわけ、曾祖母が恋しかったに違いない。しかし、皇子の不眠を取り除くにあたって御所の近習たちが思いついた唯一の方法は、高名な僧侶を召し出すことでしかなかった。皇子の不眠症の原因となっている悪鬼を払うため、護摩を焚《た》かせ、加持祈禱をさせることだった。

御所の内と外との対照は、「明治天皇紀」に記されているようにこの時期からにわかに甚だしくなっていく。御所の内では、数々の儀礼慣習が昔と変わることなく行われていた。病気を治癒するにあたって、慣習は近代医学にも増して頼りにされた。天《てん》然痘《ねんとう》に対する免疫《めんえき》となる種痘の効能は、この時期、御所の内でもかなりよく知られていた。明治天皇自身も、幼少期に密《ひそ》かに種痘を受けている(＊6)。しかし、孝明天皇は種痘を拒否した。或いはこのことが天然痘を招き寄せ、天皇の命取りとなったかもしれない。

御所の中で生活を楽しむ方法は、昔ながらのものだった。例えば安政四年（一八五七）春、禁苑の中に天皇自身の創意に基づいて設計された茶亭が完成した。茶亭には「聴雪」という名がつけられた。高名な書家である左大臣近衛忠煕《このえただひろ》が扁額《へんがく》を書き、楣《まぐさ》の上に掲げられた。この茶亭で孝明天皇が和歌を詠み、或いは雪の静けさを聴くだけでなく雅楽にも耳を傾けたであろうことは、いかにも頷《うなず》ける。何一つとして、昔と変わっていないかのようだった。しかし御所の外では、声高で耳ざわりな喧騒《けんそう》が日に日に高まりつつあった。

安政四年二月、新たにドンケル＝クルティウスは幕府の対外姿勢について長崎奉行に次のような警告を発した。（日本もすでに知っていた事実だが）清国は英国との阿片《アヘン》戦争に破れ、講和条約によって廈門《アモイ》、広州、上海《シャンハイ》、寧波《ニンポウ》、福州《フウチヨウ》の五港を開港することになった。清国は、しぶしぶ開港した。しかしその結果、対外貿易のお蔭で各港は繁栄し、国民は大いにその恩恵に浴した。しかし、広州だけが条約に違反して開港しなかった。あまつさえ暴徒は、英国国旗を引きずり下ろした。そのため広州の街は英国艦隊の砲撃を受け、灰燼《かいじん》に帰した。欧米人は、これを清国官吏が理非の判断を誤ったためだとして、未だに清国人を嘲笑《ちようしよう》の的にしている、と。

ドンケル＝クルティウスは、なぜこの話を持ち出したか、次のように理由を明らかにした。広州で起きた事件は、いかにも日本人とは直接関わりのないことである。しかし、日本人に対する警告としては役に立つはずである。国家はいったん条約に調印したからには、その条項に従って行動すべきであり、みだりにこれを枉《ま》げることは許されない、と。ドンケル＝クルティウスは、なおも続けた。

頃者《このごろ》下田奉行と応酬せる米国官吏に聞くに、貴国は毎《つね》に交渉の回答を稽延《けいえん》し、或は末節に拘泥《こうでい》して約諾を改廃すること多しと、斯《かく》の如《ごと》きは信を外国に繋《つな》ぐ所以《ゆえん》にあらず、又往復文書の如きも貴国尊大自ら居り、外国に対して恰《あたか》も臣僚に命令するが如き辞句を用ゐること、外人の等しく不快とする所なり、方今英・米・露・仏は世界の強国なり、貴国将《まさ》に広く列強と通商を開かんとす、宜《よろ》しく早く旧来の国風を革《あらた》め、和親の実を挙げ、時勢と倶《とも》に推移し、以《もっ》て世界の大勢に順応すべし…… (＊7)

ドンケル＝クルティウスの言葉は、いかにも理にかなっていた。また、彼の警告した列強の日本への脅威は事実だった。しかし彼の論証の基本となっている前提、すなわち普遍的な交易倫理を受け入れなければ日本は必ずや灰燼に帰すだろうという理屈は、儒教の教えで育った人間には意味をなさなかった。確かにドンケル＝クルティウスの言う通り、交易は当事国双方にとって利益をもたらすかもしれない。しかし、一方がその利益を拒絶することを選んだ時、何故《なぜ》その国を滅ぼす必要があるのか。幕府の役人は確かに尊大だった。策を弄《ろう》した引き延ばし戦術は、腹立たしく不快であったかもしれない。しかし、それならそれで外国人は自分たちが求められていないのだと気づき、早々に立ち去ればよかった。そうすれば、いらぬ屈辱は避けられたはずである。

事実、幕府は外国人に来て欲しくなかったし、外国人が来なければ何も侮辱を与える必要もなかった。かりにこの時点で鎖国をこれ以上続けることが出来ないことに気づいていたとしても、このような考えが幕閣重臣の心をよぎったことは間違いない。蒸気船を始めとする交通の手段が発達したことで、これまで日本を守ってきた距離という障壁の効果は薄れ、日本は開国せざるを得ない状況に立ち到った。しかし、これは日本にとって必ずしも絶体絶命の災難というわけではなかった。恐らくドンケル＝クルティウスが指摘する商業上の利益とはまったく異なる恩恵が、外国貿易からは得られたはずである。日本の蘭学者たちは一世紀にわたってヨーロッパの科学を学び、次のような確信を得ていた。海外における医学、航海術、地理学、その他日本のためになる数々の学問の進歩を知ることは日本人にとって必要不可欠なことである、と。

また海外から食糧を輸入することが出来ていたなら、ここ数年間に日本で起きた飢饉《ききん》でも多くの命が救われたであろうことは明らかだった。

ふだんは民衆から隔絶している禁裏の天皇でさえ、少なくとも過去に一度は飢饉の苦しみを知る機会があった。天明七年（一七八七）、約七万人の群衆が御所を取り巻き、あたかも神に祈るごとく飢餓救済を天皇に祈ったことがあった（＊8）。光格天皇と後桜町上皇はこれに同情し、飢える民衆に施せるだけのものを分け与えた（＊9）。光格天皇は人々の悲惨な状況にいたく驚き、先例を破って幕府に民衆の窮状を救うよう申し入れまでしている。天皇が国の政治に口をはさむなど、徳川幕府始まって以来のことだった。

安政四年（一八五七）初夏、茶亭「聴雪」でくつろぐ孝明天皇には、祖父光格天皇が示した行為を思い起こす機会などなかったようだった。この時期の孝明天皇の生活は、幕府から潤沢な手当てを受けていたお蔭で、しごく快適なものだったし（＊10）、また差し迫って国民の暮らし向きについて心を煩《わずら》わす理由もなかった。天皇の幸福を脅《おびや》かす最大の脅威は「外夷《がいい》」だった。神々に捧《ささ》げる祈願には天皇の熱い期待が込められていて、その期待とは外国人が出来るだけ早く日本から立ち去ることだった。この願いは、他の何にも増して常に天皇の心を占め続けていたのである。

　やがて「尊王攘夷《じょうい》」の合言葉が、それこそ無数の憂国の志士の口に上るようになった。しかし、孝明天皇自身が望んでいたのは「攘夷」だけだった。孝明天皇にとっては、新たな「尊王」の掛け声によって利益を得ようとしたり、将軍から実権を剝奪《はくだつ》しようとすることなど思いもよらぬことだった。幕府転覆を必然的に伴う「尊王」を叫ぶ輩《やから》に対して、孝明天皇は歯に衣《きぬ》着せず激しく反発を示した。天皇は、政治において保守の立場にあっただけではない。自らの快適な生活が将軍に多くを負っているということをよく承知していた。天皇の度重なる怒りの発作は、或いは茶亭「聴雪」での安らぎが乱されるのではないかという危惧《きぐ》から生じたものだったかもしれない。しかし、孝明天皇にとって平穏な日々が続いたのは、御所の外で刻々と起こりつつある出来事を知らない間のことでしかなかった。

　端午《たんご》の節句の五月五日、日本国中の家族が鯉幟《こいのぼり》を挙げて男子の成長を祝った。孝明天皇は祐宮に拝謁《はいえつ》を賜い、祐宮が御所に移って初めての端午の節句を祝った。天皇は手ずから祐宮の肩に薬玉《くすだま》を掛け、後刻、異例のことに祐宮の部屋を訪れ、世の父親と同じく幟に目を細めた。これが、或いは孝明天皇の生涯最後の晴れやかな一日だったかもしれない。八日後の五月十三日、天皇は幕府から大坂沿岸警備の第一報を受けた。都を脅かすほどの近接の地まで外国船の来航が頻繁になり、幕府は防備を厳しくするため安治《あじ》、木津両河口にそれぞれ二カ所の砲台を築き、備砲四十門を鋳造、さらに洋式船舶の建造計画が着々と進められた。いずれも大事業で、速やかな効果を期するのは難しかった。

身近に迫る外国船に対する孝明天皇の危機感も、特に都の周辺地域で着々と進められている精力的な防備態勢のお蔭で、幾分か和らいだことは間違いない。しかし、すべてが孝明天皇の嫌う方向へと向かいつつあるように見えた。二週間後の五月二十六日（西暦一八五七年六月十七日）、下田奉行井上清直《きよなお》、同中村時万《ときかず》は「夷狄《いてき》」への開国に新たな一歩を踏み出すため、米国総領事タウンゼント・ハリスと下田条約調印に臨もうとしていた。

先の神奈川条約の条項に不満だったハリスは、交渉と妥協を重ねた結果、米国にとって遥《はるか》に有利な取決めを手中に収めた。ハリス言うところの「協約」は、長崎を米国船に開港し、また下田、箱館の居留権を米国人に与えるものだった。さらに、そこには領事裁判権の原則が次のように規定されていた。「日本で法を犯した米国人は米国総領事ないしは領事の審問を受け、米国の法律によって処罰されるものとする」と。これは日本の主権を侵害するものであり、後年、日本はこの特権を外国政府に放棄させるため多大な努力を傾注することになる。しかし交渉にあたった下田奉行は恐らく、この特権の重大さを予見していなかった。

七月二十四日、またしてもハリスは勝利の凱歌《がいか》を挙げた。ハリスの度重なる要請に応《こた》えて幕府は、ハリスの江戸出府と将軍への謁見《えっけん》を許可したのだった。数多くの有力な藩主が幕府の決定に異議を唱えたが、幕府はこれを無視し、八月二十九日、この決議を朝廷に報告した。ハリスはオランダ通詞《つうじ》ヘンリー・ヒュースケン（＊11）を従えて十月七日（西暦一八五七年十一月二十三日）、下田を出発した。道中支障のないよう幕府から派遣された士卒が多数警護した。「行装の次第・喝道の声、皆諸侯の行列に異ならず」と記録にある。あたかも大名行列のようであった。「行列の人数は全部で約三百五十人をかぞえた」と、ハリスは日記に記している。

十月二十一日（西暦一八五七年十二月七日）、将軍徳川家定は大広間でハリスを引見した。幕閣諸侯が左右に居並び、将軍は上段の曲彔《きよくろく》（禅僧が法会《ほうえ》の時などに用いる椅子《いす》）に腰掛けていた。ハリスは三拝の礼を行なった後、将軍の前に進み出て使いの趣旨を述べ、フランクリン・ピアース米大統領から「日本国皇帝」（まだ「将軍」ないしは「大君《たいくん》」が日本の最高権力者と信じられていた）に宛《あ》てた書簡を老中堀田《ほった》正睦《まさよし》に手渡した。そこには両国間の通商条約を締結するにあたって「合意し、処理し、協議し、交渉する」全権をハリスに与える旨《むね》が記されていた。ハリスの日記は続く。

ここで、私は言葉を止めて、そして頭を下げた。短い沈黙ののち、大君は自分の頭を、その左肩をこえて、後方へぐいっと反らしはじめた。同時に右足をふみ鳴らした。これが三、四回くりかえされた（＊12）。

この将軍の所作が何を意味するかは不明である。しかし、その意図は友好的なものだった。将軍の短い返事は、次のように締めくくられた。「両国の交際は、永久につづくであろう」と。

五日後、ハリスは老中堀田正睦を訪ねた。蒸気船や電信機の発明で諸国間の交通は極めて容易になり、世界は今や一つの家族のようなものである、とハリスは切り出した。そのような時代に世界各国が修好関係を維持しなければならない理由をハリスは数え上げ、修好には二つの要件がある、と続けた。一つは各国の首都に外交官を駐在させること、一つは自由貿易の開始である、と。

ここでハリスは、警告に移った。もし英国が日本との通商条約締結に失敗すれば、日本に戦争を仕掛けてくる恐れがある。英国海軍はサガレン（サハリンのこと、樺太）、蝦夷《えぞ》を苦もなく占領するだろう。現在、英仏連合軍は北京を攻略中である。もしこれに成功すれば、フランスは朝鮮を、英国は台湾を要求するに違いない。ひるがえってアメリカが望むものは何か。日本との友好関係だけである。もし日本がアメリカを受け入れるならば、アメリカは英仏の日本に対する過重な要求を斥《しりぞ》けることが出来る。もし日本と英国との間で戦争が始まるようなことにでもなれば、日本はかならずや負けることになるだろう、と。最後にハリスは、もし日本が我がアメリカ合衆国との条約に調印すれば合衆国は日本に対する阿片の禁輸を保証する、と約束した。アメリカと英国の立場がいかに違うか説くことで、ハリスは堀田に条約締結を迫ったのだった（＊13）。

英国艦隊の脅威は、確かに事実には違いなかった。一部の有力大名（例えば、声高に攘夷を主張する徳川斉昭《なりあき》）は、条約締結に反対した。しかし十二月二日、堀田正睦はハリスを役宅に招き、米国と交易関係を正式に結ぶこと、日本に米国公使を駐在させること、下田に代わる他港を開くこと、以上を承諾すると伝えた。

堀田は京都所司代にこれらの経緯を伝え、朝廷に奏上させた。朝廷は、直ちに反応を示した。下田の代港を開くにあたって、京都近辺の港は除くよう幕府に命じたのである。十二月二十九日には、幕府の命を奉じる幕閣重臣二人が外交の近況を武家伝奏に詳細に報告している。内外の政務の現状を常に朝廷に報告するという前例は、すでにしっかりと確立されていた。

米国との通商条約の勅許を得るため堀田正睦が上京するとの報《しら》せが朝廷に入った。この報せは、かならずしも孝明天皇を安心させたわけではなかった。堀田の上京に先立って、天皇は三公ならびに両役の意見を質《ただ》すことにした。関白九条尚忠《ひさただ》に宸翰《しんかん》を賜り、左大臣近衛忠熙《ただひろ》、右大臣鷹司輔熙《すけひろ》、内大臣三条実万《さねつむ》に外交について忌憚《きたん》のない意見を諮問《しもん》させた。また堀田が大金を献上するとの噂《うわさ》を伝え聞いた天皇は、九条尚忠に賜った宸翰の中で次のような趣旨のことを述べている。

正睦幕命を含みて大金を献ずるの聞えあるも、黄白《こうはく》、豈朕《あにちん》が志を動かすに足らんや、朕が治世に迨《およ》びて通商を外夷に許すの俑《よう》を作らば、信を国民に失し、恥を後世に貽《のこ》し、神宮並びに列聖に対して一身を置くに処なし、卿等亦《きょうらまた》宜しく斯意《このい》を体し、必ず金銭のために眩惑《げんわく》せらるゝことなかるべし（＊14）

（正睦が幕府の命で朝廷に大金を献じるとの噂があるが、黄金白銀でどうして朕の志を動かすことが出来ようか。朕の治世になって外国に通商を許すような悪例を作るようなことになれば、国民の信用を失い、恥を後世に残し、伊勢神宮ならびに祖先に対して身の置きどころがなくなる。関白以下諸卿もどうか朕の意を体し、くれ

ぐれも金銭に惑わされることのないように）

しかしこれら慌《あわ》ただしい日々のさなかにも、時には心なごむひとときがあった。安政四年（一八五七）十一月、満五歳の祐宮が初めて歌を詠《よ》んだ。

月見れば雁がとんでゐる
　水のなかにもうつるなりけり（＊15）

短歌のつもりで詠んだこの歌の韻律には、明らかに誤りがある。しかしこの歌は、すでに幼い皇子が古典的和歌の調べと言葉遣いに通じていたことを示すものである。十万首を越える明治天皇の御製の、これが最初の一首だった。

＊1　「明治天皇紀」第一巻一一八ページ。「日の御子」は、天皇ないし皇子を指す歌語である。「日」があるから、この歌は「のぼる」で始まっている。「天の岩橋」は祐宮が渡った実際の橋の銘だが、同時に「天の浮橋」（天と地を結ぶ橋のこと）や、天照大神が隠れた「天の岩戸」など、

めでたい意味を暗示している。

＊2 「明治天皇紀」第一巻二二〇ページ。この件《くだ》りは、「東坊城聡長日記」、「大日本古文書」など日本の文献によるものだが、ハリスが書いた日記の内容と食い違う。ハリスは下田に着いた翌日の一八五六年八月二十二日、上陸して下田の対岸にある柿崎村を訪れている。「この土地の寺院――シントー派の玉泉寺――がアメリカ人の休息所に当てられていた。部屋は広く、たいへん綺れいで、清潔であるから、二、三週間は先《ま》ずもって気持よくここに滞留出来よう。（中略）下田の了泉寺も、アメリカ人の使用に当てられている――私は多分、住宅が私のために用意されるまで、その中に住わねばならないかも知れない」（岩波文庫「ハリス日本滞在記（中）」坂田精一訳、一四～一五ページ）。

八月二十七日（二十六日の誤り）の日記でハリスは、役人がハリスに「一度退去し、一年ほどして戻ってきた方がよい」と懸命に説得したと書いている。しかし、ハリスはこれら日本側の提案をすべて拒絶した。八月二十八日、ハリスは副奉行から「貴下の高い身分にふさわしく、あらゆる尊敬をもって貴下を迎えるための、居住に適する唯一《ゆいいつ》の場所――柿崎の玉泉寺を貴下の住居に当てる用意をしている」と伝えられている（「ハリス日本滞在記（中）」三三ページ）。

下田への上陸と居住を主張するハリスに対して下田奉行所がいかに激しく抵抗したか、江戸の幕府に誇張して伝えられていた可能性がある。

＊3 岩波文庫「ベルツの日記（上）」（トク・ベルツ編、菅沼竜太郎訳）二〇四ページ。この出来事は、明治三十三年（一九〇〇）五月九日のこと。

＊4 これは、天皇の御座所である常御殿の北に位置する小さな建物。天保十一年（一八四〇）か

ら、よく東宮御殿と呼ばれている。しかし、この場合は、もとの名称が使われている。恐らく、まだ祐宮が東宮（皇太子）になっていなかったためと思われる。

＊5　「ベルツの日記（上）」二三〇～二三一ページ。これは明治三十四年（一九〇一）九月十六日のこと。

＊6　まだ中山邸に住んでいた頃、祐宮は密かに祖父忠能の指示で種痘を受けた。「明治天皇紀」第一巻四五四ページ参照。日本での種痘の普及についてはドナルド・キーン「百代の過客」愛蔵版五二〇ページ参照。日記の筆者である井関隆子（一七八五―一八四四）は、オランダ医師によって長崎に紹介された種痘について、好意的な意見を述べている。

＊7　「明治天皇紀」第一巻一二七～一二八ページ。ここに引いたのはオランダ語で書かれた手紙の日本語訳である。「孝明天皇紀」には出てこない。

＊8　御所の築地《ついじ》塀《べい》のまわりを群衆が歩いて回ったという「御所千度参り」については、藤田覚「幕末の天皇」五五～七〇ページ参照。

＊9　後桜町上皇は、りんごを一人に一個ずつ配らせたが、昼過ぎにはもう用意した三万個が無くなってしまったという。藤田「幕末の天皇」六〇ページ参照。

＊10　藤田「幕末の天皇」一四三～一四四ページ参照。孝明天皇の典型的な一日の生活が、簡単に紹介されている。

＊11　当時、恐らく英語から日本語、また逆に日本語から英語に直接通訳できる者はいなかった。代わりに、ハリスの言葉をヒュースケンがオランダ語に訳し、それをオランダ語の訓練を受けた日本人が日本語に訳した。オランダ語は当時、日本人が話せた唯一のヨーロッパの言語だった。

＊12 「ハリス日本滞在記（下）」七五ページ。

＊13 「明治天皇紀」第一巻一三七〜一三八ページ。ハリスが日記で堀田との会見に触れた部分は、これほど明確ではない。例えば、英国とフランスの領土的野心についての指摘はない。堀田との会見におけるハリスの発言は、W. G. Beasley "Select Documents on Japanese Foreign Policy, 1853–1868" 一五九〜一六五ページに翻訳されている。ここではハリスの日記の記述より詳しく、実際に英仏の日本に対する脅威の危険が強調されている。

＊14 「明治天皇紀」第一巻一四二ページ。「孝明天皇紀」第二巻七二五〜七二六ページにある宸翰原文は、これよりかなり長い。

＊15 「明治天皇紀」第一巻一三九ページ。この和歌は生母中山慶子《よしこ》の死後、慶子の所持品の中から発見された。詠まれた日付が、慶子の手書きで書き入れてある。

第五章 不忠之輩《ふちゆうのやから》

老中堀田正睦《まさよし》は幕閣重臣の川路聖謨《としあきら》、岩瀬忠震《ただなり》の二人を伴い、安政五年（一八五八）一月二十一日、将軍家定から孝明天皇への贄《ぜい》を尽くした贈物を携えて江戸を出発した。京到着は、二月五日だった。九日、孝明天皇は堀田を引見し、天盃《てんぱい》を賜った。同日、堀田は武家伝奏に書を送り、このたびの上京の目的が米国との条約締結の背景について報告することにある、と告げた。二日後、堀田は滞在先の本能寺に武家伝奏二人、議奏三人を招き、世界の大勢と日本が置かれている現状をつぶさに説明した。日本がこれ以上鎖国を続けることはもはや不可能であると説き、通商条約の草案を示し、勅許を求めたのである。

これに対し、廷臣の中でも特に前関白鷹司政通、右大臣輔熙《すけひろ》父子は、幕府の条約案に賛成の意を表した。しかし、孝明天皇は左大臣近衛《このえ》忠熙《ただひろ》、関白九条尚忠《ひさただ》に宸翰《しんかん》を賜り、政通、輔熙父子の説に拘泥《こうでい》することなく、ひたすら聖旨を重んじるよう説いた。九条に与えた宸翰には、天皇が外国人に対する譲歩に断固反対である旨《むね》が繰り返し述べられている。もし米国人の言うがままに開港するようなことにでもなれば、皇祖である伊勢の皇大神宮にどうして顔向け出来ようか。「異人之輩」があくまで交易港の開港を主張するなら、その時は武器を取って打ち払うことも辞すべきではない、と（＊1）。

堀田の上京の使命は、実を結ぶことなく終わった。三月二十日、幕府の奏請に対する勅答が下された。その中で天皇は、米国との条約締結が「神州の大患、国家安危の繋《つな》がる所」と述べている。堀田は、この天皇の憂慮に満ちた勅答を拝受した（＊2）。先年結ばれた条約によって下田が開港されたことすら、すでに国家の大事であるのに、今また米国人の言うがままにこれが修正されるようなことにでもなれば、それは著しく国威を傷つけることになる、と勅答は力強く述べる。この勅答の草案には当初、条約の処理を最終的に幕府に委任する旨記されていた。しかし、権大納言《ごんだいなごん》中山忠能《ただやす》以下公家八十八人が幕府の弱腰外交に強く反発したため、文面の言葉遣いは打って変わって歯に衣《きぬ》着せず辛辣《しんらつ》なものとなった。堀田は四月三日、失意のうちに京を離れた。

恐らく今回の堀田の上京で明らかになった最も注目すべき事実は、公家の予想外なまでのしぶとい反発だった。当時の堂上《とうしよう》公家の一般的な印象から言って、例えば白粉《おしろい》をつけ、眉《まゆ》を描き、昔ながらの装束をまとった柔弱な宮廷人の姿を思い浮かべたとしても少しもおかしくはない。事実、このような堂上公家はいたに違いない。しかしこの時期を境に、公家階級の多くはいつになく決然たる態度を示し、不敵にも天皇の復権をもくろもうとさえしていた。恐らくこの現象を理解するには、当時の公家の間に広く行き渡っていた一つの慣例に注目すれば足りる。即《すなわ》ち、公家階級と武士階級との縁組である。このことが公家階級に、新たな生気を吹き込んだと言っていい。いずれにせよ、宮廷人と言えば頽廃《たいはい》的で育ちのいい柔弱な一族、ないしは平安貴族の末裔《まつえい》と頭から決めてかかると間違う時代が到来しつつあった。この時期以降、公家は危険極まりない反幕運動においても顕著な存在となっていった。

安政五年四月、幕府は彦根藩主井伊掃部頭直弼《かもんのかみなおすけ》（一八一五－六〇）を大老に任じた。翌月、孝明天皇は関白三公などに勅書を賜っている。その中で天皇は、井伊は恐らく条約の勅許を強要してくるに違いない、しかし、断じて再考の余地なし、と決意を新たにしている（＊3）。幕藩体制に対する孝明天皇の忠節は絶対だったが、それでもなお幕府の政策に誤りありと判断した場合、あくまで天皇は協力を拒む権利があると考えていた。

幕府の開国政策に対する孝明天皇の糾弾は、日増しに激しくなっていった。安政五年六月十七日、孝明天皇は伊勢神宮、石清水八幡《いわしみずはちまん》、賀茂社に勅使を遣わし、神の加護を祈らせている。宣命《せんみょう》の中で天皇は、万が一戦争に及ぶようなことがあれば、蒙古襲来《もうこしゅうらい》の古例にならって神風を吹かせ、「賊船」を打ち払いたまえ、と念じている。さらに、国恩を忘れた「不忠之輩」に身分の区別なく神罰が下るよう念じているのは、明らかに開国支持派のことを指していた（＊4）。

孝明天皇の祈りは、聞き届けられなかった。六月十九日（西暦一八五八年七月二十九日）、下田奉行井上清直《きよなお》と目付岩瀬忠震は、神奈川沖に停泊中の米国軍艦ポーハタン号艦上でタウンゼント・ハリスと会見し、日米修好通商条約に調印した。条約には、下田と箱館に加えて新たに開港される神奈川（横浜）、長崎、兵庫（神戸）、新潟四港の今後五年間にわたる開港予定の期日が記されていた。

二十一日、幕府は米国との条約締結を上奏した。奏状の中で幕府は、事態切迫のため天皇の裁断を仰ぐ暇がなかったと説明している。奏状が朝廷に届いたのは二十七日のことだった。言うまでもなく、奏状は孝明天皇の逆鱗《げきりん》に触れた。翌日、天皇は関白九条尚忠等を召し、譲位の内勅を賜った。譲位、即ち天皇をやめると言い出したのである。

孝明天皇がこのような極端な措置に出たについては、幕府に方針を転換させるには、どう見てもこれしかない、という決断があったからだと思われる。もし孝明天皇が譲位したとすれば（と言っても幕府が是認しなければ、天皇は譲位することが出来なかったが）、次の後継者は間もなく満六歳になる皇子祐宮《さちのみや》か、さもなければ傍系の親王ということになる。六歳の幼帝では天皇の務めたる儀式祭礼を執り行うには若すぎるし、また国の安危に関わる重大な時期に取り返しのつかないことにもなり兼ねない。かといって天皇の直系でない従兄弟《いとこ》が後を継ぐということになれば、派閥争いとまではいかなくても、何らかの遺恨を残すことになるのは必定だった。

譲位の意志を明らかにした孝明天皇の勅書は、他国に例のない日本の皇室の独自性、特に皇統の万世一系であることを称《たた》える型通りの文句から始まっていた。天皇は日本の皇室を、身分の低い者でも並はずれた才能の持主であれば帝王になることが出来る中国の王朝の例と比較している。日本の皇統の万世一系を称えつつ、しかし孝明天皇の真意は別のところにあったと思われる。それは中国の王朝の慣習と違って、天皇の務めを果たすにふさわしい能力を持っているがゆえに選ばれたわけではない人間の苦衷だった。日本の歴代の天皇すべてが等しくその任にふさわしかったかというと、そうではなかった。天皇が万世一系であることの神聖な意義を無条件に認める信奉者でさえ、これは認めていた。現に「日本書紀」は、おぞましいまでに残忍で邪悪な古代の天皇について記している。孝明天皇は恐らく、その即位に先立つ百年間に在位したいかなる天皇よりも天皇としての素質を備えていた。だからこそ、自分が演じざるを得ない天皇という役割に、ひいては天皇たる自分自身に苛立《いらだ》ちを覚えたのだった。型通りの言葉遣いの中にも天皇自身の本心を披瀝《ひれき》しつつ、孝明天皇は自分が皇位を占めるにふさわしい人物ではないということを、「愚力ニ及バザル」とか「微力ニ及ビ難キ」とかの表現を使って繰り返し述べている。先帝仁孝《にんこう》天皇の死去の際、自分は後継者となることを固辞すべきであった。しかし当時は、愁傷のあまり心気惑乱、前後もわきまえず践祚《せんそ》大礼を済ませてしまった。この上は暗昧《あんまい》の質ではあるが力を尽くして精勤し、神宮を始め皇祖に対し聖跡をけがすまい、と精一杯努めてきた。ところが国を治めることは、元来が自分の「愚力ニ及バザル」ことで、嘆息するばかりだった。嘉永七年(一八五四)の内裏炎上以来、諸国では変事が重なり、万民の心の休まる時とてない。これすべて、自分の薄徳の然《しか》らしむるところと悲痛無限の思いである。

このところ外国船が頻繁に日本近海に現れ、あまつさえ米国使節は日本との和親通商を求めてきた、と孝明天皇は続ける。表向きは親睦《しんぼく》の情を見せつつ、あわよくば日本を併呑《へいどん》しようという野心がありありと見える。もしこれを拒絶しようものなら戦争となることは必定である。泰平の世が続いたお蔭《かげ》で人の気は怠慢となり、武備は整わない。これでは、とてものことに外国勢には敵し難い。いかに泰平の世が長く続いたとはいえ、武士たる者が征夷の官職を全《まっと》う出来ないとは何とも嘆かわしいことである。これまで政務は、一切幕府に任せてきた。公武の間柄を悪くする恐れもあることゆえ、自分の意見を表明することは極力控えてきた。しかし今や、事態は容易ならざる仕儀に立ち到《いた》った。このまま自分が皇位にあって世を治めることは「微力ニ及バザル事」で思案にあまる。よって、ここに帝位を譲る決意をした。天下の安危にかかわる重大な時期に、幼い祐宮では後継者として若すぎる。そこで伏見、及び有栖川《ありすがわ》父子の三人の親王の中から一人を選び、帝位を譲りたい（＊5）。決して、自ら安逸の生活を望んで譲位を思い立ったわけではない。ひとえに、国難に対処し得る英明の人物を待望するからにほかならない、と。孝明天皇は、譲位の意志を幕府に通達するよう関白に命じた。

宸翰には、外国勢をさばく幕府の手際《てぎわ》のまずさに対する孝明天皇の不満がにじみ出ている。宸翰にそう記されているわけではないが、何としてでも攘夷《じょうい》をまっとうしなければという孝明天皇の切羽詰まった思いは、もはや信念にまで高まっていた。外国人が日本に居るということが、まさに孝明天皇にとっては皇祖伊勢皇大神宮に対する公然たる侮辱にほかならなかった。この宸翰を始めとするこの時期の孝明天皇の一連の書簡を忘れがたくしているのは、そこに苦悩に苛《さいな》まれている一人の人間がいるという強烈な印象である。言葉遣いは、確かに型にはまったものであるかもしれない。しかし少なくとも過去数百年間に、天皇という輝かしい称号を持ちながら、かくも苦い鬱屈《うっくつ》感と無力感を公然とさらけ出した天皇はいなかった。孝明天皇は、すでにして悲劇の人物だった。この時期からその凄惨《せいさん》な最期《さいご》に至るまで、孝明天皇は怒りと絶望から心の休まる暇とてなかった。日本史上、これに匹敵する天皇を求めるならば、いずれも配流《はいる》の憂《う》き目を見た後鳥羽天皇、後醍醐《ごだいご》天皇まで遡《さかのぼ》らねばならない。自分の運命が手にあまるということに気づいていた点では、少なくともシェイクスピアの描くリチャード二世が孝明天皇に極めて酷似している。刻々と変わる世の動向を嘆き、矢継ぎ早に廷臣に宛《あ》てて書いた孝明天皇のおびただしい数の書簡は、歴代天皇の中でも類がない。孝明天皇の宸翰の署名には雅号が使われていて、その多くは「此花《このはな》」となっている。恐らく、次の難波津の古歌を出典としているのではないかと思われる。

なにはづにさくやこのはな冬ごもり

いまははるべとさくやこの花

孝明天皇は、長い冬のあとにかならずやめぐってくる春のことを思って、この雅号を使ったのだろうか。

宸翰の最後の件《くだ》りで孝明天皇は、決して安逸な生活をむさぼりたいがために天皇の務めを投げ出すわけではないと述べている。逆説的なことだが、幕府や廷臣たちが孝明天皇に最もふさわしい生活と考えていたものこそ、この安逸な生活そのものだった。鬱屈から絶望へと気持が変化していく治世の最後に至って、初めて孝明天皇は酒と女に溺《おぼ》れていった（＊6）。宸翰に自《おの》ずと姿を現わした孝明天皇は、読む者の心を打たずにはおかない。外から強いられた変革の時代に、急速に通用しなくなりつつあった数々の伝統――その伝統に育《はぐく》まれ成長した一人の聡明《そうめい》な人物が、ここにいる。

譲位を願う孝明天皇の請願は、しかし幕府の耳には届いていなかったようだった。九条尚忠は、ひたすら老中が事情説明のために近く上京すると言い含めることで、懸命に孝明天皇をなだめた。しかし安政五年七月、幕府はオランダ、ロシア、英国との条約に調印した（＊7）。先に米国と締結したのと同じ修好通商条約だった。八月五日、孝明天皇は新たな事態の展開に激怒し、譲位ならびに幕府詰問《きつもん》の勅書を下した(*8)。勅書を拝受した九条尚忠は、次のように応《こた》えた。天皇に理があるのは明白である、しかし事は甚《はなは》だ重大である、熟議したのちに意見を申し述べたい、と。九条は、これを廷議にかけた。廷臣の多くは、幕府に勅諚《ちょくじょう》を下すことに賛成の意を表した。ただし、過激な用語は避けた方が賢明であるという意見が多かった。九条は、三公その他に勅書を見せた。左大臣近衛忠煕は、次のように提案した。勅書の写しを前水戸藩主徳川斉昭《なりあき》に賜い、幕府に内政を変革させ、外侮を防ぐよう処置させてはどうか。もし斉昭が二、三の大藩の協力を得られれば、聖旨を貫徹させることが出来る、と。

これは危険な企てだった。まず、朝廷と藩が直接連絡を取り合うことを禁ずる幕府の禁令に触れることになる。さらに悪いことには、万が一事がうまく運んだりすれば、朝廷と幕府の間に軋轢《あつれき》が生じることは必定だった。これは、幕府が最も恐れ嫌うことだった。朝廷の中でも、意見は激しく分かれた。勅書を下せば、将来朝廷にとって不利なことになると恐れる者もいた。一方、勅書をすぐにも下さなければ孝明天皇は間違いなく譲位するに違いないと主張する者もいた。結局、勅諚は禁裏付幕府役人大久保忠寛を通じて幕府に送られた。同時に、その写しが京に駐在する水戸藩留守居役を通じて水戸藩主徳川慶篤《よしあつ》にも送られた。

勅諚の中で孝明天皇は、米国との条約締結が諸般の事情から止《や》むを得ざるものであったことは承知している、しかし外交的措置を取るにあたって三家以下諸藩の衆議を尽くすべしとした勅答を無視するとは如何《いか》なる所存か、と幕府を激しく非難した。さらに天皇は、国内の治乱に深く憂慮を示し、「公武合体」策を幕府に勧めている（＊9）。「公武合体」は、当時広く叫ばれていた「尊王攘夷」に対立する考え方で、朝廷と幕府が協力して攘夷を推進するという孝明天皇の理想を体現した政策だった。

今ふたたび、孝明天皇は譲位を思い止《とど》まらなければならなかった。八月十六日、将軍徳川家定死去の報《しら》せが朝廷のもとに届いた。家定は、すでに一カ月以上前の七月六日に死去していた。しかし幕府は将軍の死を秘し、この時点になって初めて朝廷に報告した。将軍の死は、孝明天皇が譲位の計画に固執することを難しくさせたかもしれない。いずれにせよ九月に入ると孝明天皇は、幕府の政策を支持する関白九条尚忠を斥《しりぞ》け、天皇に近い考え方の持主である左大臣近衛忠煕を内覧の座に据えた。

安政五年九月十七日、老中間部《まなべ》詮勝《あきかつ》（一八〇四―一八四）が入京した。幕府は、先に約束した朝廷への老中派遣を実行したかのように見えた。しかし間部は、幕府が勅許を得ずに米国との条約に調印したことを天皇に詫《わ》びるために入京したわけではなかった。間部の目的は、大老井伊直弼の命令で九条尚忠を内覧の地位に復職させることにあった。それだけではない、間部は幕府の政策に反対する志士たちを、ことごとく都から追放しようとした。世に言う、「安政の大獄」の始まりだった。尊王攘夷派の指導者八人が処刑された。その中には吉田松陰、橋本左内、頼三樹《らいみき》三郎《さぶろう》など著名な志士が含まれていた。吉田松陰の罪状は、江戸から上京の途にあった間部暗殺の計画に加担したことだった。しかし、他の者の「罪状」は明らかではなかった。「尊王攘夷」派と目される公家衆（身分の高い公家も含めて）も尋問を受け、役職を解かれた。その他、これに深く関与していると見なされた公家は蟄居《ちっきょ》を命じられ、或《ある》いは落飾剃髪《ていはつ》して僧侶《そうりょ》になることを命じられた。

恐らく慰問のつもりか、間部は十月二十四日に参内した。新将軍徳川家茂《いえもち》からの贈物として緞子《どんす》五十巻、真綿二百結、鳥羽僧正の筆になる六枚折屏風《びょうぶ》一双、花瓶および鮮魚一折を孝明天皇に献じた。しかし孝明天皇は、間部に拝謁《はいえつ》を賜ることを拒否した（＊10）。自分が内覧に据えた近衛忠煕を斥け、再び信頼薄い九条尚忠を復職させた幕吏に、天皇がどのような気持を抱いたかは容易に想像出来る。間部は代わりに内覧に復職した九条尚忠と会見し、世界の情勢から見て列強との修好通商条約調印が如何に避けがたいものであったかを説明した。さらに諸侯の建白書、ならびに米国との仮条約書を九条に差し出した。これらの文書は、のちに天覧に供された。

同じ二十四日、天皇は新将軍家茂を正二位に叙し、さらに翌日、家茂を征夷大将軍に任じている。孝明天皇にとっては自分が与え得る最高の栄誉を、さながら敵にも等しい相手に与えるように思えたかもしれない。続く数カ月の間、天皇は現下の状況について怒りをあらわにした書簡を次々と書き綴《つづ》っている。年も押し迫った十二月三十日、孝明天皇は江戸へ帰る間部詮勝に拝謁を賜った。「蛮夷和親貿易已下之条件皇国之瑕瑾《かきん》神州之汚穢《おわい》」（蛮夷との和親貿易は皇国の瑕瑾、神州の汚穢なり）という文句で始まる間部に与えた勅書の中で、孝明天皇は「鎖国之良法」に戻るべきことを説いた。内外の情勢に鑑《かんが》みて通商条約を締結したことは大目に見てもいい。しかし、これは決して自分の意とするところではない。しばしの猶予《ゆうよ》をもって「公武合体」し、速やかに良策を講じ、鎖国の制に復すべきである、と。孝明天皇が余儀なくさせられることになる数多くの譲歩の、これが最初のものとなった。しかし天皇が究極の目的とする「攘夷」の念は、決して揺らぐことがなかった。

安政六年（一八五九）は、例のごとく伝統的な宮中の新年の儀式から始まった。数々の贈答がなされ、舞楽が演じられ、飲食の儀が執り行われた。数えで八歳となった祐宮は、初めて樽肴《たるざかな》を宮中より賜った。八歳の子供が樽酒をたしなむことになっているのは信じがたいが、祐宮は明らかに宮中の数々の行事に参加出来る年齢に達していた。一月十九日、祐宮は初めて舞楽を陪覧し、天皇から鶴の献を賜っている。

四月二十二日、祐宮は御料所で出来た新筍《しんたけのこ》を初めて賜った。同じ日、孝明天皇は前年安政五年に間部詮勝によって逮捕された四人の公家の落飾の請願を許可した。太閤《たいこう》鷹司政通、前左大臣近衛忠熙、前右大臣鷹司輔熙、前内大臣三条実万《さねつむ》の四人である。無謀にも廷臣として徳川斉昭と直接意を通じたことに対する幕府の処罰が、これだった。鷹司政通、輔熙父子は、もともと開国支持の公家少数派だった。しかし鷹司父子は、身分の低い過激な国粋主義の志士たちに「鎖国」へと方向転換させられた。このことが、幕府を怒らせた。幕府から処分が下される前に京都所司代酒井忠義《ただあき》は四人に自決を迫ったが、四人は拒否した。四人を憐《あわ》れんだ孝明天皇は関白九条尚忠に宸翰《しんかん》を賜り、酒井との間を取りなして特赦を得るよう命じたが、間部詮勝は頑として動かなかった。間部は、四人が斉昭と密約を交わした確証を握っていた。間部によれば、朝廷の機密が水戸藩士に漏れ、これに奮い立った水戸、福井藩士が倒幕運動へと走ることになった。四人が浮浪の徒の妄説《ぼうせつ》に惑わされたという可能性はあるが、理由はともかく四人の行動は公武合体の趣旨に反する、これは紛れもない事実である、と。

すでに二月五日、京都所司代酒井忠義は公家十六人の役職を剝奪《はくだつ》し宮中から追放すべしとの将軍家茂の内命を伝えていた。孝明天皇はいたく心を悩まし、処分の寛大なることを求めたが、酒井は天皇の請願を無視した。十七日、さらに数名の公家に蟄居謹慎が命じられた。天皇は再度、酒井との間を取りなすよう九条に命じ、鷹司政通他の落飾を止めさせようとした。しかし酒井は、再度これを拒絶した。三月九日、孝明天皇は密《ひそ》かに三条実万に宸翰を賜った。その中で天皇は、告発された四人の老臣への格別の尊敬と愛情を次のように綴っている。先帝（仁孝天皇）が在位の時、鷹司政通は長年にわたって関白の重職にあった。また先帝が急死し、思いがけずも自分が即位することになった時、政通は摂政《せっしょう》としてあらゆる面で補佐してくれた、と。この年老いた忠臣が重罪に処せられると思うと、孝明天皇はそれだけで忍び難いものがあった。孝明天皇は、さらに続ける。近衛忠熙は自分の書道の師だった。元服の際、自分に加冠の儀を行なったのも近衛だった。ほかの二人も先帝の在位中、職務を忠実に果たし刻苦精励した。外夷が来航した折にも四人は自分の命を奉じ、肝胆を砕いて国事に尽くした。確かに、時に過失を犯したことはあったかもしれない。しかし四人が将軍に謀叛《むほん》の心を抱くなどということが、どうしてあり得ようか、と（＊11）。

　孝明天皇の宸翰は、どうか自分の意のあるところを汲《く》み取って幕府が寛大な処置をとることを望む、と終わっている。三条実万は屏居《へいきょ》中の京都郊外の村で、この宸翰を拝受した。病中にも拘《かかわ》らず床から起き、烏帽子《えぼし》小直衣《このうし》にあらため、身を清めて宸翰を拝読した。実万は、天皇の仁慈あふれる憐憫《れんびん》の情に感涙を禁じ得なかった。実万は安堵《あんど》した。天皇が自分の至誠を認め、宸翰のお言葉を賜った、これでもはや、祖先の霊に対して不孝の罪を問われることもなく、また子孫に対して汚名を残すこともない、と。しかし酒井は、四人の処置を猶予してほしいと慈悲を求める天皇の請願を断固として拒絶した。それでもなお孝明天皇は、四人に落飾を命じるに忍びがたいものがあった。そこで天皇は四人に、この処置を本心から望むのか、と再度問い質《ただ》した。四人は、すでに逃れ難い運命と観念していると応えた。もはやこれまでと四月二十二日、孝明天皇は四人に落飾謹慎の命を下したのだった。

酒井忠義は、安政の大獄が朝廷に及ぼした影響について書かれた様々な文献の中で、常に悪役として登場する。しかし酒井は、幕府の手先として京都で働く一官吏に過ぎなかった。父である先帝仁孝天皇と自分に仕えた四人の廷臣に寛大な処置を願う孝明天皇に対し、酒井はそのあらゆる試みを無慈悲にも拒絶した。しかし酒井の背後には常に、反対派を一掃しようと企《たくら》む幕府の最高権力者井伊直弼の決断があった。井伊は安政五年に大老の地位に就くや、ほとんど同時に弾圧を開始し、弾圧は二年後の井伊の暗殺まで続いた。弾圧を始めた原因は主として、列強との条約に関する幕府の政策に反対する一派を一掃する必要を井伊が感じたことにあった。しかし、そこには将軍の後継者選びという内政面の問題も絡《から》んでいた。結局、弾圧は完全な失敗に終わり、ついには幕府の崩壊を招くまでに到《いた》った。しかし、この逮捕投獄が続いた二年間は恐怖政治の時代として人々に記憶されることになる。

孝明天皇にとって、この弾圧は個人的な屈辱以外の何ものでもなかった。父の仁孝天皇から二代続けて忠実に仕えた老臣たちが、かりに或る一時期に条約反対を表明したことがあったにもせよ、それだけで落飾剃髪して僧籍に入らなければならない理由がどこにあるだろうか。少なくとも、幕府の安危にかかわる類《たぐい》の問題ではなかったはずだった。しかし、たとえ天皇の恨みを買うようなことになっても、ここで見せしめのために四人に懲罰を下さなければならないと井伊は決断した。朝廷の威光の本質と実態の矛盾が、これほど露《あら》わに示されたことも珍しい。禁裏にいて衣冠束帯をまとい、定められた儀式を執り行わなければならない天皇にとって、さぞや苛立《いらだ》たしいことだったに違いない。天皇の出す命令はことごとく、幕府によって反古《ほご》にされたのだった。

安政六年という年は、全国に蔓延《まんえん》した流行病《はやりやまい》その他、数々の災難に悩まされた年でもあった。孝明天皇の第三皇女が誕生したかと思うと、第二皇女が亡《な》くなった。恐らく流行病の犠牲だった。孝明天皇にとって唯一《ゆいいつ》の慰めは、皇子祐宮の成長ぶりを見守ることだったのではないかと思われる。祐宮が皇位継承者としてふさわしく成長していく姿は、この不幸な出来事ばかり重なった暗い年に差す一筋の光明だった。

＊1 宸翰原文は「孝明天皇紀」第二巻七三〇ページ。
＊2 勅答全文はW. G. Beasley, "Select Documents on Japanese Foreign Policy, 1853–1868" 一八〇〜一八一ページに翻訳されている。
＊3 宸翰原文は「孝明天皇紀」第二巻八五六ページ。
＊4 原文は「孝明天皇紀」第二巻八九二ページ。これは、この時期に孝明天皇が出した同趣旨の宣命の一つに過ぎない。
＊5 孝明天皇は宸翰の中で「三親王」と書いているが、「伏見」、「有栖川」の二つの名前だけしか挙げていない。「伏見」は伏見宮貞教《さだのり》を、「有栖川」は有栖川宮幟仁《たかひと》と、その嫡男《ちゃくなん》熾仁《たるひと》を指している。伏見宮と有栖川宮熾仁は仁孝天皇の猶子《ゆうし》、また有栖川宮幟仁は光格天皇の猶子となり、それぞれ親王宣下《せんげ》を受けている。いずれも皇族としての血縁関係は薄かったにせよ、天皇の血統保持のための措置だったと思われる。飛鳥井雅道「明治大帝」七七、二〇七ページ参照。
＊6 遠山茂樹編「維新の群像」五六〜五七ページ参照。中山忠能は日記に「宮廷は遊廓《ゆうかく》同様、日々歓楽」と書き、また岩倉具視は「酒池肉林」の生活を捨てて政治を真面目《まじめ》に考えるよう孝明天皇に上奏したという。残念ながら、この章（「孝明天皇と中川宮」）の執筆者ねず・まさしはこれらの言葉の出典の該当箇所を正確に明示していないので、原文で確認出来なかった。

＊7　フランスとの条約は、九月に調印されている。

＊8　孝明天皇は、幕府が三家ないし大老を上京させると保証した九条尚忠の言葉に特に言及している。しかし、幕府はこれを実行しなかったばかりか、列強数カ国との条約に調印したのだった。宸翰原文は「孝明天皇紀」第三巻二五〜二六ページ。

＊9　「孝明天皇紀」第三巻三〇ページ。孝明天皇は、より丁寧な言葉遣いで「公武御合体」と書いている。

＊10　孝明天皇は十月二十五日付の左大臣近衛忠熙宛の宸翰で、疲れを覚えたので間部に面会出来なかったと書いている。「孝明天皇紀」第三巻一〇二ページ参照。

＊11　原文は「孝明天皇紀」第三巻二二七ページ。要約は「明治天皇紀」第一巻一七一ページ。

第六章　與仁《くみひと》、履仁《ふみひと》、睦仁《むつひと》

安政六年（一八五九）三月三十日、有栖川宮幟仁《ありすがわのみやたかひと》親王（一八一二－八六）が祐宮《さちのみや》の書の師範に任じられた。祐宮の皇子教育の始まりだった。最初につけられたのが書の師範であったということは、皇族並びに公家の子弟が能書であることが如何《いか》に重んじられていたかということを物語っている。ヨーロッパでは、宮廷の皇子が筆跡に堪能《たんのう》であるということはさして重要なことではなかった。しかし日本では、これが公家の教育に欠かせない重要な要素と見なされていた。皇族の一員が書家としての技倆《ぎりょう》を示す機会というものが、そう度々あったわけではない。しかし、書は単に出来ばえが良いというだけでは足りず、そこには書いた人間の人格が現われていなければならなかった。明治天皇が実際にどれだけ能筆であったかは、よくわからない。明治天皇の手跡そのものが、ごくわずかしか残されていないのである(＊1)。

祐宮は既に前年、権大納言《ごんだいなごん》正親町実徳《おおぎまちさねあつ》(一八一四－九六)の下で書の稽古《けいこ》を始めていた。これは、いわば軽い手習いのようなものであったらしい。しかし数えで八歳となった今、祐宮は適切な師の下で系統的に書や他の学問を修めなければならなかった。幟仁親王が皇子の書の師範に選ばれたについては、明らかに有栖川家が能書の家系であったということがある。師範初日の四月三日、幟仁親王は仮名の手本として難波津の古歌を持参した。「明治天皇紀」は、「『難波津《なにはづ》に咲くやこの花』の和歌一首を鳥子泥引雲砂子《でいびきくもさし》の懐紙に書して之《こ》れを奉書に包み、二重文匣《ふみばこ》に納めて封緘《ふうかん》す」と記している。

この日、師幟仁親王と弟子祐宮の間で互いに鮮鯛一折が贈答されている。正式な手習いの開始は年若い皇子の教育にとって最も重要な第一歩であり、賀儀にふさわしく鯛の贈答が行われたものと思われる。

幟仁親王は毎月数回、日を定めて参内し、祐宮に書の手ほどきをした。五月四日、祐宮は清書始を行ない、師の幟仁親王に交肴《まじりざかな》を贈っている。七月二日、祐宮は自らの字の出来ばえに喜んだか、御世話卿《きょう》中山忠能《ただやす》に手習いの書を賜り、その中に「中」と「山」の文字が所々に見られたという(＊2)。

祐宮は、既に四書五経の素読も始めていた。四月二十七日、伏原宣明《ふせはらのぶはる》（一七九〇－一八六三）が読書師範に任じられ、その師範初日、伏原は「孝経」の一節を三回にわたって侍読している。勿論《もちろん》、まだ満七歳に満たない皇子が、漢文訓読とはいえ儒教の書を理解するなど期待する方が無理と言うものである。しかし、ほどなく祐宮は漢字がわかるようになり、これを師のあとについて声に出して読んだ。この素読という学習方法は驚くほど効果的で、日本人は幾世代にもわたって素読で漢文を学び、のちに自由にこれを読み書き出来るようになっている。しかし、まだ年端もいかない祐宮にとって、意味もわからぬ文字を決められた時間だけ暗唱しなければならないのは、耐えがたいほど退屈であったに違いない。「孝経」に引き続き、孝明天皇は「大学」の素読に移るよう命じている（＊3）。同じ年頃の子供たちのいる寺小屋の素読であれば、少なくとも友達同士で対抗意識を燃やしたり、はしゃいで先生に迷惑をかけるということも出来た。しかし祐宮には当初、このような仲間さえいなかった。祐宮に唯一《ゆいいつ》学友とも言うべき相手が出来たのは文久元年（一八六一）十二月、前権中納言裏松恭光《ゆきみつ》の孫良光《たるみつ》（一八五〇－一九一五）が親王附児となった時からだった。良光（当時は幼名喜佐丸）が数えで十二歳、のちの明治天皇は十歳だった。良光は、当時のことを次のように語っている。

……朝から晩まで、御寝所にいらせられぬあいだは、御勉強のおりも、御運動のおりも、おそばをはなれず奉仕する。親王さまのお召物は、おもに袖《そで》のながい縮緬《ちりめん》の色もの、お袴《はかま》は白の塩瀬で、毎日新衣とお召しかえになるというような事はなく、きわめて御質素であった。そのお髪は、前髪から両鬢《りょうびん》をふくらませ、上に稚児髷《ちごまげ》をむすばせられ、私の髪とちごうところは、両鬢のふくらんでいるところだけだった。

御学問のはじめは四書五経の素読で、私もお相手になり、故・伏原宣諭卿《ふせはらのぶさと》から御教授を受けさせられ、時々は故・阿野《あの》奥充卿《おくみつ》が代理を申し上げることもあった。御本は伏原卿が浄書したもので、一冊おわると次をたてまつるようになっており、昔の寺子屋流に声をはりあげて、共に音読した。

和歌は、五つ六つのころからお作りになっていたようだが、毎日、御父君・孝明天皇から、三つ四つのお題をたまわり、およみ遊ばされる。御詠草ができれば、まず御母后（准后《じゅごう》）へささげて御添削をうけさせられ、それを親王さまお自ら奉書紙へ清書して、御父帝にたてまつり、御批判を乞《こ》わせられた。これが平常の御日課だった（＊4）。

ここまでは略式の教育と言ってよく、いわば祐宮と良光に内々に家庭教師がついたようなものだった。しかし文久二年（一八六二）五月二十七日、祐宮にとっての正規の皇子教育が始まった。孝明天皇は、陰陽頭《おんようのかみ》土御門晴雄《はれお》に命じて読書始の儀の日時を勘進させた。また御肝煎《おんきもいり》権大納言中山忠能に、儀式のすべてを天保十年（一八三九）の孝明天皇自身の先例に倣《なら》うよう命じた。読書始の儀の当日、公家殿上人の居並ぶ中、伏原宣明は「孝経」序から数行を三回誦読《しょうどく》した。

祐宮は、特に熱心な生徒というわけではなかった。多くの逸話は、祐宮が勉強嫌いであったことを語っている。明治天皇が後年（明治二十年代か）自ら語ったところによれば、生母中山慶子《よしこ》も老年になってやさしくなったが、若い頃には極めて厳しい人であったらしく、祐宮がその日の課業を終えるまでは、昼になっても食事をさせなかったという（＊5）。明治三十八年（一九〇五）、明治天皇は昔の日々を懐《なつか》しみ、次の和歌を詠《よ》んでいる。

手ならひをものうきことに思ひつる
　をさな心をいまくゆるかな

次の一首は、同じ年に詠まれた。

竹馬に心ののりて手習に
おこたりしよをいまおもふかな

逸話の一つは、次のことを伝えている。祐宮の輔育教養の任にあった中山忠能が、ある日、極めて不機嫌な顔つきで宮中を退出してきた。祐宮が学問の最中に勝手に座を立ち、黙って奥へ入ってしまった、自分はこれまで全力を尽くして皇子を養育してきたが、皇子がこのように不作法な振舞いをなさるようであれば、もはやお仕えしても意味がない、もう二度とお目にかからないつもりだ、という趣旨の置き手紙を残して帰ってきたのだという。忠能の息子孝麿は、皇子はまだ幼少で自分が何をしているかわからないのだから、と父を諫《いさ》めた。しかし、忠能は怒って聞く耳を持たない（*6）。御所から急使が来て忠能にすぐ戻るよう伝えたが、忠能は頑として聞かない。孝麿は、それでは臣としての道がたちますまいと厳しく父を諫めた。忠能は気を取り直し、参内することにした。忠能の顔を見るや、祐宮は忠能に詫《わ》びた。二度とこのようなことは繰り返さない、短慮を起こさず今までどおり面倒を見てほしい、と。忠能は、いたく感激して退出した。忠能は孝麿に、「やはり殿下は明皇子である、自分は短慮であつた、誤りであつた」と言い、声を上げて泣いたという。

この一件は、これで丸くおさまったようである。しかし、この逸話からもわかるように、祐宮には身勝手で邪険とも言える振舞いをする傾向があった。幼少時代の遊び友達だった木村禎之祐《ていのすけ》の証言によれば、祐宮は幼少にして既に臣下に権力を行使することを十分心得ていたようなのである。木村は、次のように書いている。

聖上には御勝気に在《まし》ます丈《だ》けいと性急に在《おわ》され、少しく御気に叶《かな》はぬことの出来れば、直ちに小さき御拳《おんこぶし》を固められ、誰《たれ》にでも打ち給《たま》ふが例にて、自分など此《この》御拳を幾何《いくら》頂きたるか数知れず。何分自分は一歳年下のこと故《ゆえ》、恐れ多しといふ観念は更になき上に、固《もと》より考への足らぬ勝ちなるより、常《つねづね》に御気に逆らい奉《たてまつ》りたること少からず、其度毎《そのたびごと》にぽかんぽかんと打たせ給ひたり。

或日《あるひ》某《ぼう》の大名より、大きなる金魚鉢に、金魚五六尾を泳がせたるを献上したることとあり、自分は非常に珍らしく思ひ、御傍《おそば》にて拝見し居たるが、折ふし、陛下には他の部屋に御出《おい》で遊ばされたるより、自分は早速金魚鉢に手を突き込み、散々追ひ廻はしたる揚句、其内《そのうち》の一尾を握りしめたるに金魚は程なく斃死《へいし》したれば、自分は今更の如《ごと》く驚きたるも、致方《いたしかた》なく心配し居る折柄、偶々《たまたま》、陛下には其《そ》の場に出御《しゅつぎょ》ましく〳〵て此様子《このようす》を見させ給ふや、赫《かつ》と許《ばか》りに怒らせられ『禎坊《ていぼん》ツ』とばかり拳を固めて自分の頭を三つばかり打たせられ、逃出す自分を尚又《なおまた》追ひ掛けさせられて、又一つばかり頂きたることを覚え居たり。（中略）……又《また》如何なる理由なりしやは覚えねど、自分の悪戯《いたずら》の為め非常の御怒りを被《こうむ》り、続けざまに九つばかり頭を打たれたることもあり。今より彼之《かれこれ》を思へば未《いま》だ智恵足らぬ自分の悪戯より、畏《おそ》れ多くも叡慮《えいりょ》を煩《わずら》はし奉りたるは、今尚《な》ほ冷汗腋下《れいかんえきか》に生ずるの心地するなり（＊7）。

また、読者の心を打つとはとても思えない別の逸話は次のことを伝えている。祐宮誕生の時から守り役を務めてきた老公家が、このところ祐宮の元気が良すぎて手にあまるようになり、守り役を若い公家と交代させてもらおうと思っていた矢先のことだった。御所内の池の近くで遊んでいた祐宮に、「老爺《じい》よ、来てごらん、鯉《こい》が集まってきた」と大声で呼ばれた。老公家は池のところまで来て見たが、鯉など見えない。「どちらでございます」と聞くと、「そら、そっちじゃ、そっちじゃ」と言うので、前かがみになって覗《のぞ》きこんだ。とたんに、うしろから祐宮に、どんと押され、老人は池に落ちてしまった。浅い池だったが、老人のことゆえ、すぐには岸に上がることが出来ない。祐宮は「みんな早く来い、老爺が鯉になったぞ」と叫んだ。集まった人々が手を貸し、老公家を岸に引き上げた。老公家の衣服は、泥まみれになっていた。この泥まみれの衣服を老公家は、この上ない家宝として後生大事にしたというのである。

明治天皇の栄誉を高めるために編纂《へんさん》されたはずの雑誌や書物に、なぜこういう類《たぐい》の逸話までが収録されているのか、不思議に思う向きもあるかもしれない。しかし、これら遊び相手や罪のない老爺に対して見せた粗暴、いや残忍とさえ言える幼少期の天皇の性格をあえて紹介することこそ、むしろ或る意味で必要だったのではないか。女官に取り巻かれて育ち、何年にもわたって女子同様の衣裳《いしょう》を着せられ、化粧まで施されてきた皇子を一躍、国家の不屈の支配者へと変貌《へんぼう》させなければならなかった。この老公家は、池に突き落とされるという辱《はずかし》めを受けた後、岩倉具視《ともみ》に手紙を書き、守り役交代を願い出た。しかし岩倉はこの老公家を呼んで、次のように諭したという。

「あなたは、聖上《おかみ》がご誕生のその日からおつかえ申し、いまだに御幼時のおえらさがおわかりでない。お年を召されてからのお骨折りは重々お察し申すが、あなた自身が公卿《くぎょう》育ちなので、ただおとなしくお育て申したいとばかり思っての憂慮だとおもいます。日本の国は今は非常なときです。王政は必ず復古します。その時にはただおとなしいだけのご性格では相成りません。岩倉は御幼年の聖上が、あらゆる難局に当たっても、泰然と平静を保つことのできるご気象を拝し、ひそかにおよろこび申し上げおる次第です、お役御免のこの辞表はおかえしいたします」と。

気に入らないことがあれば、すぐにも拳固《げんこ》を振り上げる幼い皇子の男らしさを、とかく逸話の語り手たちは強調したがる。彼らは公家衆の目からも隠された御簾《みす》のうしろの存在としての祐宮、虚弱な体質がいつもまわりの悩みの種であった皇子としての祐宮を、あえて描こうとしなかった。逸話の語り手たちは、或いは次のように言いたかったのかもしれない。老人を池に突き落とすことは、かならずしも褒められるべきことではない、しかし、これは明らかに皇子が剛健な性格の持主である証《あかし》である、と。

しかし一般に祐宮の教育は、師の教えから学んだものであれ、宮中の日々の観察から学んだものであれ、ことごとく伝統に根ざしたものだった。祐宮は、かなり幼少の頃から和歌を詠み始めている（＊8）。この時期に詠んだ最初の歌一首は、すでに引用した。韻律は合っていないし、影像は乱れている。しかし、一、二年後に詠まれた次の和歌は少なくとも韻律の点で上達を見せた。

曙《あけぼの》に雁歸りてぞ春の日ぞ
聲を聞きてぞ長閑《のどか》なりけり

強意の助詞「ぞ」を繰り返し使って韻律を合わせているところなど、現代の読者の笑いを誘うかもしれない。しかしこれは、どうすれば韻律を合わせることが出来るか既に幼い皇子が気づいていた証拠で、祐宮が歌人としての腕を上げたことを示すものである。この頃から父孝明天皇に拝謁《はいえつ》するたびに、祐宮は歌題をもらうのを常とした。和歌が出来上がると、祐宮は優れた歌人でもある父孝明天皇に添削を仰いだ。たとえば先に挙げた和歌を例にとれば、孝明天皇は次のように手を入れた。

春の日に空曙に雁歸へる
聲ぞ聞こゆる長閑にぞなく

孝明天皇が自ら祐宮の和歌の指導にあたったことは、疑いもなく歌人明治天皇の形成にとって重要なことだった。これは祐宮が受けた正式な教育の中で内容が日本的な唯一のものであり、天皇が和歌を詠むだけでなく和歌の伝統にも通暁《つうぎよう》していることが当たり前のことだった平安の御世《みよ》を偲《しの》ばせる薫陶《くんとう》と言える。やがて祐宮は、「百人一首」や「古今集」の歌にも精通するようになった。このほか文学の嗜好《しこう》としては、もっぱら「源平盛衰記」、「太平記」、「太閤記」などの勇ましい軍記物語を好み、同時に中国の英雄たちが活躍する「漢楚軍談」や「三国志」などにも興味を抱いたようだった。幼少期の遊び相手だった裏松良光は、祐宮が茶話の席上、豊臣秀吉の壮図や楠木《くすのき》正成《まさしげ》の誠忠、関羽や張飛の豪快さなどによく話が及ぶことがあった、と証言している。祖先の歴代天皇たちの行いに比較的関心が薄いように見受けられるのは、恐らくそれが自分の好みに合うほど勇ましくなかったからだった。裏松はまた、祐宮が絵や歌を一気に仕上げるのに長じていたと語っている。

祐宮の受けた教育は、その内容からして父孝明天皇、或いは数百年前の歴代天皇たちが受けたものと大して変わることがなかった。すでに西洋の侵略者たちの脅威が孝明天皇を悩ましていたにも拘《かかわ》らず、その「蛮夷《ばんい》」について皇子に教えることが不可欠のことだとは孝明天皇は思っていなかったようだった。祐宮は世界の地理を学ばなかったし、西洋における科学の進歩に深く思いを致すということもなかった。明治天皇の知識が現に自分が生きている世界へと拡《ひろ》がっていったのは、明治維新以後のことである。

万延元年（一八六〇）閏《うるう》三月、祐宮の深曾木《ふかそぎ》の儀が執り行われることになった。これは子供の頭髪の端を切りそろえ、髪が長くなることを祈る祝いの儀式で、通常は男女三歳から八歳の間に行われた。しかし、祐宮が深曾木の儀を行うことになっていた安政五年（一八五八）、皇族と密接な関係にある京都の泉涌寺《せんにゆうじ》が焼失した。そのため、儀式は延期された。今一つ祐宮が行なわなければならない儀式に、男女が数えで九歳の時に行われる紐直《ひもなおし》、或いは帯解《おびとき》の儀があった。これは、幼児がこれまで締めていた紐（付帯）の代わりに、初めて大人の帯を用いる祝いの儀式だった。祐宮はこの年、深曾木の儀と紐直の儀を同時にやることになった。陰陽師の勘文《かんもん》によって深曾木の儀の日時は閏三月十六日巳《み》の刻（午前十時頃）、また紐直はその十二日後に決定した。

深曾木の儀は、周到に準備された。孝明天皇は祐宮に、儀式当日に着用する服を含め数多くの衣服その他を賜っている。儀式前日には準備の整った式場で、前もって祐宮の衣紋着用の習礼も行われた。儀式の式次第については、「明治天皇紀」に三ページにわたって詳細に記されている。儀式に対する特殊な嗜好の持主だけが、そのすべてを読み通すことが出来るに違いない。紐直の儀は、閏三月二十八日に行われた。こちらは、より簡潔だった。しかしこれら二つの儀式は、祐宮が受けるべきさらに重要な儀式の序幕に過ぎなかった。七月十日、祐宮は勅命により正式に儲君《もうけのきみ》（皇太子）になった。この日から祐宮は准后夙子《じゅごうあさこ》の実子となり、宮中の席次は准后に次ぎ、准后の御殿に起臥《きが》することになった。正式な立親王宣下《せんげ》の儀は、九月挙行と決定された。

九月三日、式部大輔《しきぶのたいふ》文章博士唐橋在光《からはしありてる》は、先に勅命のあった祐宮の諱字《いみなじ》を勘進した。唐橋は與仁《くみひと》、履仁《ふみひと》、睦仁《むつひと》の三号を選定し、孝明天皇に奏上している。翌日、天皇はこれを関白九条尚忠《ひさただ》、左大臣一条忠香《ただか》ほかの重臣たちに示し、中から最も適切な諱字を選ぶよう命じた。

九月二十八日、祐宮の立親王宣下の儀が執り行われた。この日、居並ぶ諸卿の前で祐宮の新しい名が披露された。備中檀紙《だんし》を八つ折にしたものに、孝明天皇自身の宸筆《しんぴつ》で「睦仁」の二字が書かれていた。儀式は、これで終わったわけではなかった。「明治天皇紀」には数ページにわたって儀式の詳細が記されている。また、儀式に続いて祝賀の宴が催された。これには今様、謡曲などが興を添えた。立親王宣下を賀して諸親王、諸門跡、摂家《せっけ》、清華《せいが》、近臣、女官等が、睦仁親王におびただしい贈物を献上している。宮中での祝宴が終わった翌月には、将軍家から親王へ祝いの品々が届いた。

これらの儀式、祝宴の興奮から覚めると、睦仁はふたたび学問の道へと引き戻された。准后は睦仁の手習いの進み具合に不満を覚えたのか、今や新宰相となった中山慶子に、これより毎日、親王の手習いの監督をするよう命じている。十一月十二日、睦仁は「大学」の素読を終え、その五日後には「中庸」の素読に入った。

祐宮の立親王宣下に伴う儀式の数々は、恐らく孝明天皇にとって快い気晴らしであったに違いない。しかし、そこには暗い影も差していた。孝明天皇には、すぐにも片づけなければならない難題が控えていた。幕府から将軍家茂《いえもち》と皇妹和宮《かずのみや》の縁組、いわゆる和宮降嫁《こうか》の話が持ち上がっていたのである。和宮は仁孝《にんこう》天皇の皇女として弘化三年（一八四六）、天皇死去の五カ月後に生まれた。和宮と異母兄孝明天皇は、非常に仲が良かった。ある意味で極めて有利な縁組の申し出に天皇が返事を渋ったについては、このあたりにも原因があったかもしれない。江戸から和宮降嫁の奏請があったのは、万延元年（一八六〇）四月十二日だった。奏請を出すにあたって幕府の建前は、かねてより孝明天皇が言明してきた「公武合体」を促進させるところにあった。当時の朝廷と幕府の間には、幕府が朝廷の裁可なく列強五カ国と修好通商条約を結んだことによって極度に緊張が高まっていた。将軍家茂への和宮降嫁は、朝廷と幕府の亀裂を解消するにあたって大いに役立つと見られた。

「公武合体」を目的とする和宮降嫁は、すでに安政五年（一八五八）十月、左大臣近衛忠熙《ただひろ》と新任の京都所司代酒井忠義《ただあき》との間で話題にのぼっていた。近衛は当時、この縁組が天下万民のためになるとしながらも、和宮にはすでに満五歳の時に有栖川宮熾《たる》仁《ひと》親王と交わした婚嫁の内約があり、これは如何《いかん》ともしがたく、従って将軍家と和宮との縁組はあり得ないと考えた。しかし酒井は、この縁組の構想が捨て難かったようだった。翌安政六年（一八五九）、酒井は関白九条尚忠と交渉を重ね、かつ幕府からも和宮降嫁の了承を取りつけた。降嫁の話は、ついに孝明天皇の耳にまで達した。天皇は五月四日、尚忠に勅書を賜い、次のように述べている。今さら、和宮と熾仁親王との婚嫁の内約を違《たが》えることは出来ない。また和宮は、乙女心に関東は「蛮夷」の集まるところと信じ、ひたすら江戸下向を恐れている。妹が不憫《ふびん》であり、かくも本人が脅《おび》えている縁組を無理強いすることは出来ない、と（＊9）。しかし一方で孝明天皇は、この縁組の政治的な利点についても十分承知していた。孝明天皇の和宮降嫁拒絶の勅書には、かすかに落胆の気配がただよっている。

和宮はこの年、数えで十六歳（実際は十五歳だが、三歳の時に「歳替」をしているので十六歳となる）だった。六月十六日、和宮は女子のいわば「元服」にあたる月見の儀を行なった。「明治天皇紀」は、その模様を「其《そ》の作法、月に百味を供し、女子其の中の饅頭《まんじゅう》一個を取り、萩箸を以《もっ》て之《こ》れに孔《あな》を穿《うが》ち、其の孔より月を覗《のぞ》き観るなり」と記している。

この月見の儀には、何か読む者の心を魅惑する「あどけなさ」のようなものが感じられる。たった一人の妹を手放したくない孝明天皇の気持が、なんとなくわかるような気がする。

幕府は、将軍家茂と皇妹和宮との縁組を諦《あきら》めようとはしなかった。朝廷にも、この縁組に賛同する者たちがいた。岩倉具視は当時まだ侍従に過ぎなかったが、和宮降嫁の件で孝明天皇から下問を受け、次のように奉答している。幕府の覇権が衰えつつあることは、すでに明らかである。しかし朝廷の復権を急ぐあまり武力に訴えるようなことにでもなれば、かならずや天下の大乱を引き起こし、ひいては外国の侵略を招く恐れも出てくる。ここは一つ幕府の和宮降嫁の奏請を諾し、公武一和を天下に示すべきではないか。そうなれば幕府としても、列強との条約を漸次撤廃せざるを得ない。また国政の大事はすべて朝廷の裁可を経て執行すべしということになれば、政治の実権は自ずと朝廷の手に帰することになる。今や和宮の一身は、九鼎《きゅうてい》（＊10）より重い、と。岩倉は幕府が条約の撤廃を誓うことを条件に、和宮降嫁の奏請を受け入れるよう進言した。

六月二十日、孝明天皇は関白九条尚忠に宸翰《しんかん》を賜った。天皇は、岩倉の助言に心動かされたようだった。宸翰の中で、次のように述べている。自分の治世に及んで「蛮夷」との和親が始まるようなことになれば、すでに再々言っているごとく神宮ならびに先帝に対して申し開きが立たない。また、先帝の皇女である和宮を「夷人徘徊《はいかいの》之土地」へ縁組するなど実に畏《おそ》れ多いことである。しかし、と孝明天皇は続ける。幕府がこの意を汲《く》んで「蛮夷拒絶」の実を示すようであれば、和宮降嫁のこと、あえてこれを許さないものでもない、と。

幕府からの回答は、天皇の期待を裏切らなかった。幕府は次のように、すべての点で孝明天皇の考えに同意を示した。幕府として、攘夷《じょうい》を全《まっと》うすることに偽りはない。しかし、まず国が一つとなり国力充実した後でなければ、外交の諸問題に対処することは出来ない。まずは公武合体の成果を天下に示し、人心を一にし、しかるのち「外夷」への防御を固めるべきである。もし和宮降嫁の勅許が下り、海内一致国力充実するならば、天皇の攘夷の方針は即《すなわ》ち幕府の方針である。幕府は、七年から十年の間に諸外国と交渉して条約を破棄するか、或いはこれを撃攘するか、いずれかの処置を取ることを約束する、と（＊11）。

幕府のこの言質《げんち》を得て、孝明天皇は和宮降嫁の奏上に勅許を与える方向に傾き始めた。八月六日、天皇は関白九条尚忠に宸翰を賜り、和宮の生母観行院と伯父橋本実《さね》麗《あきら》に和宮を説得させるよう命じている（＊12）。同時に天皇は、尚忠に和宮との内約の破談について熾仁親王と協議するよう命じてもいる。しかし、なお和宮は説得に応じなかった。兄孝明天皇と別れるのは心細く、また忍びがたい、と降嫁を拒絶し続けたのである。七日後、孝明天皇は再び尚忠に宸翰を賜った。宸翰は言う。和宮の降嫁を厭《いと》うの念、甚《はなは》だ切なるものがある。ゆえに、これを強要するに忍びない。しかし、いったん幕府と交わした約束を反故《ほご》にすることも出来ない、と。思いあまった孝明天皇は、まだ一歳半の皇女寿万宮《すまのみや》をもって和宮に代えようとした。もとより天皇は、唯一《ただ》人の幼い皇女を手放すにあたって忍びがたいものがあった。しかし「公武一和」のためには私情を捨ててもよい、と決意したのだった。もし幕府がこれを受け入れなければ、すでに交わした信義のこともあり、自分は譲位せざるを得ない、と覚悟のほどを示している。

この天皇の宸翰の写しは、和宮の手にも渡った。孝明天皇に譲位の意志があると知った和宮は、もし自分が原因で天皇が譲位するというのであれば、この身は寝食を安んずること能《あた》わず、と速やかに天皇の考えに従う決心をした（＊13）。将軍家への降嫁を承諾するにあたって、和宮は幕府に五つの条件を出した。第一は、二年後に控えた父の先帝仁孝天皇の十七回忌の御陵参拝を終えてから江戸に下向すること。さらに、これより後も先帝の年回毎に孝明天皇の御機嫌伺いを兼ね、御陵参拝のため上洛《じょうらく》する、と付け加えた。出来るだけ早い時期の婚儀を願っていた幕府としては、この第一の条件を素直に呑《の》むわけにはいかなかった。しかし、表向きは一応受諾した。第二の条件は、降嫁の後、江戸に於《お》いても和宮の身辺はすべて御所の風儀をそのまま遵守《じゅんしゅ》すること。第三以下の条件は、いずれも和宮の御側附および上京下向の使者の人選にかかわることだった。

孝明天皇は和宮の出した五つの条件に加えて、さらに次の六カ条の確約を幕府に求めた。

一、和宮が出した五カ条の条件をかならず遵守のこと。

二、かりに老中が更迭《こうてつ》しても外交拒絶の誓約に違背なきこと。

三、この度の縁組が、徳川家保全のため和宮に強いられたものでなく、国家に必要な公武一和を推進するためのものであることを、天下に周知させること。

四、外国との貿易開始が原因で窮乏している臣民のために、適切な処置を講じること。

五、婚儀が整った後の和宮の待遇については、いかなることも決定前にかならず朝廷に内奏すべきこと。

六、有栖川宮熾仁親王に対する償いの善後策を講ずべきこと。

和宮が降嫁を承諾した後もなお、公家の間にはこの縁組に異を唱える者がいた。一つの噂《うわさ》が、宮中に流れた。孝明天皇の寵臣《ちょうしん》と言われた久我建通《こがたけみち》が幕府から賄賂《わいろ》を受け取り、千種有文《ちくさありふみ》と岩倉具視を手先に使って降嫁を策した、と言うのである。噂を耳にした孝明天皇は、関白に命じてこれを打ち消させた。いったん降嫁に勅許を与えた以上、孝明天皇は反対意見に寛容ではあり得なかった。

結局、熾仁親王は和宮との婚約を断念せざるを得なかった。和宮は、丙午《ひのえうま》の生まれだった。熾仁親王がこの縁組に気が進まないのはそのせいである、という噂がまことしやかに流された。若き将軍家茂も、丙午の年の生まれだった。同じ不吉な年に生まれた男女の縁組は大吉、すなわち極めて幸運であるという説まで出た。

この時期の朝廷の関心は、もっぱら睦仁の教育と和宮降嫁に集まっていたように見受けられる。しかし忘れてならないのは、万延元年（一八六〇）という年は日本からアメリカへ最初の使節団が派遣された年でもあった。和宮降嫁と引換えに「攘夷」を誓ったまさに同じ年に、幕府は二百年余の鎖国後初めて海外に外交使節を送り出すという、もはや引き返すことの出来ない第一歩を踏み出したのだった。

＊1 十万首にも及ぶ明治天皇の御製は、政務の暇を見て奉書のような紙に天皇自ら宸筆《しんぴつ》で書かれたものを、あとから係が清書し、もとの宸筆は焼き捨てられたそうである。花房義質《はなぶさよしもと》「先帝陛下に関する追憶」（太陽臨時増刊「明治聖天子」三二二ページ）参照。明治天皇の宸筆を実際に見たことがある宮中廷臣の唯一《ゆいいつ》の証言によれば、それは極めて判読しにくいものであったという。日野西資博「明治天皇の御日常」（五四〜五五、六九ページ）は、その天皇の宸筆の判読が困難であった事実を記している。或いは明治天皇は自分の墨跡に困惑して、その証拠を後に残したがらなかったのではないかとも考えられる。

＊2 渡辺幾治郎「明治天皇」上巻八五ページ。渡辺は「忠能日記」から引用している。「中」と「山」を組み合わせれば、言うまでもなく生母の一族の姓「中山」であり、祐宮が手習いにこの字を選んだのは、そのためであったかもしれない。しかし、いずれにせよ、これは誰もが手習いの初歩に学ぶ簡単な二文字である。

＊3 「明治天皇紀」第一巻二一二ページ。「大学」の素読を始めるよう勅命を受けたのは万延元年（一八六〇）六月二十九日、読み終えたのは同年十一月十二日である。五日後の十一月十七日には、「中庸」の素読を始めている（「明治天皇紀」第一巻二三一ページ参照）。「論語」の素読を始めたのは、文久元年（一八六一）六月二十二日である。

＊4 木村毅「明治天皇」九一ページ。木村は、この話を裏松良光から直接聞いたと思われる。伏原宣諭は宣明の息子。

＊5 渡辺「明治天皇」上巻八五〜八六ページ。また「明治天皇紀」第一巻二四五ページには、祐

宮が生母の目を盗んで日課をごまかしたことがあったと記されている。

＊6 同右八四ページ。孝麿は嘉永五年生まれで祐宮と同年、忠能の孫である。これは、忠能の息子忠光（一八四五—六四）の誤りではないかと思われる。忠光は満十三歳の時から侍従として出仕し、幼い祐宮の相手を務めている。

＊7 木村禎之祐「明治天皇の御幼時」（太陽臨時増刊「明治聖天子」二一—二三ページ）。

＊8 幟仁親王の話によれば、明治天皇はすでに安政四年（一八五七）、即《すなわ》ち満五歳の時に和歌を詠み始めていた。渡辺「明治天皇」上巻八六ページ参照。

＊9 「明治天皇紀」第一巻二〇六～二〇七ページ。宸翰の原文は「孝明天皇紀」第三巻三七九～三八〇ページ。孝明天皇はまた、和宮が異腹の妹宮であるので義理合い上、無理強いするわけにはいかない、とも述べている。

＊10 古代中国で天子の宝と伝えられたもので、「非常に価値があるもの」の意。

＊11 武部敏夫「和宮」四五～四六ページ参照。武部は幕府が外交拒絶を誓約したことは、実は幕府の本意ではなかったと述べている。孝明天皇が具体的措置を求めたのに対し、やむをえず記載したとのことである。

＊12 石井孝「幕末 非運の人びと」六〇ページ参照。石井は、和宮があくまでも降嫁を拒否した背後には生母観行院と伯父橋本実麗の強い反対があったとしている。

＊13 石井（「幕末 非運の人びと」六一ページ）によれば、関白九条尚忠の腹心である島田左近（?—一八六二）が、降嫁への不同意に固執すれば生母と伯父が処分されるだろうことを匂《にお》わせ、乳母絵島に和宮を説得させたという。武部（「和宮」五一～五二ページ）は、関白の家臣二人が

和宮の乳人（武部によれば、名前は藤）の縁者に当たる塚田季慶に、朝廷が観行院と実麗の処罰を決定したと藤に伝えさせ、和宮側近を動揺させようと謀《はか》ったという。この二説のどちらがより正確であるかはわからない。いずれにせよ和宮を心変わりさせ、降嫁を承諾させるために、秘密裡《り》に何らかの手が打たれたことは間違いなさそうである。

第七章　皇女和宮

万延二年（一八六一）は、「辛酉《しんゆう》」の年である。干支《かんし》の中で「甲子《かっし》」と並んで革命変事の起こる年とされ、歴代改元があった。しかし、かりに辛酉の年でなくても、これに先立つ万延元年は元号を変えたくなるような激動の一年だった。そして翌万延二年は、いかにも辛酉の年にふさわしく不吉な予感で幕を開けた。新年早々、禁苑《きんえん》に狐《きつね》が出没したのである。孝明天皇は中山忠能《ただやす》に命じ、神社に祈禳《きじょう》させた。しかし、祈禳も供物《くもつ》も効果はなかった。狐は毎夜、睦仁《むつひと》の住む若宮御殿の床下で甲高い声を上げて鳴いた。ついに睦仁は、准后《じゅごう》の勧めで寝所を准后御殿に移すことにした。

また近年、国中が物価騰貴《とうき》に悩まされていた。民衆窮迫の噂《うわさ》は孝明天皇の耳にも達した。天皇は黄金五十枚を京都所司代酒井忠義《ただあき》に下し、特に都に近い山城国内の民衆の飢困を救済するよう指示した。しかし、忠義は幕府の命によってこれを拝辞し、別に思案がある旨《むね》奏上した。恐らく幕府は、天皇が臣下の窮状救済に直接関与することを嫌ったに違いない。

諸外国との関係も、また緊迫の中にあった。万延二年二月三日（西暦一八六一年三月十三日）、ビリレフ艦長率いるロシアのコルヴェット艦ポサドニックが、対馬《つしま》に錨《いかり》を下ろした。軍艦の修理を名目にロシア人将官ほか乗組員が上陸し、永住目的と思われる宿営施設として兵舎その他を構築し始めた。島民とロシア人乗組員との間で衝突があり、数人の日本人が死傷した。幕府は外国奉行小栗忠順《おぐりただまさ》を対馬に派遣し、ロシア人の退去を要求したが、ロシアはこれを聞き入れなかった（＊1）。

ヨーロッパ諸国の中で、朝鮮と日本の間に位置する対馬の戦略的な価値に着目していたのはロシアだけではなかった。英国は、すでに対馬を開港するよう幕府に求め、軍艦に海岸の測量までさせていた。このことがロシアに、英国から対馬を「守る」口実を与えた。ロシアは幕府に英国の対馬占拠の脅威を警告し、対馬に砲台を築くこと、並びに大砲の貸与を申し出た。幕府は、ロシアの申し出を断った。しかし、ロシアが多少なりとも対馬を占拠した今、幕府は英国公使ラザフォード・オールコックに謀《はか》ってロシア人を追い出す算段をせざるを得なかった。即《すなわ》ち、「夷《い》をもって夷を制する」

の戦術である。英国東洋艦隊提督ジェームズ・ホープ率いる英国艦隊二隻《せき》が、対馬に派遣された。ホープ提督から厳しい警告を受けたロシア側は八月二十五日、対馬占拠を断念し、島から退去した（＊2）。

これら一連の出来事は、昔であれば天皇の耳にまで届くことはなかった。しかし報《しら》せは、ほどなく孝明天皇の耳に達した。天皇は、ひどく狼狽《ろうばい》した。しかし、朝廷が萩《はぎ》（長州）藩主に対馬の状況を報告させ、対馬藩主に海防強化を命じたのは、翌文久二年（一八六二）になってからのことだった（＊3）。昔であれば天皇の注意を惹《ひ》くことさえなかった問題に、天皇が個人的に介入したのだった。これは、天皇の権威が如何《いか》に強まったかということを物語っている。

改元は陰陽寮《おんようりょう》の勘進によって、二月十九日に行われた。万延二年は文久元年となり、これを賀して孝明天皇と睦仁親王の間で互いに鮮魚一折が贈答された（＊4）。改元は当初、効き目があったかのように見えた。宮廷では藤花の満開を愛《め》でる園遊会が催され、能楽、囃子《はやし》など伝統的な慰みごとに時を過ごす慣習が復活した。悲しみごともまた、時代と直接関わりを持たないまま日常と化していた。孝明天皇の幼宮寿万宮《すまのみや》が死去し、皇族の子孫が悲劇的に短命であるという実例がまた一つ増えた。

しかし、宮廷の平穏は束《つか》の間《ま》のものだった。折しも幕府は、ヨーロッパ諸国との親善関係を押し進めようとしていた（＊5）。一方で、反外国感情が猛《たけ》り狂ったように沸き起こりつつあった。五月二十八日、水戸浪士十四人が江戸高輪《たかなわ》東禅寺の英国公使館を襲撃した。公使ラザフォード・オールコックは危うく難を免れたが、書記官その他が負傷した。水戸藩は依然として「攘夷《じょうい》」の先頭を切っていたが、他藩はむしろ進んで外国との和解を受け入れようとしていた。萩藩主毛利慶親《よしちか》（のちに敬親《たかちか》）は公武合体ならびに開国が必至であるとの見解（＊6）を朝廷に伝えるため、長井雅楽《うた》（一八一九―六三）を京に派遣した。長井は正親町三条実愛《おおぎまちさんじょうさねなる》と会い、今や国策の修正が急務であるとする藩主慶親の確固たる信念を語った。

　長井雅楽が延々と取り留めなく語った相手は正親町三条だったが、話の中身は明らかに孝明天皇に向けられたものだった。冒頭、数百年にわたる太平で武備が廃《すた》れたことを悲しむというお馴染《なじ》みの台詞《せりふ》から、長井の話は始まった。幕府は「黠夷《かつい》」の侵略を阻止するに無力であるばかりか、叡慮《えいりょ》の決定も待たず進んで和親通商条約に調印した。このこと、必ずや孝明天皇の逆鱗《げきりん》（＊7）に触れたに違いない。また、武力がもはや頼むに足らずと知り、孝明天皇はさぞ心許《こころもと》なく思っておられることと拝察する。幕府は「黠夷」に対して何ら確たる政策もなく、当座しのぎの便法で事足れりとしている。孝明天皇は事の経緯を十分に知らされないまま、一方で血気に逸《はや》る者どもが朝廷に馳《は》せ参じ、列強との条約破棄を要求している。もし条約が破棄されるようなことになれば、列強諸国がこれを黙視するわけがない。日本に対して軍事行動を仕掛けてくること、火を見るより明らかである。わずかでも成功の可能性があれば、交戦もまた辞さぬものではない。しかし勝つ見込みのない戦争に国運を賭《か》けるなど、狂気の沙《さ》汰《た》ではないか。

長井は、続ける。三百年にわたり、京の朝廷は内政のみならず外交もまた幕府に委《ゆだ》ねてきた。このため外国列強は、幕府こそ日本の政府であると信じている。その幕府と条約を締結した以上、列強にとって日本は紛れもなく同盟国である。もし日本との条約が破棄されるようなことになれば、列強の怒りは直ちに戦争へと突き進み、日本全国が危機にさらされることになるだろう。例えば九州を封鎖するには、四、五隻の軍艦があれば事足りる。そうなれば、残りの地域も多大な影響を被《こうむ》ることになる。京都が守りきれるかどうかも覚束《おぼつか》ない。もし都大路が列強の馬蹄《ばてい》に汚《けが》されるようなことにでもなれば、その屈辱感は直接攻撃を受けていない他の地域にまで伝播《でんぱ》すること必定である。

かくも不幸な事態が発生したのは、島原の乱以後、幕府がとった鎖国政策のせいである、と長井は続けた。鎖国以前は、外国人が自由に日本を訪れていたばかりか、外国人を宿泊させる「鴻臚館《こうろかん》」まであった。事実、鎖国は決して古代日本の伝統にかなったことではなかった。伊勢神宮におわす天照大神《あまてらすおおみかみ》は、「天日ノ照臨スル所ハ皇化ヲ布《し》キ及シ賜フ可《べ》シ」と誓わなかっただろうか。神功《じんぐう》皇后の三韓出兵は、この祖先の志を継ぐものではなかったか。もし三韓より遥《はる》か彼方《かなた》に国々が拡《ひろ》がっていることを知っていたなら、神功皇后は恐らく出兵の足を止めることはなかったに違いない。しかし今や幕府は、日本の領土を海外に拡げるどころか、ひたすら受け身で夷狄《いてき》の入ってくるに任せている始末である。かりに鎖国が望ましいと仮定しても、それが可能であるためには、まず国自体が強大な力を保持していなければならない。もっぱら日本が島国であることだけに頼っている鎖国の現状では、いずれ失敗の憂《う》き目《め》を見ることは間違いない。焦眉《しょうび》の急は攻撃と防御、即ち攻守両用の国力の充実にほかならない、と。

長井雅楽は鎖国の制を改め、祖先の志を継ぎ、皇威を海外に拡げるよう孝明天皇に求めたのだった。長井は、なおも続ける。「五大洲」は悉《ことごと》く皇国に貢物《みつぎもの》を捧《ささ》げるべし、との国是が確立されれば、「禍ヲ転ジテ福ト為《な》」すことが出来る。公武一和によって国内は平和になり、日本国が大量の軍艦を所持することになれば、皇国の威光は全世界にあまねく及ぶことになる、と（＊8）。

毛利慶親は、孝明天皇に鎖国擁護の考えを放棄するよう説得するにあたって、（例えば、蘭学者のように）友愛の精神を説いたわけではなかった。かつて公武一和が達成されていた御世に、皇祖天照大神が誓ったという皇国の世界支配の約束を、孝明天皇に思い起こさせようとしたのだった。衰弱した日本の武力が現に列強の比ではない「現在」が、世界中の国々が日本に貢物を捧げることになるという「将来」へ到《いた》るためには、まだ幾つかの段階を経なければならないことは事実である。しかし、外国との貿易から得る利益が日本の国力を増強させるということは期待出来た。

慶親が予期していたように、正親町三条は慶親の信念を孝明天皇に奏上した。孝明天皇は鎖国の解除は認めなかったものの、日本の国力を増強させることには賛成の意を表した。もとより天皇は、（すでに見たように）公武合体の熱心な支持者だった。朝廷と幕府間の理解を深めるにあたって力を尽くすよう慶親に命じ、次の和歌を賜った。

國の風吹起しても天津日を
　もとのひかりにかへすをぞまつ

最終的に幕府は、公武合体達成のため慶親に朝廷と幕府の交渉仲介役を依頼することに同意した。しかし、長井雅楽にとって不幸なことに、正親町三条に差し出した長井の覚書の文中に不敬にわたる言葉遣いがあった。これが物議を醸《かも》し、長井雅楽は免職処分となった。

文久元年（一八六一）を通じて朝廷の関心を独占した最大の行事は、将軍家に嫁ぐ和宮の江戸下向の旅だった。下向の時期は当初、文久元年三月に予定されていた。しかし、万延元年（一八六〇）十月十八日の和宮降嫁の勅許の後になって、これを白紙に戻すような新たな障害が持ち上がった。

万延元年中頃以来、幕府は密《ひそ》かにプロシア、ベルギー、スイスと交渉を重ね、これら三カ国との外交関係樹立に向けて動いていた。同年十二月、幕府はプロシアとの修好通商条約に調印した。幕府が新たに三カ国と条約を締結しつつあるという報せは、予期したごとく孝明天皇の逆鱗に触れた（＊9）。報せを受けるや、天皇は和宮と将軍家茂との婚約破棄を宣言した。そもそも孝明天皇が和宮降嫁《こうか》を承諾したのは、幕府が諸条約を破棄することを誓ったからだった。関白始め廷臣たちは、ひどく狼狽した。婚約破棄という措置が朝廷と幕府との関係に及ぼす影響を考え、必死で孝明天皇をなだめた。その結果、婚儀を数年だけ延期することで天皇の承諾をとりつけ、破談は避けられた。この件で意向を問われた和宮は、驚くべき率直さで次のように答えている。最初からお断りしているように、自分からこの結婚を望んだことなど一度もない。異国人が一人残らず退散し、関東が平穏になるまで江戸には行きたくない。もしそれが叶《かな》わないようならば、この縁組のこと、一切無かったことにして欲しい、と（＊10）。

所司代酒井忠義の機転が、この危機を救った。忠義は、朝廷の怒りに満ちた反発を幕府に取り次ぐことに異議を唱えた。忠義は言う。自分は所司代として新条約について受けた通達を、あくまで内々に関白に知らせたまでである。もし、朝廷が公然と幕府に苦情を申し立てるようなことになれば、それは双方の信頼関係を裏切ることになる、と。孝明天皇も最後は説得され、すべてを関白にまかすことにした。万延二年（一八六一）正月、幕府は朝廷に使者を送り、三カ国との新条約締結の経緯を詳しく説明した。さらに幕府は、七年ないし十年の内に外国人を追放するという先の約束を、ここで改めて朝廷に誓った。

和宮降嫁を白紙に戻す恐れのある危機が、これ以外にまだ幾つかあったことは事実である。下向の時期も、幕府、朝廷それぞれの思惑で二転三転した。文久元年（一八六一）三月、街道の不備その他を理由に下向の延期を申し出た幕府は、七月になって下向時期を九月、十月内に設定した。しかし、孝明天皇は翌年二月に執り行われる先帝仁孝天皇の十七回忌法要に和宮が出席しなければならないことを理由に、下向時期を翌年三月とするよう関白九条尚忠《ひさただ》に命じた。天皇の意向は所司代酒井忠義に伝えられたが、酒井は抗議を込めた奉答書を提出した。今さら明春への下向延期を持ち出すとは「御違約御食言」であり、将軍家に対して「御信義」が立たない。また、このことによって「天下之治乱」を招くことになるかもしれず、これを和宮「御一人之御愛情」と引替えにするなど「御道理」にかなうとも思われない、と強く反対した。一時は縁組破談も危ぶまれたが、八月五日、天皇は江戸下向の時期を十月上中旬とすることに同意し、最終的に京出発は十月二十日と決まった。

正式に孝明天皇の皇女として親子《ちかこ》内親王となった和宮は（＊11）、不本意ながらも京に別れを告げることになった。親子内親王は、祖父の光格天皇によって見違えるように修復された修学院離宮を訪れ、その後、賀茂両社と北野社に参拝した。宮中で内親王宣下を賀して能楽が催された際には、親子内親王もこれを陪覧している。また旅中の無事を祈って親子内親王が祇園《ぎおん》社に詣《もう》でた際には、孝明天皇と睦仁親王が建礼門御覧所からその行列を見送っている。十月十五日、参内した親子内親王は孝明天皇に拝別の辞を奏し、餞別《せんべつ》を受け取った。出発に先立ち、孝明天皇は親子内親王に宸翰《しんかん》を賜った。その中で天皇は、入輿《じゅよ》の後は将軍家茂を説き、攘夷の実行を迫るよう依頼している。

親子内親王が恐れていた江戸下向の日が、ついにやって来た。十月二十日、親子内親王を乗せた輿《こし》は桂御所を出発した。随行する公家殿上人は権大納言《ごんだいなごん》中山忠能、権中納言今出川実順《さねあや》、左近衛権少将千種有文《ちくさありふみ》、右近衛権少将岩倉具視《ともみ》だった。一年後、親子内親王の江戸下向は朝廷に対する言語に絶する侮辱である、と過激派公家が弾劾《だんがい》するに及んで、(江戸まで随行した)千種、岩倉両名は内親王降嫁を謀った張本人として処分を受けることになる(＊12)。

江戸下向の親子内親王の行列は、壮大な規模だった。武装した護衛は一万を数え(＊13)、あまたの食料、道具類、贈答品の荷馬の列には、江戸で組み立てるため解体された京風の家一式も加えられた。これは、降嫁を承諾するにあたって和宮が出した五つの条件の内二番目に相当するものである。行列は名所旧跡に立ち寄りながらの旅で贅沢《ぜいたく》を極め、通常であれば二週間で十分のところ、江戸到着は十一月十五日だった。随行する膨大な人数は、親子内親王の安全確保のために不可欠であるとされた(下向途中に親子内親王の奪還計画があるとの噂《うわさ》さえ流れていた)。行列の進行中は、十五歳以上の男子の通行が禁じられた。市中では男子は奥の部屋から出てはならず、女子は戸口で拝観するようにとの指示まで出た。行列の道筋は、所々不吉な地名を持つ場所を避けるため遠回りを余儀なくされた。東海道の途中にある薩埵峠《さつた》（静岡県）は、「去った（離婚した）」を連想させた。そのため江戸への通常の行路である東海道は道筋から除外され、木曽路《きそじ》から中山道の山道を迂回《うかい》する行路をとらなければならなかった。運悪く、婚儀をひかえた者にとって極めて不吉な名である板橋の「縁切り榎《えのき》」の傍を通らざるを得なかった時には、葉一枚見えぬよう樹木全体を菰《こも》でくるみ、難の及ぶのを避けた。

内親王と若き将軍との婚儀は、翌文久二年（一八六二）二月十一日まで待たなければならなかった。この期《ご》に及んでなお、降嫁反対派は暴力に訴えることをやめなかった。一月十五日、公武合体と降嫁を提唱した中心人物である老中安藤対馬守信行（一八一九－七一）が登城途中、坂下門外で水戸浪士ら六人の襲撃を受けた（＊14）。拳銃《けんじゆう》を携えた一人が安藤の駕籠《かご》に向けて発射し、安藤は負傷した。他の五人は抜き身で襲いかかったが、五十人ばかりの護衛の武士（井伊直弼《なおすけ》の暗殺以来、幕閣重臣の護衛の数は増員されていた）がこれを遮《さえぎ》り、浪士たちは直ちに斬殺《ざんさつ》された。

襲撃した水戸浪士たちは、この挙に出た仔細《しさい》を記した斬奸《ざんかん》趣意書を携えていた（＊15）。趣意書は、言う。安藤信行は朝廷を欺《あざむ》いた。よって我々は、これを糾弾する。安藤は「公武合体」の名のもとに和宮降嫁を強行した。しかし、それは諸外国との条約の勅許を得るための策謀でしかなかった、と。浪士たちの決起は、当時流れていた一つの噂が契機となった。万延元年十一月、幕府外国奉行堀利煕《としひろ》(一八一八―六〇)が突然、原因不明の自殺を遂げた。その際、堀は安藤の不忠を糾弾する遺書を残したと言われた(＊16)。遺書によれば、安藤はタウンゼント・ハリスの教唆《きょうさ》によって孝明天皇の退位を謀《はか》り、国学者二人に旧典にあたらせ天皇廃位の古例を調べさせたという(＊17)。浪士たちは遺書と目されるこの手紙から拡がった噂を信じ、また安藤が外国人と親密であることに激怒した。浪士たちによれば、安藤は臣下の道を汚した、だから安藤に「天誅《てんちゅう》」を加える、即《すなわ》ち天に代わって安藤を誅罰せざるを得なかった。この「天誅」という古くからある言葉は、幕末になって政治的暗殺を正当化する合言葉として盛んに使われるようになった。

刺客の手からかろうじて逃れた安藤は人々の同情の対象となり、幕閣での地位も以前に増して強くなるのではないかとさえ思われた。しかし事実は、経済改革と西洋貿易を推進する一派の指導者安藤信行は、事件を機にその絶大な政治的権力を失った。すでに反幕勢力は、日の出の勢いにあった。

婚儀が執り行われる直前、今一つの危機が生じた。幕府が親子内親王と取り交わした約束の中に、父仁孝天皇の十七回忌に上洛《じょうらく》するという一項があった。しかし、出発の日取りは何度も延期された。ついに、親子内親王は名代として老女を上洛させなければならなかった。孝明天皇は当然のことながら、幕府の約束違反を糾弾した。しかし幕府の言い分は、婚儀をひかえた長旅は親子内親王の疲労を招くというのだった。

親子内親王は婚儀の席で最高の敬意をもって遇され、「客」としてでなく「主人」の席に坐《すわ》った（＊18）。婚儀の式典は十時間にも及び、花嫁は数度にわたって衣裳《いしょう》を替えた。初めて将軍家茂に会った親子内親王は、夫となる家茂のことをどう思ったか、その第一印象の記録は残っていない。婚儀に至るまでの政治的経緯はもとより、義理の母である家茂の養母天璋院《てんしょういん》との間にも、のちに数々の確執があったことは事実だった。しかし、御家大事の縁組（政略結婚）にも時たまそういうことがあるように、親子内親王の結婚が幸福なものであったと信ずべき理由がある。二人の結婚生活は家茂が急死するまでの、わずか四年半に過ぎなかった。しかし自身が死の床についた時、親子内親王は自分の亡骸《なきがら》を京都でなく徳川家の墓に埋葬してほしいと遺言した。

天皇の妹（正式には内親王宣下を受け、天皇の皇女として嫁いだ）と将軍との結婚は、朝廷と幕府との関係をより密接にするという当初の目的を見事に果たした。また短期間であったにせよ、この結婚によって孝明天皇は天皇として過去数世紀に例が無いほど絶大な権力を振るう機会を得た。孝明天皇は断固として「公武合体」支持の信念を曲げることはなかったし、また幕府転覆を謀る人々に対しても断固反対の姿勢を保ち続けた。しかし幕府が諸外国との通商友好条約を次々と調印し続けるにつれて、朝廷と幕府の間の緊迫感は再び高まっていった。朝廷が望んでいたのは、外国人が一人残らず日本から追放されることだった。それ以上のことを、朝廷は何も望んでいなかった。

開国派と攘夷派とを問わず、各派の内部では目まぐるしく方針が転換した。その結果、時に驚くべき同盟関係や敵対関係が生まれた。かつて薩摩《さつま》藩は、ほとんど幕府とは無縁の独立王国として振舞っていた。しかし文久元年(一八六一)末、若き藩主島津茂久《もちひさ》(忠義《ただよし》)(一八四〇—九七)は京に使者を派遣し、幕府に叡慮《えいりょ》を遵奉《じゅんぽう》させるべく方策を建言した。茂久の使者は、孝明天皇に一振りの剣《つるぎ》を献上した。天皇は自ら筆をとり、感謝の気持を和歌にしたためた。

世をおもふ心のたちとしられけり
さやくもりなき武士《もののふ》のたま(＊19)

孝明天皇から宸筆の御製を賜った島津茂久は、父久光とともに感涙にむせんだという。

文久二年（一八六二）四月、藩主茂久と父久光は使者を京に派遣した。前左大臣近衛忠熙《ただひろ》と権大納言近衛忠房に勤王の志を述べ、幕政改革が目下の急務であるとの信念を伝えた。また禁裏の守護が十全ではないとの憂慮を表明し、兵を率いて入京する決断を下したと告げた。近衛忠房は驚き、この好ましくない援軍の申し出を阻止しようとした。しかし久光は聞く耳を持たず、藩主の名代と称して四月十六日、藩兵約千人を率いて入京した。入京の口上には、近衛忠熙、鷹司政通《まさみち》などの謹慎を解き、関白九条尚忠の代わりに近衛忠熙を関白の座に据える、とあった。また徳川慶喜《よしのぶ》を将軍後見職とし、前福井藩主松平慶永《よしなが》を大老職に据えるなど、幕閣改造についての要求も含まれていた。久光の提唱するところは事実上、「公武合体」の実現にほかならなかった。久光の意図は、朝廷と幕府とに拘《かかわ》らず、「公武合体」に反対する官吏を一掃することにあった。将軍をして朝廷を尊崇することを誓わしめ、不朽の制を立てて皇威を海外に輝かす道を講じさせるべきである、と口上は言う。その夜、薩摩藩の忠誠の真偽のほどを試すため、孝明天皇は久光に内勅を賜った。京にいる不穏分子の鎮圧を命じたのである。

七日後、久光は行動を起こした。久光の入京前、尊王攘夷を唱える諸藩士および浪士たちは久光が幕府打倒の先頭に立つものだとばかり思っていた。しかし、久光の意図が幕政改革に止《とど》まり、倒幕の志が無いということが明らかになった今、尊攘派の志士たちは大いに失望した。武力による倒幕を唱える萩藩その他の藩士たちは、伏見の寺田屋に集結した。薩摩藩の過激派藩士も、これに合流した。さしあたっての目的は、関白九条尚忠、所司代酒井忠義の暗殺だった。薩摩を含む過激派志士と、久光の主命を帯びて鎮圧に駆けつけた薩摩藩士が寺田屋で衝突した。過激派志士は、ことごとく斬殺された。天皇はその功を賞し、久光に御物《ぎよぶつ》の左文字の短刀を与え、浮浪鎮撫《ちんぶ》の宣旨を賜った。この事件で、朝廷における久光の声望は一挙に高まった。

この時期の「明治天皇紀」に、睦仁はほとんど登場しない。文久元年（一八六一）十月、睦仁は江戸下向の途についた和宮を見送っている。恐らく和宮の悲哀についても、（まだ満九歳とはいえ）睦仁は気づいていたに違いない。すでに三年前の安政六年に内儀として行なわれた読書始の儀が文久二年五月末、孝明天皇の天保十年（一八三九）の儀式に倣《なら》って正式に執り行なわれたことは前章で述べた。この年、初夏からの麻疹《はしか》の流行が宮中にも危機感を呼んだ。天皇は祇園社などに祈禱《きとう》を命じ、睦仁にも護符を賜っている。八月十日、睦仁の今一人の妹宮が齢《よわい》一歳に満たずして死去した。

明るい記述としては九月十六日、睦仁が初めて「絵画を試みたまふ」とある。

これらの断片的な消息が、「明治天皇紀」に記されている数々の事件の合間を縫って、事件と同じ呼吸で淡々と詳細に綴《つづ》られている。例えば、文久二年八月の項には十五日、恒例の石清水八幡宮放生会《いわしみずはちまんぐうほうじょうえ》に際して内廷で鳩《はと》、雀《すずめ》が放たれたことが記されている。その夜、孝明天皇は清涼殿で月見をし、女房たちは睦仁に甘酒を献じた。十八日、御霊社の祭事があり、天皇は神輿《しんよ》還御を観覧した後、例によって准后御殿に臨御し、そのあと若宮御殿を訪れ、睦仁に念入りな贈物の数々を賜った。こうした宮廷の日常の消息が記された後に、読者を仰天させるような記述が同じ調子で唐突に登場する。二十日、岩倉具視、千種有文、富小路敬直《とみのこうじひろなお》等公家三人が、幕府と共謀して和宮降嫁を強行したかどで蟄居《ちっきょ》を命じられ、辞官落飾させられた。

この驚くべき展開の背景には、尊王攘夷派の強大かつ急激な台頭があった。続々と増える不平分子で膨れ上がった尊攘派は、以前にも増して過激な行動に突き進んでいた。逆らう者は殺されないまでも、脅迫の対象となった。先の記述の丁度一ヵ月前の七月二十日、関白九条尚忠の腹心島田左近が襲撃され、殺害された。首は四条河原に晒《さら》され、切断された手足は高瀬川に投げ棄てられた。これを機に、いわゆる過激派言うところの「天誅」が連鎖的波及で相次いだ。幕府は事態を鎮圧出来ず、無力をさらけ出した。暗殺者たちは、俄然《がぜん》優位に立った。和宮降嫁に深く関与した廷臣たちを告発し、「四奸《しかん》両嬪《りようひん》」男女六人を特に攻撃目標に定めた（＊20）。公家の中にもこれに同調する者が現れ、攘夷派は今や大藩をも意のままに動かした。孝明天皇は幕府擁護を繰り返し述べてきたが、この危機的状況に際して「攘夷は朕《ちん》の宿志にして今日と雖《いえど》も毫《ごう》も変ずることなし」と家茂に宛《あ》てた勅書に書いた。恐らく「天誅」の実行家たちにしてみれば、自分たちの行動に天皇が公然たる是認を与えたものと受け取ったに違いない。

これら数々の事件の展開が、睦仁の人間形成にどう影響したかを想像することは難しい。御所の外で刻々と起こりつつある出来事を理解するには、睦仁はまだあまりに若すぎただろうか。激論や数々の暗殺から、睦仁は一切耳を閉ざされていたのだろうか。逆に御所の奥深く暮らす睦仁でさえも、宮中で顔を合わせていた人々が姿を消すにつれ、何か異変が起きたことに気づいただろうか。孝明天皇は、自分がいつも動揺し憔悴《しようすい》している理由について、皇子に説明しようとしたことがあったのだろうか。ただ一つ言えることは、何百年にもわたって伝統的な秩序と規律とに支配されてきた宮廷の世界に、時代の苛酷《かこく》な現実が徐々に押し入りつつあったということだった。今や、「変化」が日常を律していた。

＊1　ロシア人の対馬攻略に関する英文資料は、George Alexander Lensen "The Russian Push Toward Japan"四四八〜四五一ページ参照。レンセンの記述は主としてロシア側の資料に基づいている。

＊2　「明治天皇紀」第一巻二四二〜二四三ページ。小西四郎「開国と攘夷」（「日本の歴史」二二六ページ）は、対馬住民のロシアに対する根強い抵抗精神を強調している。もし、対馬住民がロシアの侵略者から自分の島を守るべく闘わなかったとしたら、英国の脅しだけでは事は簡単に解決しなかったろう、と。ロシア海軍士官コンスタンチン・パヴロヴィッチ・ピルキンは、ジェームズ・ホープの書面による警告を受けるやロシア人がいとも簡単に撤退を始めたことに、失望を表明している。「言わば、我々は対馬の併合《へいどん》を真剣に考えていた。しかし、もしそうであるなら、ホープの一通の書簡がすべてを台無しにするなどということがあり得るだろうか。対馬を占拠すれば反発があることくらい、我々は、はなから見越していたのではなかったか。日本の役人たちは、我々が実際に対馬を離れるかどうか確かめるため、私に同行することになっている。なんたる恥辱！」（Lensen "The Russian Push Toward Japan"四五一ページ）。

＊3　「孝明天皇紀」第四巻二四三〜二四七ページ。また「明治天皇紀」第一巻二四三ページ参照。萩藩主毛利敬親《たかちか》（一八一九—七一）は、この当時は慶親《よしちか》として知られていた。対馬藩主は宗義達《よしあき》（重正）（一八四七—一九〇二）。

＊4　改元に際しては、極刑の者を除いて重罪軽罪を問わず罪人が赦免され、また老人に米が支給

されている。米の支給については、年齢の高い者ほど給穀の量は多かった。「孝明天皇紀」第三巻五三七〜五三九ページ参照。

＊5 大掛かりな使節団が文久二年（一八六二）、ヨーロッパに派遣されている。この使節団に関しては、芳賀徹「大君の使節」参照。またドナルド・キーン「続百代の過客」（金関寿夫訳）参照。

＊6 この見解は、文久元年三月、毛利慶親に提出された「航海遠略策」の中で説明されているように、もともと長井雅楽の意見だった。

＊7 長井が使った言葉「逆鱗」は、彼の話の中に何度も出てくる。

＊8 「孝明天皇紀」第三巻六一一〜六一六ページ。

＊9 プロシアとの条約締結の際、調印の相手国が実はプロシアだけでなく、いわゆる北ドイツ連邦の他の国々も含むことが明らかとなり、幕府内部には狼狽《ろうばい》と懸念《けねん》さえ生じた。プロシアほか近隣数カ国との条約調印を強いられた日本は、欺《あざむ》かれたと思った。「明治天皇紀」第一巻二三四〜二三五ページ参照。

＊10 和宮の書簡は「孝明天皇紀」第三巻四八八〜四八九ページ参照。また武部敏夫「和宮」六六ページ参照。

＊11 親子《ちかこ》という名は、文久元年四月十九日に内親王宣下を受けた際、孝明天皇より賜っている。「孝明天皇紀」第三巻五五九ページ。

＊12 「明治天皇紀」第一巻二六七ページ。中山忠能もまた出仕を禁じられ、謹慎を命じられたが、今出川実順《さねあや》（一八三二―六四）は急速に名誉回復し、文久三年（一八六三）、神武天皇陵へ攘夷

祈請の勅使に任じられている。

＊**13** 行列の人数は、様々に推定されている。もっともよく引用される資料によれば、人員七千八百五十六人、馬二百八十頭、布団七千四百四十枚、枕《まくら》千三百八十個、飯椀《めしわん》八千六十、汁椀五千二百十、膳千四十、皿二千百十、等とある。武部「和宮」八三ページ参照。また、小西「開国と攘夷」二一四ページ。これに加えて、道中の要所要所にも警護の人数が配備された。大宅壮一（「大宅壮一全集」第二十三巻二七八ページ）は、下向に伴う護衛の総数を二万人と推定している。

＊**14** この時の安藤の名前は信行だったが、文久二年三月に信正に変えた。恐らく、自らの不運の原因が名前にある、と考えたからだろう。

＊**15** 斬奸趣意書の一節は、「孝明天皇紀」第三巻七六四〜七六五ページに引用されている。

＊**16** この遺書は、まったくの偽造だった。「大宅壮一全集」第二十三巻二七六ページ参照。

＊**17** 噂によれば、タウンゼント・ハリスは孝明天皇が開国の邪魔になるとして、天皇を廃するよう安藤に示唆《しさ》した。安藤が廃帝の古例を調べさせたという二人の国学者（塙次郎、前田健助）は、いずれも文久二年（一八六二）十二月に暗殺された。「大宅壮一全集」第二十三巻二七六ページ参照。廃帝の例としては例えば奈良時代、淳仁《じゅんにん》天皇が退位させられ、流罪《るざい》に処されている。

＊**18** 「大宅壮一全集」第二十三巻二八一ページ参照。婚儀の席次の図と、大宅の意見が記されている。

＊**19** 「明治天皇紀」第一巻二七三ページ。この和歌には二つの掛け言葉がある。「たち」は「太刀」（孝明天皇に献上した剣）と「気質」（寄贈者である薩摩藩主の愛国的な気質）であり、「さや」は剣の「鞘」と「清か」である。

＊20　「四奸」は久我《こが》建通《たけみち》、岩倉具視、千種有文、富小路敬直。「両嬪」は今城《いまき》重子《しげこ》、堀河紀子《もとこ》。この六人は、それぞれ何らかの形で和宮降嫁に関係している。

第八章 「征夷大将軍！」

天皇と将軍の立場が入れ替わったことを如実《にょじつ》に示す出来事が、文久二年（一八六二）十一月二十七日、江戸城で起きた。この日、勅使権中納言《ごんちゅうなごん》三条実美《さねとみ》、副使右近衛権少将姉小路公知《あねがこうじきんとも》は、将軍家茂《いえもち》に宛《あ》てた孝明天皇の勅書を携えて江戸城に入った。短い勅書は、孝明天皇の揺るぎない「攘夷之念《じょういのねん》」を忌憚《きたん》なく述べている。幕府は攘夷の策を決し、速やかに諸大名に布告すべし。また衆議を尽くして良策を定め、「醜夷」を拒絶すべし（＊1）。これまで幾度となく繰り返されてきた孝明天皇の持論である。変わったのは、勅書の中身ではなかった。勅使から将軍へ下される勅書受渡しの作法だった。

勅使が将軍に拝謁《はいえつ》するに際し、これまで将軍は大広間上段に着座するのが慣《なら》いだった(＊2)。勅使は下段に拝伏し、奏者番が勅使の官氏名を呼ぶ。勅使は将軍の会釈《えしやく》を待って、膝行《しっこう》して上段に進み、低頭して勅書を捧《ささ》げ、再び膝行して下段に退がる。これが従来の作法だった。しかし勅使三条実美は、この慣習に異を唱えた。これは朝廷の威光にふさわしい作法ではない、むしろ朝廷を侮辱するものである、と。三条は、あらかじめ京都守護職松平容保《かたもり》にこの意を伝え、幕府の勅使待遇の作法を改めるよう申し入れていた。

幕府は、三条の抗議を肝に銘じて受け取った。幕府内でも、かなりの議論があった末のことだと思われる。当日、まず勅使たる三条実美が大広間上段に進んだ。中段で勅使の会釈を待ち、しかるのち上段へ進み、勅書を拝受したのは将軍家茂の方だった。両者の立場が入れ替わったことを示す決定的瞬間だった。しかも幕府が改めた皇室尊崇の儀礼は、決してこれだけに止《とど》まらなかったのである。

幕府は、板挟みに陥っていた。幕府が朝廷との関係改善を望んでいたことは明らかである。そのためには天皇の命に従って「醜夷」を放逐する必要があった。しかし幕閣の中でも聡明《そうめい》な人々、例えば将軍後見職徳川慶喜《よしのぶ》、政事総裁職松平慶永《よしなが》等は、開国がもはや必至であることに気づいていた。しかし将軍家茂としては、孝明天皇に攘夷を遂行するという言質《げんち》を与えるほか選択の余地はなかったのではないかと思われる。

天皇と将軍の立場が逆転したことは、直ちに諸藩主の知るところとなった。多くの大名が上洛《じょうらく》の必要を感じた。これまで幕府は、大名の入京を厳しく禁じてきた。西国大名が江戸への往復に使う参勤交代の行路も、あえて京都を迂回《うかい》する道筋が取られていたほどだった。しかし、ここに到《いた》って幕府の禁令は効力を失った。諸大名は今や、足繁《しげ》く京都を訪れるようになった。事実、政治の中心は江戸から京都へ移っていた。朝廷は、次々と訪れる諸藩主の力を利用し、幕府に旧制慣例を改めさせようとした。天皇がこれだけの政治的権威をほしいままにしたのは、少なくともここ五百年来なかったことだった。朝廷政治の狙《ねら》いは、しかし、天皇がより強い権力を握ることにあったのではなかった。その主眼はあくまで攘夷を遂行することにあった。変化の影響は、公家堂上《とうしょう》にまで及んだ。これまで公家は、国事に関与したことがなかった。その政治的関心はもっぱら宮廷内のこと、及び儀式祭礼に限られていた。しかし今や公家は積極的に政治に乗り出すことで、皇権回復に向けて第一歩を踏み出したのである。

天皇の威光は文久三年（一八六三）、二百年余にわたって廃絶されたままだった将軍上洛の盛儀によって、いやがうえにも高められた。将軍家茂は朝廷に対する尊崇の誠意を示すことで、公武合体の実を挙げようとした。将軍の先触れとして、まず将軍後見職徳川慶喜など幕閣重臣が入京した。一月十日、徳川慶喜が参内、天皇は慶喜を小御所に引見した。三日後、慶喜は孝明天皇の父仁孝《にんこう》天皇が公家子弟の教育のため創設した学習院を訪れた。その際、慶喜は議奏、武家伝奏を通じて次の三件を奏上した。一つ、皇子の多くが僧籍に入らなければならなかったこれまでの慣例を改め、皇子をことごとく親王とし、在俗のままとすること。一つ、長年にわたって廃絶されたままの天皇の行幸遊観を、往時のごとく春秋に復活させること。一つ、尊融《そんゆう》親王（安政の大獄で隠居、永蟄居《えいちっきょ》を命ぜられ、前年許された）を還俗《げんぞく》させること。これら三件の奏上は慶喜、ひいてはその主君である将軍家茂が、孝明天皇の機嫌を取り結ぶことを狙って行なったものだった。最後の一件は、直ちに実行に移された。同月二十九日、尊融親王に蓄髪を命じる勅命が出された。親王は還俗して中川宮と称し、ほどなく孝明天皇の最も信任厚い腹心となった。若く血気盛んな頃には建武中興の英雄である護良《もりなが》親王の再来と言われ（＊3）、その後、傾倒する崇拝者たちによって攘夷運動の中心的存在と目されるようになった人物である。中川宮朝彦親王は、不思議と現代の歴史学者の関心の外にあるようだが、実は朝廷の陰の実力者だった（＊4）。呼称が度々変わったことからもわかるように、その生涯は波瀾《はらん》に富み、その影響力もかなりのものだった（＊5）。京都の青蓮院《しょうれんいん》に在籍当時は、全国から憂国の志士を招き寄せるほどの強い磁力の持主だった。

この時期、将軍が上洛することで京都朝廷の政治的権威は確実に高まったが、なお過激派の勢いを鎮《しず》めるには到らなかった。過激派の志士たちは、依然として幕府に加担した疑いの濃い人物たちへの嫌悪《けんお》を募らせていた。暗殺者たちの殺戮《さつりく》の波が、再び都大路を荒れ狂った。ある者は殺され、ある者は殺意に脅《おびや》かされた。文久三年（一八六三）一月二十二日の夜、儒医の池内大学（一八一四－六三）が四人の襲撃者によって暗殺された。暗殺者たちは、例によって池内暗殺の理由を記した斬奸状《ざんかんじょう》を残した。

此《この》者、従来高貴之御方々之恩顧を蒙《こうむ》り、戊午《ぼご》之比《ころ》、正義之士に従ひ、種々周旋いたし居候処《おりそうろうところ》、遂に反覆いたし、姦吏《かんり》へ相通、諸藩誠忠之士を数多《あまた》斃《たお》し、苟《いやしく》も自ら免れ、其《その》罪悪不容天地。依之加誅戮《ちゅうりく》令梟首《きょうしゅ》者也《なり》。
（この者は、かねてより高貴の方々の恩顧をこうむり、戊午〔安政五年〕の頃は正義の士に従い、いろいろ立ち回っていたが、ついには裏切り、不正な役人どもと通じて諸藩の誠忠の士を数多く死なせ、自分だけは罪を免れた。その罪悪は天地の容れるところではない。よって天誅を加え、さらし首にするものなり）。

池内大学（陶所）は、かつて梅田雲浜《うんぴん》、梁川星巌《やながわせいがん》、頼三樹三郎《らいみきさぶろう》と並んで尊攘派四天王の一人と言われた。安政の大獄の際、池内は危険人物として幕府に追われた。ついに池内は自首して出たが、比較的短い刑期で追放となり、死罪を免れた。このことが、池内が幕府に加担した疑惑を生んだ。節を変じて同志を売った奸物として、天誅の槍《やり》玉《だま》に挙げられたのである。

暗殺者たちは池内を殺すだけでは飽き足らず、その両耳を削《そ》ぎ、一つを中山忠能《ただやす》の屋敷へ、一つを正親町三条実愛《おおぎまちさんじょうさねなる》の屋敷へ投げ込んだ。いずれも官職を辞さなければ同じ目に遭う、という脅迫の文書が添えられていた。中山と正親町三条の二人は、偽善家として次のように告発された。陽に正義を唱道しながら、陰に因循姑息《こそく》の説をなす。公武合体に尽くすかたわら、諸藩に内勅を下すにあたって賄賂《わいろ》を受けて斡旋《あっせん》した、これを許すことは出来ない、と。忠能はこの虚偽の告発に憤慨したが、最後は身の危険を感じ、実愛と共に病気と称して職を辞した。忠能の代わりに、三条実美が睦仁《むつひと》親王の御肝煎《おんきもいり》に就任した。

文久三年(一八六三)は、暴行威嚇《いかく》事件が頻繁に起きた年だった。攘夷熱に浮かされた諸藩士や浪士たちが都大路を我がもの顔に横行し、殺傷事件が相次いだ。流言蜚《ひ》語《ご》が飛び交い、都は常に緊迫感にさらされた。年間で七十件を越える殺人、放火、脅迫事件が起き、それぞれ理由を示す斬奸状が犠牲者の首に添えられ、また天誅予告文が塀に貼《は》りつけられた。幕府（京都所司代、京都町奉行等）は、この無法状態に対し為《な》す術《すべ》を知らなかった。荒れ狂う「志士」たちを戒める役は、朝廷の手に委《ゆだ》ねられた。これら過激な暴行殺戮は、すべて朝廷の名の下に行われていた。幕府擁護の念にいささかの変わりもない孝明天皇は、在京十六藩の藩士を学習院に集めた。みだりに匿名《とくめい》の書を公家堂上の屋敷に投じるなど「天誅張紙投書」の手段を使って国事に容喙《ようかい》することを禁じ、不平不満があれば然《しか》るべき役所に申し出るよう命じた。天皇はさらに、在京の諸大名を小御所に引見し、関白に命じて攘夷貫徹の叡旨《えいし》を伝え、さらに国防に関する方策について忌憚《きたん》のない意見を建白するよう伝えた。

暴行殺戮の犠牲となったのは、生命ある者だけではなかった。二月二十二日、浪士十四人が等持院に押し入り、足利尊氏を始めとする足利将軍三代の木像の首を斬《き》り、斬奸状を添えて三条河原にさらした（＊6）。当時、これは暗に徳川将軍三代を批判したものとして受け取られた。京都守護職松平容保《かたもり》は、直ちに犯人探索の厳命を下した。（当時、暗殺の下手人たちは誰一人として捕まったことがなかったにも拘《かか》わらず）木像梟首の犯人は、ほどなく逮捕された。その罪科については、種々議論が出た（＊7）。

三月四日、将軍徳川家茂が三千余の家来を率いて上洛、京都の将軍宿所である二条城に入った。将軍家茂の上洛は、危険な賭《か》けと言ってよかった。都は到るところ攘夷派で満ちていた。いつどこで誰が、将軍に捨て身の攻撃を仕掛けてくるか知れなかった。五日、家茂は代理として将軍後見職徳川慶喜を参内させ、将軍就任以来の施政の行き届かぬ点を陳謝し、旧例にならい改めて政権委任の恩命を奏請し、天皇の勅許を得た。

三月七日、家茂自身が表敬のため参内した。孝明天皇は家茂を小御所に引見し、天《てん》盃《ぱい》を賜った。この後、天皇は家茂を御学問所に召し、歓談し、茶菓を賜った。天皇の将軍を迎える態度は丁寧ではあっても、ことさら丁重というわけではなかった。すでに朝廷は将軍家茂を、宮中の席次で五番目にあたる内大臣の下に据えていた。今後もし「関東政事向」のことで「不行届之儀《ふゆきとどき》」があれば、遠慮なく「御教諭」願いたい、と家茂が天皇に奏上した恭順な態度は、寛永十一年(一六三四)に徳川家光が朝廷に示した傲慢《ごうまん》な態度と著しく対照的だった。家光の時の上洛を最後に、将軍の入京は途絶えた。当時、徳川家は権力の絶頂にあり、宮中における将軍の席次は関白の上にあった(＊8)。しかし今回の対面で、孝明天皇の存在は明らかに将軍家茂を圧していた。

引見の際、孝明天皇は例によっていつもの要請を持ち出した。かねてより公言している攘夷の政策を、幕府が徹底的に遂行することだった。天皇に拝謁した後、家茂は睦仁親王の若宮御殿を訪ね、太刀一口、馬代白銀五百枚、黄金二十枚、掛軸二幅、花瓶一個、大和錦《やまとにしき》五十巻など高価な贈物を献上した。三日後の三月十日、孝明天皇は二条城に使者を遣わし、天皇及び睦仁親王から家茂への贈物を賜った。

これらの儀礼的行為が一通り済むと、孝明天皇は再び憂慮の念に苛《さいな》まれた。「夷狄《いてき》」が日本に居続けていることに対する不安と憤《いきどお》りだった。十一日、天皇は生涯で初めて自分の意志で御所の外に出た（＊9）。攘夷祈願のため賀茂下社、上社に行幸したのである（＊10）。関白、右大臣以下の公家が天皇に従った。将軍家茂もまた、将軍後見職徳川慶喜及び諸藩主、高家などを率いて供奉《ぐぶ》した。折から雨が降り出した。しかし天皇の乗る鳳輦《ほうれん》が家茂等の列前を通過する時、家茂以下は馬を下り、傘を捨てて路上にひざまずいた。おびただしい数の京の住民が天皇を、或《あるい》いは少なくとも鳳輦を一目見る千載一遇の好機とばかり、賀茂社へ向かう沿道を埋め尽くした（＊11）。長州藩過激攘夷派の高杉晋作が、目の前を通り過ぎる家茂に向かって、芝居もどきに「征夷大将軍！」と声をかけたのは有名な話である。高杉は、「征夷」の官職を全《まっと》う出来ない「将軍」家茂を揶揄《やゆ》したのだった。

家茂の上洛は、孝明天皇にとって勝利以外の何ものでもなかった。勝利の味を嚙《か》みしめる天皇は、江戸からの賓客が京を去ることを容易に許さなかった。しかし三月十九日、当初の予定の十日間の京滞在を優に越えた家茂は、江戸帰還の時期が来たことを告げた。廷臣たちは失望した。この時期、朝廷は大きく二派に分かれていた。一つは公武合体の推進をはかる一派、一つは将軍家茂の京滞在によって将軍自身を窮地に陥れ、これを幕府転覆の好機と見る一派だった。両派の欲するところは異なっていたが、いずれも家茂の京滞在が長引くことで目的達成に近づくと考える点では一致していた。しかし幕府は当時、家茂の速やかな江戸帰還を必死で望んでいた。前年秋、神奈川の生麦村で起きた事件の処理に、家茂の裁断が是非とも必要なのだった。世に言う「生麦事件」である。文久二年八月二十一日、英国人商人チャールズ・リチャードソンが三人の仲間と共に、薩摩《さつま》藩の島津久光の行列の前を「無礼にも」騎馬のまま横切った。リチャードソンはその場で斬《き》り殺され、二人が負傷した。英国は幕府と薩摩藩双方に賠償を求めた。幕府は結局、英国の要求に応じることにした。しかし、将軍家茂が京にいては決着をはかることが出来ない。家茂は、一刻も早く江戸へ帰らなければならなかった。

三月十九日、家茂は参内して孝明天皇に暇乞《いとまご》いを願い出た。天皇は家茂を小座敷に引見して、次のように言った。国家多事の折、家茂が江戸へ帰ってしまっては寂寞《せきばく》の感無きを得ない、今しばらく京に留まって朕《ちん》の心を安んぜよ、と。いたく感激した家茂は、天皇の意志に従うことにした。喜んだ孝明天皇は、家茂に数多くの贈物を賜った。この日、陪席した睦仁親王は、将軍家茂に初めて謁を賜っている。

翌月、即《すなわ》ち文久三年四月十一日、孝明天皇は外患祈禳《きじょう》のため石清水《いわしみず》八幡宮に行幸した。当初、行幸は四月四日に予定されていた。天皇は、将軍徳川家茂に供奉を命じた。しかし、この計画は中止された。忠能の第七子中山忠光（一八四五—六四）が三月、病を理由に突然官位を辞し、京を出奔したのだった（＊12）。これについて、次の説をなす者があった。忠光は長州の浪士と謀《はか》り、石清水行幸の途上で天皇の鳳輦を奪い、かつ将軍家茂暗殺を企《たく》んでいる、と。三月二十九日、噂《うわさ》を耳にした孝明天皇は行幸の延期を命じた。将軍後見職徳川慶喜は、行幸そのものを中止するよう天皇に勧めた。孝明天皇自身も、出来ることなら無期延期にしたかった。しかし過激派公家に押し切られ、行幸は予定通り行われることになり、期日も四月十一日と定められた。

この間の経緯を孝明天皇は四月二十二日になって、中川宮に宛《あ》てた宸翰《しんかん》の中で次のように述べている。天皇は「持病之眩暈《めまい》」の発作に悩まされていた。「遠路之乗輿《じょうよ》」は心配であるから、と関白鷹司輔熙《すけひろ》に行幸延期を申し入れた。輔熙は、延期の件もっともなれども計画を変更することは難しい、予定通り実行なさるように、と勧めた。

ほどなく議奏権中納言三条実美が参内し、面会を求めた。三条が言うには、天皇が

「実病」であるか「虚病」であるか確認のため参内した。いずれにせよ延期の件は承服しがたく、病気であるなしに拘らず、是非とも行幸を決定されるべし、と。「参政国事寄人《よりゅうど》」たちの中には、次のようなことを言う者まで出てきた。天皇の病気は行幸を嫌うがための「虚病」であり、いっそのこと「御内儀」に踏み込んで力ずくでも天皇を鳳輦へ乗せてしまってはどうか、と。孝明天皇は、しぶしぶ行幸を承諾せざるを得なかった。関白は明らかに狼狽《ろうばい》、心痛しつつも過激派公家の勢いに抗することが出来なかった。天皇も関白も、もはや「血気之堂上」の相手ではなかった。中川宮に宛てた宸翰は、次のように結ばれている。「薩州」島津久光を招き、知謀をめぐらし、「暴論之堂上」の目を開かせなければならない。もしこのまま放っておけば「国乱之基」になりかねない、と。

他の文献によれば、行幸途上で天皇が発作を起こした場合を想定し、道々に休息所が設けられた。孝明天皇は事実、気分がすぐれなかった。本宮に参拝した際、天皇は躓《つまず》いて倒れた。摂社十五社を巡拝の間も、近侍が両側から支えて歩かなければならなかった。

孝明天皇と立場を異にする尊攘派公家が天皇に崇敬を誓っていたという事実の裏には、極めて皮肉なものがある。尊攘派公家は天皇に崇敬を誓いながら、露骨に天皇の意志を無視した。天皇が石清水行幸から逃げようとすれば、力ずくでもと天皇を脅しさえした。自分たちの条件にかないさえすれば、尊攘派公家は喜んで天皇のために命を投げ出したに違いない。

尊攘派公家は、一計を案じていた。将軍家茂を行幸に供奉させ、石清水社頭で孝明天皇から「節刀」を拝受させる。天皇の代理であることを示す攘夷の「節刀」を受け取らせることで家茂を窮地に陥れ、有無を言わせず攘夷の実行を迫る。これが、その筋書きだった。しかし、策略に気づいた家茂は病気と称して行幸供奉を辞退し、徳川慶喜を代理として供奉させた。しかし慶喜は社頭に召される段になって、急病と称して宿舎である山下の寺院に閉じ籠《こ》もってしまった。この二重の「拒否」にあって、孝明天皇が如何《いか》に狼狽したか目に見えるようである。孝明天皇自身の病気は、恐らく心身相関の疾患だった。長旅を厭《いと》うだけでなく、途次における誘拐《ゆうかい》もしくは暗殺の可能性をも懸念《けねん》して行幸の無期延期を願ったのは、しごく当然のことと言わなければならない。

孝明天皇を脅迫したのは、いわゆる「殺し屋」でもなければ礼儀知らずの無骨な武士でさえなかった。およそ血気に逸《はや》るなどということとは無縁の階級に属する人々、腐敗と柔弱でもって知られる公家堂上だった。一方、孝明天皇が急場で救いを求めた相手は廷臣でもなければ将軍でもなかった。事実上の薩摩藩の実権を握る男、前年に兵を率いて入京し寺田屋事件（＊13）で過激派を鎮圧した島津久光だった。石清水八幡で天皇が祈願したのは或いは外患祈禳だけでなく、しつこく天皇を祭り上げる尊攘派公家たちからの解放であったかもしれない。

睦仁親王がこれらの事態の進展についてどれだけ知っていたか、その手掛かりとなる資料は何もない。睦仁はまだわずか十歳の少年であり、政治のことを父孝明天皇と話す機会も無かったに違いない。孝明天皇が石清水八幡に行幸した際、睦仁はその行列を送迎している。恐らく睦仁は、石清水行幸が父孝明天皇にとって如何に辛《つら》い経験であったか知る由《よし》もなかったろう。しかし、若き叔父中山忠光の行動については幾らか知っていたようだった。

中山忠光は安政五年（一八五八）、十三歳で侍従に就任した。侍従としての主たる役目は、七歳年下の甥《おい》睦仁の遊び相手を務めることだった。忠光の名前は文久三年（一八六三）の天誅組事件以前では、「明治天皇紀」に二回登場する。一度は皇子の深曾木《ふかそぎ》の儀（＊14）が行われた時、二度目はその四カ月後、皇子の「祗候《しこう》」の一人に就任した時である（＊15）。忠光が侍従になった年、父忠能は幕府が調印した日米修好通商条約に反対する公家八十八人の抗議に参加している。武市瑞山《たけちずいざん》（一八二九－六五）、久坂玄瑞《くさかげんずい》（一八四〇－六四）、吉村寅太郎《とらたろう》（一八三七－六三）など志士たちの唱える尊攘論に心服していた忠光は、若くして既に攘夷主義者への道を歩み始めていた。ここに挙げた三人は、いずれも倒幕運動末期に非業の死を遂げた。

しかし尊攘派志士としての忠光の思想形成にあたって、指導的役割を演じた人物は田中河内介《かわちのすけ》（一八一五－六二）だった。河内介は天保十四年（一八四三）から中山家に侍講として仕えた。忠光のことは、恐らく幼少期から知っていたに違いない。忠光が傾倒した他の師と同じく、河内介は寺田屋事件に関与していた。薩摩藩鎮圧派に捕らえられた河内介は、鹿児島へ護送される船中で一子瑳磨介と共に刺殺され、死体は瀬戸内海に投げ込まれた。恐らく河内介が忠光に説いたと思われる最も重要な教えは、次のことだった。忠誠とは、諸藩の藩士が藩主に対して捧《ささ》げるものだった、しかし、より正しくは国体、即ち天皇が体現する日本国そのものに対して捧げるべきものである、と。

文久二年（一八六二）九月八日、忠光は土佐藩郷士瑞山武市半平太を京の宿舎に訪ねた。岩倉具視暗殺を決意したことを告げ、武市に助力を要請した。忠光の岩倉暗殺の狙《ねら》いは明らかではない。しかし武市の日記によれば、忠光は岩倉が孝明天皇の毒殺、もしくは調伏を計画していると信じていたようだった。武市は忠光に思い止《とど》まるよう説得した。しかし忠光は、殺すと心に決めたからには殺さずには収まらない、と聞く耳を持たなかった。目を血走らせ興奮して語る忠光に、武市は是非もなしと同志に相談することを約束した。翌九日、同志の一人過激派公家の姉小路《あねがこうじ》公知は武市に次のように言ったという。忠光は、よく粗暴の振舞いに及ぶと聞く。果たして真に時勢を憂《うれ》うる「正義家」であるかどうか、定かではない、と（＊16）。

武市は、尊攘派公家の中心人物三条実美に忠光の岩倉暗殺計画を伝えた。三条は恐らく、このことを忠光の父忠能に知らせたに違いない。その夜遅く、武市の宿舎を訪ねた忠光は、岩倉襲撃を中止せざるを得なくなったと告げた。父忠能は、忠光が岩倉暗殺計画に加わることを許さなかったに違いない。自刃《じじん》すると脅す忠光に、父忠能は次のように諭したという。それほど思いつめているなら、もはや何を言っても無駄だろう。しかし、岩倉を殺すのは何とも粗暴な振舞いである。まず岩倉の罪状を然るべき官に訴え、その上で官が取り上げなかったら、自ら手を下せばよい。この道理がわからないなら、まず父を殺してから行け、と。

父忠能の断固たる反対にあった忠光は、岩倉暗殺計画を断念せざるを得なかった。しかし翌九月十日、忠光は意見を翻《ひるがえ》し、武市を屋敷に呼んで次のように告げた。ついに今日、奸党《かんとう》ばらをやっつける決心をした。ついては薩摩、長州、土佐三藩の応援を取りつけて欲しい、と。武市は、この申し出を謹んで受けた。忠光は父忠能に言われた通り、まず関白近衛家に出向いて次のように忠告した。岩倉等を遠島にするか、洛《らく》外《がい》退去にせよ。もしそれが聞き入れられない場合は、位階を返上して三藩の有志と謀り、自ら天誅《てんちゅう》を加える、と。二日後の九月十二日、岩倉具視、千種有文《ちくさありふみ》、久我建通《こがたけみち》の屋敷に次の投文があった。もし二日以内に都から退去しなければ、首級を加茂の河原にさらし、その累《るい》は家族にまで及ぶ、と。攘夷熱みなぎる朝議が動いたか、忠光の脅迫は功を奏した。翌十三日、岩倉は髪をおろし、十月八日に洛北岩倉村に居を移した。しかし岩倉暗殺に取り憑《つ》かれた忠光の執念は、これで消えたわけではなかった。忠光の意にそわぬ出来事が起きるたびに、すべては岩倉の罪にされた。

忠光は父忠能の断固たる反対をものともせず、義絶もまた意に介せずといった勢いだった。岩倉追放に成功した後もなお、忠光は憑かれたように無謀な行動へと突っ走っていった。父忠能は当然のことながら、出奔して行方知れずとなった一徹者の息子の身が心配でならなかった。文久三年（一八六三）三月、忠能は朝廷に忠光の辞官を願い出た。国を憂うるあまり忠光は精神錯乱に陥ったものと思われる、すぐにも息子を探し出し、狂乱か否《いな》か、この目でしかと確かめたい、と。

当面の間、忠光は長州藩の世話になっていた。突然現れては姿を消す忠光は、決して長州藩にとって歓迎すべき客ではなかった。しかし朝廷との繫《つな》がりを考えれば、藩論を攘夷に統一しつつあった長州藩にとって忠光を抱えておくことは強みと言えた。文久三年四月五日付の長州からの一通の書状が、当時の忠光の行状を次のように伝えている。長州藩は外国製の軍艦、兵器を買い入れていた。萩《はぎ》に着いてそれを知った忠光は、攘夷の先頭に立つ長州藩が外国製の武器を仕入れるとは何事か、船も兵器も打ち壊してしまえ、と息まいた。藩の重臣たちは容易に忠光の意見を聞き入れなかった。怒った忠光は翌日、下関へ出立してしまった。

文久三年八月、吉村寅太郎ほか忠光周辺の志士たちの手で「天誅組」が組織された（＊17）。大和で旗揚げした天誅組は土地の代官所を襲撃し、役人を血祭りに挙げ、当初は成功を収めた。しかし、反乱はほどなく鎮圧された。忠光は元治元年（一八六四）、長州潜伏中に長州藩の放った刺客によって暗殺された（＊18）。

睦仁親王は攘夷運動の実際を知るには、まだあまりに若すぎた。しかし、叔父忠光の行動について、また恐らく忠光を駆り立てた攘夷主義について少しは知っていたかもしれない。十五歳で即位した明治天皇がどのような政治的意見を抱いていたかは、ほとんど知られていない。しかし、睦仁は幕府の体制をひたすら重んじる父孝明天皇と意見を同じくしていたようには見えない。日本で国を治めるとはどういうことか、また、どうあらねばならないか、若き睦仁が考えを形成するにあたって、忠光は何がしかの影響を与えたのではないだろうか。忠光の振舞いは、もとより常軌を逸していた。従って、系統的に一つの政治哲学を伝え得たとは想像しがたい。しかし一人の若い公家が、父の反対と伝統の重圧をものともせず、自分の憎む体制を転覆すべく生命を賭《か》けて突っ走っていった姿は、やがて天皇となるべき少年の血を或いは騒がせたかもしれなかった。

＊1　漢文で書かれた勅書の原文は「孝明天皇紀」第四巻一九五ページ、その要約は「明治天皇紀」第一巻三一二ページ参照。別に、親兵設置の御沙汰《さた》書があった。

＊2　大広間は三段に分かれていた。下段は通常の畳一枚分の高さ、中段は畳二枚を重ねた高さ、上段は畳三枚を重ねた高さになっていた。

＊3　大西源一「維新回天の宏謨《こうぼ》と久邇宮《くにのみや》朝彦親王」三二、五一ページ参照。梁川星巌《やながわせいがん》が佐久間象山に宛てた書簡の中に、「青蓮院宮《しょうれんいんのみや》ハ実ニ大塔宮の後身共可奉中御気象にて」とある（同九九ページ参照）。青蓮院宮は朝彦親王のこと、大塔宮は建武中興で有名な護良親王（一三〇八－三五）のこと。

＊4 藤田覚「幕末の天皇」(二一九ページ)は、中川宮を「天皇の片腕」と呼んでいる。

＊5 中川宮(一八二四―九一)は伏見宮邦家親王の第四子として生まれた。幼少時代から数度にわたって名前を変えている。天保二年(一八三一)に七歳で本能寺に弟子入りした後、天保七年に奈良興福寺の塔頭《たっちゅう》一乗院に移され、院主の叔父の下で学んだ。その年、十二歳で仁孝天皇の養子となり、叔父の跡を継いで一乗院主となった。翌年、親王宣下を受けたが、正式に得度して僧《そう》侶《りょ》となったのは天保九年(一八三八)のことである。嘉永五年(一八五二)、親王は勅旨により京都の天台宗の門跡寺院である青蓮院に移った。幕末の文書に頻繁に登場する青蓮院宮尊融という名は、ここから出ている(青蓮院のある土地の地名から粟田宮《あわたのみや》、或いは粟田口宮とも呼ばれた)。親王の周囲に集まった人物の中には、梅田雲浜《うんぴん》、池内大学、真木和泉、橋本左内、佐久間象山、その他安政の大獄で殺され、また粛清された志士たちがいる。これらの人々が親王に傾倒したのは、親王が熱烈な攘夷主義者だったからというだけでなく、信奉者たちの証言が等しく明らかにしているように、その英邁《えいまい》な人格に引かれてのことだった。志士たちの間での親王の人気は、幕府の注意を引かずにはおかなかった。安政の大獄で、親王は相国寺に永蟄居《えいちっきょ》を命ぜられ、荒れ果てた小さな塔頭桂芳軒に二年間幽閉された(大西「維新回天――」七九ページ)。幽閉に怒った志士たちは、親王の奪還を第一の目標とした。親王を征夷大将軍として奉じ、倒幕を企てる者もあったが、親王は最後まで公武合体論者だった。親王を攘夷の頭目に祭り上げ、幕府役人のみならず日本にいる「夷狄」の抹殺《まっさつ》をはかる血なまぐさい計画が密《ひそ》かに進められた。文久二年(一八六二)、親王は和宮降嫁《こうか》の大赦により永蟄居を解かれ、翌文久三年還俗となり、新たに中川宮の称号を賜った。維新後、かつて立場を異にした政敵は、なお親王を敵視し続けた。明らかに

捏造《ねつぞう》されたと思われる嫌疑で、親王は広島藩お預けとなった。謹慎を解かれた後、晩年は伊勢の神宮祭主となった。

興福寺一乗院にいた頃、親王は文武両道にわたる修行を重ね、特に槍術《そうじゅつ》に長《た》けていた。奈良では、当時奈良奉行だった幕府開国派の俊英川路聖謨《としあきら》と親しく交わった。しかし、親王は最後まで攘夷主義で通した。

＊6　足利三代の木像梟首《きょうしゅ》の斬奸状は、栗原隆一「斬奸状」一一五ページ参照。この事件に関して、英語で書かれた優れた論文がある。Anne Walthall "Off With Their Heads! The Hirata Disciples and the Ashikaga Shoguns" (Monumenta Nipponica, 58 : 2, Summer 1995) 参照。

＊7　Walthall "Off With Their Heads!" 一六二〜一六八ページ参照。犯人逮捕の際の幕府の責任者は、文久二年（一八六二）に京都守護職となった松平容保だった。この事件をきっかけにして、ほとんど無名の会津の若い大名が俄然《がぜん》朝廷の注目を集めるようになる。容保が犯人逮捕に踏み切ったについては、この事件に象徴的な意味合いがあったからである。遥《はる》か昔の足利将軍の木像の首をはねることによって、犯人たちは暗に徳川将軍を脅迫したのだった。

＊8　「明治天皇紀」第一巻三二五ページ。家光は総勢三十万七千人を率いて入京したと言う。この数を文字通り受け取るわけにはいかない。しかし、これが恐らく家光が朝廷を威圧しようと引き連れてきた護衛隊の数から受けた印象だった。

＊9　「第三章」で触れたように、嘉永七年（一八五四）の内裏全焼の大火の際、孝明天皇は御所から避難せざるを得なかった。しかし自分の意志で御所を出たのは、これが初めてだった。

＊10　孝明天皇がこの行幸を決めたについては、萩藩主毛利慶親の世子定広の度重なる請願があっ

た。国家多事の折に天皇が宮廷の奥深く閉じ籠《こ》もっている時ではない、願わくは賀茂両社のみならず泉涌寺《せんにゅうじ》、石清水八幡宮に参拝し、天下の士気を鼓舞してほしい、と。「明治天皇紀」第一巻三二七ページ参照。

＊11 土佐出身の吉村寅太郎は、この光景を両親に宛てた手紙に、次のように書いている。「鳳輦《ほうれん》間近く相成候《あいなりそうろう》より自然と涙に沈み只管《ひたすら》平伏し詳《つまびらか》に存じ不申《もうさず》、追々他人より承り候へば玉簾《ぎょくれん》に天顔を拝し候趣、此日御道筋へ罷出《まかりいで》候老若男女四十万余と申す事に御座候、孰《いずれ》も涙を流し申候」（西嶋量三郎「中山忠光暗殺始末」三九ページより引用）。

＊12 「明治天皇紀」第一巻三三〇ページ参照。中山忠光の官位は、国事寄人従四位下侍従。侍従として仕えた相手は、甥《おい》の睦仁親王である。

＊13 文久二年四月に起きたこの事件については、「第七章」参照。

＊14 「明治天皇紀」第一巻一九九ページ。この儀式が行われたのは、万延元年閏《うるう》三月十六日。

＊15 同右二一三ページ。これは、祐宮を儲君《もうけのきみ》に定める勅命が下された七月十日のこと。

＊16 恐らく姉小路公知の言う「正義家」とは、「尊攘主義者」のことを指しているのではないかと思われる。西嶋「中山忠光暗殺始末」三四ページ。

＊17 大岡昇平「天誅組」は小説の体裁はとっているが、恐らく天誅組に関する文献の中で最も詳細を極めた考察である。小説とは言っても、いわゆるフィクションの要素は皆無で、幾多の資料から大岡が選別した歴史的事実に基づいている。

＊18 暗殺が起きた日付については、少なくとも八つの仮説がある。西嶋「中山忠光暗殺始末」一九七ページ参照。あらゆる可能性を吟味した末に、西嶋は十一月八日説を取っている（二〇〇ペ

ージ）。西嶋は、当時藩内で主流を占めていた反攘夷派である俗論党が忠光暗殺に差し向けた刺客の名前（人数については諸説ある）を挙げている（二〇一ページ）。

第九章 蛤御門《はまぐりごもん》

文久三年（一八六三）四月二十日、将軍徳川家茂《いえもち》は五月十日を攘夷《じょうい》決行の期日と定め、朝廷に上奏した。家茂は、すでに二度にわたって攘夷の期日を設定していた。しかし、二度とも決行の延期を余儀なくされた。今また別の日を選ぶにあたって、家茂の尻《しり》は明らかに重かった。家茂には、わかっていた。もし列強が日本の退去命令に逆らって武力を行使すれば、日本の武備が悲惨にも適応能力を欠いていることがたちどころに知れてしまう、と。しかし、家茂には選択の余地はなかった。朝廷からは矢のような催促で期日の確定を求めてきたし、すでに家茂自身、和宮との縁組成立の時に攘夷遂行を約束していた。

朝廷は、家茂の上奏に嬉々《きき》とした反応を示した。列強との武力衝突のあることを予期して、公家皇族は禁裏出入りの際に帯剣が義務づけられた。殿上人にとって、これまでにない新しい体験だった。事実、宮中の人々が自らを戦闘員に擬するなど、ここ何世紀にもわたって無かったことだった。七月十九日、関白鷹司輔熙《たかつかさすけひろ》は在京諸藩の大名に孝明天皇の攘夷親征に関して意見を求めた。鳥取藩主池田慶徳《よしのり》は、次の提言をした。

親征も亦《また》可ならん、然《しか》れども、至尊を始め公卿《くぎよう》にして苟《いやし》くも兵を知られざれば、何を以《もつ》てか克《よ》く其《そ》の目的を達することを得んや、会津藩主肥後守松平容保《かたもり》、今京都守護職の任に在り、諸藩主亦兵を擁して京都に在り、宜《よろ》しく是《こ》れ等に命じて練兵せしめ、眼、戎旅《じゆうりよ》に熟し、耳、砲声に慣れ、而《しか》して後初めて親征の事を議すべきなり……

孝明天皇は提言を受け入れ、松平容保に建春門外での練兵を命じた。練兵当日（七月三十日）は雨だった。しかし、天皇は建春門北穴門御覧所から練兵を観覧した。准后《じゆごう》、睦仁《むつひと》親王、また女官、公卿、諸藩主が陪覧した。容保は手兵三千余人を率い、申《さる》の刻（午後四時前後）に練兵を開始した。兵は甲冑《かつちゆう》を身につけ、銃、槍《やり》、弓など各隊に分かれた。法螺貝《ほらがい》を吹き、鉦鼓《しょうこ》を打ち鳴らし、刀槍《とうそう》を振るい、銃弓を放ち、鬨《とき》の声を挙げた。およそ近代戦とは程遠い代物《しろもの》だった。あたりが暗くなっても雨は降り止《や》まず、練兵は打ち切られた。

次の練兵は八月五日、やはり建春門外で行われた。この時は会津、鳥取、徳島、米沢、岡山五藩が参加した。睦仁親王は、前回に続いて陪覧している。この日、米沢藩兵は西洋式銃隊の操練を行なった。「明治天皇紀」は次のように記している。

砲声天に轟《とどろ》き、硝烟《しょうえん》空を蔽《おお》ひ、陪観の児女驚愕《きょうがく》色を失ふ、親王、神色変ぜず、終始泰然たり、天皇の親しく軍事を覧《み》たまふは近世絶えて無き所、況《いわ》んや親王幼《よう》冲《ちゅう》にして之《こ》れに陪せらるゝが如《ごと》きは未《いま》だ曾《かつ》て有らざる所なり、当時廷臣中説を為《な》す者あり、縦令《たとい》練兵たりとも、九門内を馳駆《ちく》するは啻《ただ》に旧慣を破るのみならず、内侍所の附近に於《お》いて兵器を弄《ろう》するが如きは神威を冒瀆《ぼうとく》するものなりと、当時の情勢想《おも》ふべきなり。

この間にも、すでに朝廷が攘夷の策に決したことを知った長州藩は、長門《ながと》の海岸沿いに砲台を築いた。攘夷の期日と定めた五月十日、長州藩は他に先駆けて外国船を砲撃することで攘夷に先鞭《せんべん》をつけようとした。北九州豊前国田ノ浦沖に投錨《とうびょう》していた米国商船が、その最初の犠牲となった。続いて、下関海峡を航行するフランス、オランダ二国の軍艦が砲撃された。さらに六月、報復のため来襲した米仏二国の軍艦と交戦した。この報《しら》せが朝廷に届くや、孝明天皇は左近衛権少将正親町公董《おおぎまちきんただ》を攘夷監察使として萩に派遣し、他藩に先駆けて攘夷を敢行し国威を高めた功績を賞し、藩主毛利慶親《よしちか》、定広父子に御剣その他の贈物を賜った。遅かれ早かれ、列強が報復攻撃を仕掛けてくることはわかっていた。しかし、かなり前から孝明天皇は開戦の可能性を覚悟していた（＊1）。

列強との戦争に勝つという孝明天皇の確信は翌月、さらに強固なものとなったようだった。英国はすでに幕府に対して、英国人商人チャールズ・リチャードソン殺害の賠償を要求していた。去る四月、幕府は賠償に応じた。しかし英国は、さらに薩摩《さつま》藩と交渉のため軍艦七隻《せき》を鹿児島湾に派遣した。文久三年（一八六三）六月二十八日、藩主島津茂久《もちひさ》に生麦事件の下手人の処刑と、リチャードソンの遺族及び負傷者に対する賠償金の支払いを求めた。茂久は、二十四時間の猶予《ゆうよ》を与えられた。薩摩藩の返答は、次の通りだった。下手人は既に逃亡して行方不明である、賠償金については幕府の命令がなければ支払うことは出来ない、と。七月二日未明、英国艦隊は突如、藩の汽船三隻を拿捕《だほ》した。午《うま》の刻（正午前後）、薩摩藩の砲台が火を吹き、英国艦隊への砲撃を開始した。双方が砲火を交え、激戦は申《さる》の下刻（午後四時半頃）にまで及んだ。多数の寺社民家が兵火に焼かれ、藩兵に無数の犠牲者が出た。しかし英国側もかなりの損害を受け、艦隊は四日、決定的勝利を収めることなく鹿児島湾を去った。島津茂久は英国艦隊との交戦を朝廷に報告し、孝明天皇は茂久に嘉奨の勅書を賜った（＊2）。

八月十三日、孝明天皇は攘夷祈願のため神武天皇山陵《さんりょう》と春日社への行幸、さらに伊勢神宮への参拝を内外に公布した。いわゆる、大和行幸である。孝明天皇は、攘夷親征が念頭にあることを明言した形になった。朝廷の尊攘派は、これを機に長州藩士や尊攘派志士と謀《はか》って攘夷の名の下に一挙に倒幕運動を押し進めようとした。このことを察した朝廷の公武合体派は、思い悩んだ末に薩摩会津二藩と謀り、大和行幸の中止を中川宮に訴えた。十六日未明、中川宮は参内し、孝明天皇に次のように質《ただ》した。親征とは由々しき大事である。あえてこれに踏み切るについては、どのような御所存があってのことか、と。この唐突な詰問《きつもん》に天皇は愕然《がくぜん》とし、次のように応《こた》えた。親征のこと、未《いま》だ決断したわけではない。神武天皇山陵への参拝は、もとより朕《ちん》の素志であった。ゆえに権中納言《ごんちゅうなごん》三条実美《さねとみ》等の要請に応じたまでのことである、と。明らかに、孝明天皇は尊攘派公家に操られていた。

その夜、孝明天皇は中川宮に内勅を賜った。中川宮は前関白近衛《このえ》忠熙《ただひろ》父子、右大臣二条斉敬《なりゆき》など公武合体派の公家と謀り、朝政の改革（朝廷と幕府の伝統的関係を断ち切ること）を企《たくら》む尊攘派公家を排斥する必要があるとの結論に到《いた》った。十八日未明、朝議が開かれた。忠熙ほか公武合体派の公家はもとより、京都守護職松平容保、京都所司代稲葉正邦が出席した。御所の九門は閉ざされ、天皇の許しがなければ何人たりとも中に入ることは出来なかった。在京諸藩は九門の警衛を命じられた。寅《とら》の刻（午前四時前後）、空砲が鳴り響き、戒厳令が敷かれたことを伝えた。尊攘派公家は急遽《きゆうきよ》御所に駆けつけたが、門は固く閉ざされ、中に入ることは出来なかった。

内裏では、中川宮が孝明天皇の御前で勅命を伝えていた。「今春以来議奏・国事掛等、萩藩と結託して勅を矯《た》むること尠《すくな》からず、親征の事其の最たるものなり、自今以後実美等の参朝を停めて屏居《へいきよ》せしむ」と（＊3）。

三条実美（議奏）を始めとする尊攘派公家は解任され、中山忠能《ただやす》、正親町三条実愛《さねなる》の公武合体派公家がこれに代わった。大和行幸は中止され、次の勅令があった。攘夷の方針に変わりはない、しかし天皇の親征は未だその期にあらず、と。尊攘派公家は、栄光の時が去ったことを知った。長州藩士の帰国に伴い、三条実美等七人の公家は長州へ下向した。世に言う、「七卿落ち」である（＊4）。公武合体派公家が、朝廷の実権を握った。

八月十八日の政変が過ぎると、宮廷は比較的静穏な時期を迎えた。九月二十二日、睦仁親王の誕生日が控えめに祝われ、恒例のごとく鮮魚その他が贈答された。続いて内宴が若宮御殿で行われ、中山忠能は娘で親王の母である新宰相中山慶子《よしこ》に祝いの言葉を述べた。睦仁満十一歳となったこの日、屋敷に帰った忠能は親王の健康を祝して盃を挙げた。忠能は往時に思いを馳《は》せ、胸に迫るものがあった。往事茫々《ぼうぼう》として夢の如く、時勢の推移あたかも掌《てのひら》を返すが如し、と。朝廷の実権が一派から一派へと移るにつれ、自身の境遇もまた万華鏡のように変転してきたさまが忠能の頭をかすめたに違いない。同月二十七日、忠能の妻愛子は孫の睦仁親王に久方ぶりで拝謁《はいえつ》した。皇子が中山家を出てから早や七年、成長した皇子の姿を仰いで今昔の感に堪えず、愛子は涙を抑えることが出来なかった。

十一月二十八日、睦仁の親王附児だった裏松良光《たるみつ》(当時は幼名喜佐丸)が数えで十四歳となり、元服のための賜暇《しか》を願い出て許された。喜佐丸は天皇、准后から贈物を賜り、睦仁親王からは銀二十枚、冬装束一領、さらに次の書物を賜った。「絵本浅草霊験記」、「絵本三国記妖婦伝」、「絵本太閤記」、「絵本彦山霊験記」、また「源平盛衰記図会」、「葦牙双紙《あしかびそうし》」、「双蛺白糸冊子《そうきょう》」等である。読書師範から素読を受ける四書五経とはまったく異なるこれらの絵本を、恐らく皇子は愛読したに違いない。挿絵《さしえ》に皇子自ら彩色を施した本もあり、また巻頭に平仮名で落書きが記されている本もあった。

数日後、喜佐丸はめでたく元服した。

睦仁の和歌の指導は文久四年（一八六四）一月、孝明天皇から二人の宮廷歌人へと受け継がれた。権中納言冷泉為理《れいぜいためただ》（一八二四—八五）と議奏権中納言柳原光愛《みつなる》（一八一八—八五）である。為理は、親王が幼時から父孝明天皇の下で（時には、典侍広橋静子から）和歌の添削を受けていたことを知らなかった。親王が数えで十三歳となった今、それが和歌の稽古《けいこ》を始めるにふさわしい年齢であることを天皇に奏請するのは自分の務めである、と為理は考えた。孝明天皇は国事多端で、なかなか為理に謁見を賜る暇がなかった。一月十二日、為理は天皇に自分の奏請の志を伝えるべく和歌二首を詠《よ》んだ。次に引くのは、その二首目の歌である。

初より花に匂《にほ》へる花はなし
　花はつぼみの花になりつゝ

荒れ狂う時代の波のさなかに、束《つか》の間《ま》に訪れた心なごむ小康の日々だった。文久四年は干支の「甲子《かっし》」にあたり、革令の年とされた。このため、二月二十日を以て年号は元治元年と改められた（＊5）。これに先立つ一月、将軍徳川家茂が勅命により上洛した。江戸から大坂まで海路をとり、家茂が京の将軍宿所二条城に入ったのは十五日のことだった。二十一日、孝明天皇は家茂を右大臣兼右近衛大将に任じた。家茂は将軍後見職権中納言徳川慶喜《よしのぶ》他在京の藩主、高家等四十四人を従えて参内し、天皇に謝意を述べた。

孝明天皇は、これに応えて家茂に宸翰《しんかん》を賜った。宸翰には、明るいところがみじんもない。

嗚呼《ああ》汝《なんじ》方今之形勢如何ト顧ル内ハ則《すなわち》紀綱廃弛《はいし》上下解体百姓塗炭ニ苦ム殆《ほとん》ド瓦解《がかい》土崩ノ色ヲ顕シ外ハ則驕虜《きょうりょ》五大洲ノ凌侮《りょうぶ》ヲ受ケ正ニ併呑《へいどん》ノ禍ニ罹《かか》ラントス其危実ニ如累卵《るいらん》又如焼眉《しょうび》朕思之夜不能《あたわず》寝食不下咽《のど》嗚呼汝夫是ヲ如何ト顧ル是則汝ノ罪ニ非ズ朕ガ不徳ノ致ス所其罪在朕

（ああ、汝は現下の形勢をどのように見るか。国内では紀綱は廃弛し、上下は解体し、百姓は塗炭に苦しみ、国はまさに崩壊の危機に瀕《ひん》している。国外からは驕《おご》る列強諸国の凌侮を受け、正に併呑の危険を抱えている。実に累卵の如き、また焼眉の如き有様である。朕はこれを思うと夜も眠れず、食物も喉《のど》を通らない。ああ、汝はこれらの形勢をどう見るか。これは汝の罪にあらず、朕の不徳の致すところ、その罪は朕にある）（＊6）

言葉遣いは型にはまっていても、孝明天皇の言葉は衷心から出たものと思われる。少し後で「朕汝ヲ愛スルコト如子、汝朕ヲ親ムコト如父セヨ」と述べている件《くだ》りなど、家茂に対する個人的愛情がにじみ出ている。孝明天皇は家茂に「征夷」大将軍の職を全《まっと》うするよう促し、さらに次のように述べている。

夫醜夷征服ハ国家ノ大典遂ニ膺懲《ようちょう》ノ師ヲ興サズンバアル可《べか》ラズ雖《しかりといえども》然無謀ノ征夷ハ実ニ朕ガ好ム所ニ非《あら》ズ然ル所以ノ策略ヲ議シテ以テ朕ニ奏セヨ

（憎むべき外夷の征服は国家の大事である。遂には膺懲［外敵を討伐する］の戦を起こさずには済まないだろうが、そうは言っても無謀の征夷は朕の望むところではない。きちんと方策を定め、朕に上奏せよ）

当時のいかなる文書よりも遥《はる》かに直截《ちょくせつ》な言葉で書かれたこの宸翰は、孝明天皇の立場を力強く語っている。天皇は「醜夷」を駆逐することによって幕府と力を合わせ、国家の安定と繁栄の回復をはかろうとしている。しかし、一方で長州藩が踏み切った外艦砲撃のような無謀な行動は厳に戒めている。ここで孝明天皇は、危殆《きたい》に瀕している事態の切迫した状況を「累卵」と「焼眉」という二つの言葉を使って憂《うれ》えている。「累卵」とは今にも崩れそうな卵の山のこと、「焼眉」とは火が眉《まゆ》を焦《こ》がすばかりに間近に迫ることを言う。

しかし、このことを除けば今回の家茂の京滞在は快適で長閑《のどか》なものだった。滞在は、五月までの長きにわたった。あまたの贈答の遣《や》り取りがあり、家茂は宮廷で至れり尽くせりのもてなしを受けた。尊攘派公家は三条実美の長州敗走以来、勢力を失った。各地の攘夷運動も小康を得た感じがあった。

静寂を破る最初の事件が起きたのは、六月五日のことだった。すでに長州藩は三条実美、藩主毛利慶親、定広父子等の冤罪《えんざい》を訴え、入京の許可を求める嘆願書を朝廷に提出していた。朝廷は介入を拒否し、処置をすべて幕府に委任した。これを聞いた尊攘派浪士たちは激怒し、密議を凝らすべく京都三条小橋の旅宿池田屋に集結した。幕府はこれを察知し、京都守護職配下の近藤勇（一八三四―六八）率いる新撰組《しんせんぐみ》が池田屋を襲撃した。謀議中の浪士約三十名はことごとく斬殺《ざんさつ》、もしくは捕縛された（＊7）。

池田屋事件の報《しら》せが萩に届くや、長州藩は憤激のあまり、直ちに福原越後（一八一五―一八六四）率いる千数百人の軍勢を京に送り込んだ。同志の浪士たちがこれに加わり、軍勢は京都周辺の地に分屯《ぶんとん》した。長州藩は、今再び朝廷と幕府に嘆願書を提出した。朝廷は二十七日、毛利慶親、定広父子のいずれか一人の入京を許し、改悛《かいしゅん》の情があれば勅勘（勅命による勘当）を免ずる決議を出そうとした。しかし兵の撤退こそ先決であるとする徳川慶喜の要請で、京都周辺に分屯する軍勢の撤退、帰藩を命じた。長州藩は、これを拒否した。この時、長州藩の頭にあった筋書きは、池田屋で予定された密議の内容から推して、或《あるい》は次のようなことだったかもしれない。強風の日に御所並びに市中に火を放ち、その混乱に乗じて京都守護職松平容保と中川宮を暗殺する。孝明天皇を擁して長州へ遷幸《せんこう》する。新撰組を襲撃する。会津藩に代わって長州藩が京都守護を担当する。将軍家茂に攘夷の遂行を迫る、等々（＊8）。

ここで特に中川宮朝彦親王と京都守護職松平容保に標的が定められたについては、恐らく当時流された一つの噂《うわさ》が引き金となったと思われる。二人は佐久間象山の進言を受け入れ、孝明天皇の彦根遷幸を企《たくら》んだというのである。孝明天皇の彦根遷幸が噂にのぼったのは、これが最初ではなかった。去る文久三年（一八六三）六月、開国派の老中格小笠原長行《ながみち》（一八二二―九一）が幕府の兵千余人を率いて西下した際、次の流言が飛んだ。小笠原は朝廷に力ずくで開国を迫ろうとしている。もし聞き入れられなければ都に火を放ち、公家を拘禁し、一挙に都を壊滅させるつもりである。同時に幕府は、孝明天皇の彦根遷幸を企んでいる、と（＊9）。一年後、似たような噂が長州藩志士の耳に入ったわけだった。彦根遷幸を立案したとされる開国派儒者佐久間象山は、浪士たちの憎悪《ぞうお》の的となった。七月十一日、象山は京都三条木屋町で暗殺された（＊10）。この長州側の無謀な行為に対し、会津、桑名、薩摩、土佐等の諸藩は長州藩士討伐を主張した。

親長州派、反長州派が、こぞって京都周辺に集結した。朝廷は十八日、長州藩に対し軍勢を直ちに撤退させるよう命じた。また、長州藩が勅命に従って嘆願に及べば、朝議で是非を問うと約束した。しかし、長州藩はこれを拒絶した。代わりに三重臣連署の哀訴状のみならず、誅罰《ちゅうばつ》すべき会津藩主松平容保の罪状を並べたてた一書を朝廷に提出した。長州藩が開戦に踏み切らざるを得ない理由を記した書状が、親王、公家、諸藩の屋敷に次々と投げ込まれた。

朝廷は、周章狼狽《ろうばい》した。急遽《きゅうきょ》、関白二条斉敬、中川宮朝彦親王、徳川慶喜等が参内した。孝明天皇は小御所で関白等を引見し、長州藩士討伐の勅を賜った。この時すでに、戦端は伏見で切って落とされていた。その砲声は御所の中まで聞こえた。慶喜は命じて、直ちに御所の九門を閉ざした。

翌十九日卯《う》の刻（午前六時前後）、長州藩兵は御所の門近くまで押し寄せた。福原越後の手勢は大垣藩兵に撃退されたが、他の長州藩兵は蛤御門、中立売《なかだちうり》御門にまで肉迫した。戦いの砲撃の有様は「其ノ音千万雷ノ落ツルガ如シ」と形容され、「殿舎震動地震ノ如シ」と記録にある（＊11）。長州藩兵の攻撃は、もっぱら会津藩の守備する蛤御門に集中された。戦闘は熾烈《しれつ》を極めた。まさに蛤御門が突破されようとした時、桑名薩摩両藩の援軍が駆けつけ長州藩兵を横撃した。「賊軍」は撃破された。勢いに乗った守備軍は、俄然《がぜん》優位を占めた。戦闘は開始後五時間余の巳《み》の半刻（午前十一時頃）、長州勢の総崩れで終わった。世に言う「蛤御門の変」、或いは「禁門の変」である。

戦闘の最中、御所の中は混乱を極めた。睦仁は天皇の命令で、准后、淑子《すみこ》内親王と共に常御殿に座を移した。万一の避難のため、板輿《いたごし》が準備された。孝明天皇は「御衣冠ヲ著シ給ヒテ確然御座」と記録にある（＊12）。侍臣たちは冠の纓《えい》を巻き、襷《たすき》をかけ、草鞋《わらじ》の紐《ひも》を締め、いつでも行動に移れる態勢にあった。典侍以下女房たちは白帷子《かたびら》に白附帯、白羽二重の被衣《ひい》という全身白装束だった。御所の庭は到るところ甲冑《かっちゅう》に身を固めた兵たちで満ち、飛び交う砲弾で門の扉は破れ、あたりに鮮血が飛び散った。突然、門外で火炎が上がり、瞬時にして四方に拡《ひろ》がった。烏丸通《からすま》の猛火は、御所をも呑《の》み尽くすかと思われた。御所の中の混乱は言語に絶し、廷臣たちは一時、禁裏の外に御座所を移すことまで考えた。しかし松平容保は、これを思い止《とど》まるよう諫《いさ》めた。お蔭《かげ》で、孝明天皇が交戦中の両軍の戦乱に巻き込まれる危険は避けられた。

翌二十日、幕府は事変に乗じて、六角の獄に繋《つな》がれていた尊攘派志士三十余人を斬《き》った。少なくとも二百五十年間にわたって戦闘を知らなかった御所の門外に、累々《るいるい》たる死屍《しし》が三日間曝《さら》された。炎は市中にある社寺民屋等二万八千余の建物を焼き尽くし、二十一日に到ってようやく鎮火した。

長州軍は敗走し、都は再び静寂と秩序を取り戻したかのように見えた。しかし、ここに到って、なお怪事が出来《しゅったい》した。二十日夜、十津川郷士等が宮中に潜入し鳳輦《ほうれん》奪取を企てている、という報せが飛んだ。直ちに駆けつけた禁裏御守衛総督徳川慶喜は、常御殿の内庭に三百ばかりの人影を見た。軒下の石畳には板輿が据えられ、傍らを麻《あさ》裃《がみしも》を着けた数十人が固めていた。慶喜は一団に退去するよう命じ、事態を直ちに関白二条斉敬と中川宮に知らせた。急遽参内した二人は孝明天皇を御三間《おみま》に移し、さらに慶喜の要請で紫宸殿《ししんでん》に移した。睦仁親王と准后も、これに同行した。女官の中には、恐怖のあまり声を上げて泣き叫ぶ者がいた。睦仁も驚きのあまり発作を起こし、紫宸殿で倒れた。侍臣が走って水を取り寄せ、睦仁は息を吹き返した。

この話は戦後、改悪された形で若き日の明治天皇伝説の一つとなった。例えば、或る悪意に満ちた伝記作者は、「(明治)天皇は、元治元年(一八六四年)七月、長州藩が蛤門内に大砲を打ちこんだ時に、その爆音に驚いて気絶した。それによっても、その臆病《おくびょう》で気の小さい性質が理解される」と書いている(*13)。少年睦仁を気絶させたのは、断じて蛤御門の大砲の音ではなかった(事実、御所が攻撃を受けたのは前日のことである)。真夜中に叩《たた》き起こされ、いきなり泣き叫ぶ女たちの中を紫宸殿に移されたことが原因であったに違いない(*14)。女官たちが悲鳴を上げたのは、一風変わった出来事のせいだった。或る局《つぼね》の下女が主人に付き添って建物から建物へと移っていた際、あやまってお歯黒用の液の入った壺《つぼ》を落とした。その壺が床にぶつかって壊れた音が銃声と間違えられた。その上、あたりに流れ出したお歯黒の液の臭《にお》いがあまりにも強烈であったため、異常な騒ぎを引き起こした(*15)。

この事件そのものに、何か重要な意味があるというのではない。驚くべきは、明治天皇の生涯を綴《つづ》った真面目《まじめ》な年代記の中に、中世の伝奇物語まがいの逸話がいきなり出てきたことである。御所の庭に潜入した十津川郷士云々《うんぬん》という謎《なぞ》めいた一団は、いったい何なのか。なぜ、彼らは天皇の鳳輦を奪おうとしたのか。三百人もの人影が目撃されているにも拘《かかわ》らず、ただの一人の行方さえ知れないとはどういうことか（＊16）。このような切迫した瞬間に、なぜ局の下女はお歯黒の壺など持ち運んでいたのか。たかが壺一つ床に落ちて割れた音くらいで、なぜ、かくも多くの人間が狂ったように慌《あわ》てふためいたのか。

事件が起きた翌日、いつもの若宮御殿でなく御三間で仮眠をとった睦仁は、祖父中山忠能を召して謁《えつ》を賜った。睦仁は数冊の絵本を取り出し、忠能に説明をせがんだ。過去数世紀に皇族を見舞った最悪の危難のさなかにあって、なんとも心強い話ではないか。実際に起きた謎の事件は、絵本の冒険物語ほどにも十一歳の少年睦仁の心を摑《つか》むことは出来なかった。

＊1　依田憙家「近代天皇制成立の前提――孝明天皇についての試論」（「社会科学討究」二十九巻一号）一〇ページ参照。依田は、三月五日付の近衛忠熙に宛《あ》てた孝明天皇の宸翰《しんかん》から一節を引用している。この宸翰の全文は「孝明天皇紀」第二巻七八七～七八九ページ参照。

＊2　「明治天皇紀」第一巻三三八～三三九ページ。島津茂久は結局、英国の要求を入れ、賠償金

として金六万両余を支払った。

＊3　「明治天皇紀」第一巻三四五ページ。この政変に関する一連の文書は「孝明天皇紀」第四巻七九一〜八二〇ページを参照。例えば久邇宮《くにのみや》（文久三年八月十八日現在は中川宮尊融《そんゆう》親王）の親話聞書によれば、幕府が未《いま》だに攘夷を実行しないからといって徳川を「討罰」し、朕自ら攘夷親征を行うわけにはいかない、と孝明天皇は言っている。「徳川ニハ」と、天皇は言う。「先帝之皇女親子《ちかこ》内親王アリ」。親子内親王は、即《すなわ》ち和宮である。「徳川ヲ討罰スレバ親子内親王ヲ討ザルヲ得ズ」。そうなれば、先帝に対しても親子内親王の身内に対しても許されがたいことである。皇国の為に止《や》むを得ない時が来れば「討罰」するが、それには時機を得なければならない。徳川慶喜や松平容保が奏上するごとく「未ダ武器ノ備ラザルニ開戦スルハ時機早シトス」。従って「朕ガ親征ハ暫《しばら》ク延スベク」、また「征幕ノ事モ止ムベシ」と。「孝明天皇紀」第四巻七九一ページ参照。久邇宮（この称号が与えられたのは明治八年）の聞書が、いつのものかは明らかではない。おそらく、政変から数年経《た》った後のものではないか。だとしたら、記憶違いと捏造《ねつぞう》で話に色がついているかもしれない。

＊4　「明治天皇紀」第一巻三四五ページ。三条実美等七卿は都落ちの際、短い檄文《げきぶん》を残している。檄文は、次のように言う。「中興之大業」がまさに成らんとする時に、「奸賊狂妄《かんぞくきょうぼう》」が「宸襟《しんきん》」(天子の心）を悩ますとは憤激に堪えない。我ら一同西下の後は全国の「有志之者」に呼びかけ、「義兵」を挙げる所存である、と。栗原隆一「斬奸状」一七八ページ参照。

＊5　四人の学者が勘進した年号勘文二十四の候補が、「孝明天皇紀」第五巻八四〜八八ページに掲載されている。興味深いことに、その中の一つに「明治」がある。

＊6 原文は「孝明天皇紀」第五巻二〇ページ。英文による翻訳は、W. G. Beasley "Select Documents on Japanese Foreign Policy, 1853−1868" 二六三〜二六四ページ。

＊7 「明治天皇紀」第一巻三七六ページ。詳細は「孝明天皇紀」第五巻二二六〜二三〇ページ。特に、二三〇ページを参照。木戸孝允《たかよし》（桂小五郎）は早く来すぎて、出直すつもりで対馬藩邸に立ち寄っていたため、難を逃れた。

＊8 これらの計画は、新撰組に捕縛され拷問《ごうもん》された勤王の志士古高俊太郎（一八二九−六四）から漏れた。新撰組は、首謀者の姓名も入手している。福地重孝「孝明天皇」一八一〜一八三ページ参照。また遠山茂樹編「維新の群像」五五ページも参照。

＊9 「明治天皇紀」第一巻三三七ページ。彦根は有力な譜代大名である井伊家の領地である。そのため遷幸にふさわしく、また天皇を守護するのに安全な土地と見られたのだろう。

＊10 「明治天皇紀」第一巻三七七ページ。暗殺者たちの斬奸状は、祇園社前に掲げられた。斬奸状は、次のように言う。象山は「西洋学」を唱え、「交易開港之説」を主張し、「奸賊会津・彦根二藩」に協力、さらに中川宮を謀って彦根への遷幸を企てた、と。栗原「斬奸状」二四七〜二四八ページ参照。遷幸が計画されていると信ずべき根拠はあったようである。

＊11 石井孝「幕末 非運の人びと」八四ページ。この記述は、「孝明天皇紀」第五巻三〇二ページにある「中山忠能日記」からの引用。

＊12 この記述は、「孝明天皇紀」第五巻三〇五ページにある「（東坊城）任長《ただなが》朝臣記」からの引用。石井「幕末 非運の人びと」八五ページ参照。

＊13 蜷川新《にながわあらた》「明治天皇」二一ページ。大宅壮一（「大宅壮一全集」第二十三巻三〇〜三一ページ）

は恐らく、皇子が砲声に驚いて気絶したという説を唱えた最初の人物だろう。しかし、飛鳥井雅道（「明治大帝」九七ページ）が指摘しているように、この説は「中山忠能日記」を読み違えたことから出たものである。飛鳥井の「中山忠能日記」からの記述の説明は、「明治天皇紀」の内容と一致する。

＊14 これは、「明治大帝」（九八ページ）に出てくる飛鳥井の推論である。

＊15 飛鳥井「明治大帝」九八ページ。

＊16 「明治天皇紀」（第一巻三八〇〜三八一ページ）は、板輿を軒下の石畳に据えたのは石山基正《もとなお》（一八四三―一九四）であると、あっさり書いている。石山は右兵衛権佐として宮中に仕えたが、のち長州藩に協力したため官職を解かれた。

第十章　天皇呪詛《じゅそ》

元治元年（一八六四）もまた、災厄の年だった。禁門の変からわずか半月後の八月五日、英仏米蘭四カ国から成る連合艦隊が下関を砲撃した。前年文久三年五月、長州藩に艦船を砲撃されたフランス、米国、オランダ、これに英国が一枚嚙《か》んでの報復攻撃だった。連合艦隊による示威行動を提案したのは、英国公使ラザフォード・オールコックだった。かねてより幕府の煮え切らない態度に苛立《いらだ》っていたオールコックは、実力行使の必要を感じていた。前年十二月、幕府は朝廷との約束を果たすべく、外国奉行池田長発《ながおき》（一八三七—七九）率いる使節団を横浜鎖港交渉のためフランスへ派遣した。しかし池田は、フランスが横浜鎖港について一切交渉する気がないことを知った。代わりにフランスが求めてきたのは、長州藩の艦船砲撃に対する賠償と、今後フランス船舶が下関海峡を通過する際の安全の保証だった。ここに到《いた》って、幕府の方針を根本的に改めなければならないと確信した池田は、元治元年五月十七日（西暦一八六四年六月二十日）、フランスの要求する条件で協定に調印した（＊1）。しかし池田は、この種のいかなる協定に調印する資格も幕府から与えられていなかった（＊2）。また池田は幕府の命令を無視し、英国その他の諸国に立ち寄ることなく帰国した。いずれの国も、横浜鎖港に同意するとは思えなかったからだった。

池田の予想外に早い帰国で協定のことを知った江戸駐在の四カ国代表は、幕府に約定の履行を求めた。しかし幕府は、協定は使節団代表の越権行為によるものであり、なんら拘束力を持たないと答えた（その後、池田ほか使節団代表は役職を解かれ、処罰された）。これを幕府の引き延ばし戦術と見て腹を立てた四カ国代表は、実力行使で解決せざるを得ないという結論に達した。四カ国の軍艦が相次いで横浜港を出航し、一路下関へと向かった。幕府は、これを阻止しようとした。また長州藩は、なんとか平和的解決を図ろうとした。しかし、すでに後の祭りだった。八月五日、連合艦隊は長州の砲台に向けて砲撃を開始した。応戦すること三日、ついに外国勢は上陸して砲台を破壊した。毛利敬親《たかちか》（慶親）は講和を求め、四カ国が規定した次の条件を受入れざるを得なかった。一つ、外国船の下関海峡通過の際には好意的な処遇を与えること。

一つ、砲台は新設もしくは修理を一切行わないこと。一つ、薪水《しんすい》、食料、石炭等を供給すること。一つ、賠償金として洋銀三百万ドルを支払うこと。

事が収まった小康状態の後、十月、将軍徳川家茂《いえもち》は禁門の変で洛中《らくちゅう》を騒がした長州藩懲罰のため、自ら征討軍の指揮を取ることにした。幕府の権威を知らしめるため、家茂は中国、四国、九州の諸藩に出兵を命じた。藩によっては口実を設け、出兵を断るところもあった。諸藩が、幕府側に立つのを渋っていることは明らかだった。長州藩は幕府から「賊軍」の汚名を着せられていたが、長州藩の姿勢をよしとする藩も多かった。加えて四カ国連合艦隊による下関攻撃の報が伝わるや、天下の同情は長州藩に集まった。世情の動きに気づいた幕府は、長州藩に対し、ひたすら謝罪恭順を示すよう説いた。長州藩主毛利敬親は幕府の条件を受入れ、恭順のしるしとして藩の重臣三人の首を差し出した。また敬親は、長州藩に身を寄せている三条実美《さねとみ》等公家の処分についても幕府の意向に従うことを約束した。

幕府の勝利は、影が薄かった。しかし、少なくとも国の内外に抱えている難題の合間に一息つく余裕を与えた。宮廷では、本来八月一日に行なうべき八朔《はっさく》並びに田実《たのみ》の祝いが一連の騒動で延期されていたのを、九月二十九日に行なった。その際、睦仁《むつひと》親王は孝明天皇に鮮魚一折、金二百疋《ぴき》、はいはい人形五十組及び薄様紙、別に庭煙草《たばこ》盆、歌留多を献じている。天皇は睦仁親王に黄金二枚、十種香道具一箱を賜った。睦仁はまた、伯父中山忠愛《ただなる》から太刀一口を贈られている。

記録に挙げられている贈答の品々を読むと、近年の殺伐とした世情の動きにも拘《かかわ》らず、宮廷における時間の流れは以前とほとんど変わらず刻々と過ぎていくという印象を禁じえない。それにしても、いったい孝明天皇は「はいはい人形」（幼児が四つん這《ば》いになっている姿をかたどった人形）などもらって、どうするのだろうか。皇子に武勇を教え込もうとする中山家の決意の表われとも言える「太刀一口」だけが、かろうじて不穏な時代の動きに見合っていた。

宮廷での生活は、少なくとも表向きは平常の静けさを取り戻したかのように見えた。しかし、なお漠たる不安が漂っていた。中山忠能《ただやす》は睦仁親王が度々夢に現われることが気がかりで、家臣を北野天満宮にやって親王の安全を祈禳《きじよう》させた。また妻愛子に命じて、娘の新宰相中山慶子《よしこ》に睦仁の健康について尋ねさせている。

明けて元治二年（一八六五）、長州藩に身を寄せる三条実美等尊攘《そんじよう》派公家たちの処遇は未《いま》だに定まらなかった。三条等公家たちの筑前太宰府への追放を支持する一人に、薩摩《さつま》藩士西郷吉之助（隆盛）がいた。西郷の名が、ここで初めて「明治天皇紀」に登場する（＊3）。四月七日、元号は新しく「慶応」と変わった。「元治」という元号は、前年夏に御所の神聖を冒した禁門の変の責任をとらされた形になった。

新しい元号は、大して事態を好転させたわけではなかった。閏《うるう》五月二十二日、将軍徳川家茂が上洛した。数年前であれば極めて重大な意味を帯びたであろう将軍上洛も、今やほとんど慣例と化していた。この日、孝明天皇は小御所で家茂に謁《えつ》を賜った。家茂は、天皇に謹んで次のことを上奏した。長州では、藩主毛利敬親が悔悛《かいしゅん》の情を示したにも拘らず、藩内の攘夷《じょうい》派は再び不穏な動きを見せている。あまつさえ敬親は家臣を海外に派遣し、大量の兵器まで購入させている。また、密《ひそ》かに列強と貿易を進めているとの確証もある。よって、このたび幕府は再度長州征討の軍を起こすことにした、と。

将軍家茂は長州征討の軍を動かすにあたって、ここで事前に天皇にその意図を申し述べていることになる。このこと自体、つい十年前でさえ考えられないことだった。政治的ないし軍事的計画について将軍が天皇に報告することなど、そもそもあり得ないことだった。或《ある》いは家茂にしてみれば、ただ現下の状況を伝えたつもりだったかもしれない。しかし孝明天皇は、これを将軍が天皇に対して長州征討の許可を求めているものと解釈したようだった。孝明天皇は家茂を常御殿に召して、家茂の計画を承認したしるしに天酌、即《すなわ》ち天皇自ら直々に酌を賜った。天皇が奥の間に入った後、議奏、武家伝奏等が家茂を小御所に招き、次のことを伝えた。孝明天皇は家茂が年初に完成させた山陵修復をいたくお喜びである。よって徳川二代将軍秀忠、三代将軍家光に「神号」宣下の内慮があった、と。家茂は、これを固辞した。しかし、議奏等は重ねて勧めた。これは極めて異例の叡旨《えいし》であり、将軍は速やかに受諾すべし、と。事実上の勅命に等しかった。ついに、家茂は受諾せざるを得なかった。天皇と将軍が立場を入れ替えた事実が、今またここで示されたのだった。

慶応元年（一八六五）九月十六日、英仏米蘭四カ国の戦艦九隻《せき》が摂津沖に現われ（＊4）、幕府に対して兵庫開港と条約勅許を要求し、引き替えに下関事件の賠償金三百万ドルの三分の二を放棄する条件を示した。さらに、もし幕府がこれら二つの要求を認めなければ直ちに京に赴き、朝廷と直談判すると脅した。また、朝廷が同じく要求を拒否するようなことになれば、その時は再び「砲煙弾雨」の中で顔を合わせることになる、と（＊5）。回答には、七日間の猶予《ゆうよ》が与えられた。

兵庫で四カ国代表と応接した幕府老中阿部正外《まさと》、同松前崇広《たかひろ》は四カ国の要求を認めることに賛成の意を表した。二人の言い分は、こうだった。事態は切迫し、朝廷に伺いを立てる一日の猶予も無い。かりに朝廷に伺いを立てたとしても、その結果は必ずや戦争を招くに到る。そうなれば列強によって多数の人命が失われ、無数の被害を被《こうむ》ることと必定である、と。しかし、このことが孝明天皇の耳に達するや、天皇は烈火の如《ごと》く怒った。直ちに二人の官位を剝奪《はくだつ》し、藩地に謹慎させて沙汰《さた》を待つよう幕府に命じた。朝廷が幕閣老中に対してこのような処分を発令するなど、前例の無いことだった。しかし、幕府は勅命に従った。この処分に関して、勅命には何の説明も施されていない。しかし禁裏御守衛総督徳川慶喜（将軍家茂に京から呼び出され、大坂にいた）が、列強との開戦を避けるためどのような手を打ったか、我々は別の資料から知ることが出来る（＊6）。

まず第一に、慶喜は閣老以下諸有志を大坂城に集め、列強の要求にどう対処すべきか意見を聞いた。前議で出たように列強の要求に従うという以外、とりたてて目立った意見は出なかった。一人、外国事務取扱老中松平康英のみが、これに不満の意を示した。心強く思った慶喜は内密に康英に依頼し、四カ国代表と応接するにあたって大坂町奉行井上義斐《よしあや》に次のことを伝えさせた。幕府としては兵庫開港を承諾することに内決した。しかし、「実は我国には将軍の上に帝王の在せらるゝありて、重大の事は将軍といへども勅許を得て施行せらるべき掟《おきて》なるが、即ち兵庫開港の如きは我国にとりては重大の事なれば、無論勅許を請《こ》はざるを得ず、扨此《さてこの》勅許を請ふには少くも十日間の猶予なかるべからず」と。

幕府として、これは実に思い切った告白だったと言わなければならない。この時点まで、列強は等しくタイクン（将軍）こそが日本の最高支配者であり、ミカド（天皇）はあくまで「宗教上の君主」に過ぎないと考えていた。幕府役人自ら、列強にそう考えるよう仕向けていた節がある。タウンゼント・ハリスは、日記に書いている。「彼ら（幕府役人）は、ミカド（帝）について殆《ほとん》ど軽蔑《けいべつ》的に語り、日本人がミカドに払っている尊敬について私が若干の言葉を引用したとき、彼らは呵々《かか》と大笑した。彼らの言うところによれば、ミカドは金も政治的権力もなく、日本で尊重される何ものでもない。彼は一介の価値なき人にすぎぬと」（＊7）。

幕府が日本の合法的な政府であり、従って将軍は日本の最高権力者であるとする考えが如何《いか》に根強いものであったか、この時期、新しく着任した英国公使ハリー・パークスが将軍家茂に宛《あ》てた挨拶《あいさつ》状を見てもわかる。パークスは将軍のことを「陛下」と呼んでいる。パークスの要求の一つが「条約に対するミカドの勅許」であったことは事実である（＊8）。しかし、その書簡の書きぶりから窺《うかが》われるのは、実際に権力を掌握しているのはあくまで将軍であり、将軍はどこか奥まった御簾《みす》のうしろにいる人物から自在に勅許を得ることが出来る、ということだった。

しかし今や、幕閣の最高の地位にいる人物が、公然と次の事実を認めたのである。天皇（ミカド）の地位は将軍（タイクン）の上であり、天皇が勅許を下さない限り兵庫開港は不可能である、と。日本の権力構造の意外な新事実に直面した列強は、ここで頭を切り換えなければならなかった（＊9）。ほどなく英国は公然と天皇支持を、またフランスは幕府支持を打ち出した。ヨーロッパにおける両国の拮抗《きっこう》が、そのまま日本に持ち込まれた形になった。しかしこの時点では、四カ国代表は天皇の勅許を得るための十日間の猶予を認めるにあたり驚くほど寛大だった。しかしなお、四カ国代表は幕府役人の言葉を信用しなかった。天皇の勅許が間違いなく得られるという確証が欲しかった。井上は、「かゝる事に証拠はあるべくもあらず」としながらも、「されど我国にては重要の事を約するに血判を用ふる事あれば今眼前に於《おい》て我手指を截《き》り血印を遣はすべし」と言って腰刀を抜き、今まさに指を切ろうとした。代表たちは驚き、「最早《もはや》信を置に足れり」と井上を押し止《とど》めた（＊10）。

慶喜の決断は、井上義斐の機転に助けられ、条約勅許を得るための十日間の猶予を幕府にもたらした。これだけでも十分困難なことだった。しかし、ここに来て、また新たな問題が持ち上がった。幕閣老中二人を解雇するという職権侵害とも言える朝廷の行為に憤慨した家茂は、十月三日、前尾張藩主徳川茂徳《もちなが》を通じて朝廷に次のことを上奏したのである。自分は「幼弱不才之身」をもって、これまで「征夷之大任」を蒙《こうむ》りながら「上宸襟《しんきん》ヲ奉安、下万民ヲ鎮《しず》ムル」ことも出来ず、また「国ヲ富シ兵ヲ強シテ皇威ヲ海外ニ輝シ候《そうろう》力」も無かった。よって、自ら「退隠」して徳川慶喜に「相続」し、「政務」を譲りたい、と。つまり、将軍としての家督を慶喜に譲り、自分は引退したい、と言い出したのだった。同時に家茂は、目下の外交が危機的状態にあることを説き、条約について「速ニ勅許之御沙汰」あるよう請願した。上奏書を提出した日、家茂は直ちに大坂を発し、江戸へ向かった。しかし家茂が伏見に到着した時、関白二条斉敬《なりゆき》から次の書付が届いた。朝廷の許しもなく、暇乞《いとまご》いもせぬまま「自儘《じまま》ニ退坂帰府之存念」は、「天朝」を軽んじるものであり、「臣下之作法」にあるまじき振舞いである。そのまま伏見に滞留し、明四日参内して本人自ら「前条之始末」を詳《つまび》らかにせよ、と。

この朝廷の家茂に対する叱責《しっせき》は、実に無愛想極まるものだった。天皇と将軍のどちらが強いか、もはや疑いの余地はなかった。四日、伏見を発して京の二条城に入った家茂は、徳川慶喜、松平容保《かたもり》など幕閣重臣を召集し、直ちに参内して兵庫の現況を詳しく説き、速やかに勅裁を得るよう命じた。関白二条斉敬、朝彦親王等は、慶喜ほか幕閣重臣を小御所に引見し、条約勅許の可否を論じた。孝明天皇は簾中《れんちゅう》に出御《しゅつぎょ》し、議論に耳傾けた。会議は酉《とり》の刻（午後六時前後）に始まり、徹夜に及んだが容易に結論は出なかった。五日、慶喜の進言により、在京諸藩の重臣三十余人を召して、意見を求めた。会津、土佐藩士等は強硬に開国論を展開し、鎖国を斥《しりぞ》けた。諸藩士の意見も、おおむね条約勅許に傾いた。朝廷はこれら多数意見に鑑《かんが》み、ついに条約勅許に決した。孝明天皇にとって、これは手痛い敗北だった。天皇は条約勅許の決意を促す朝彦親王の嘆願に、特に心を動かされたようだった。親王は、次のように警告したのだった。

「もし御許容なくば彼れ直ちに兵端を開かん。されば……摂海・京師忽《たちま》ち大火となりて、宝祚《ほうそ》の安危覚束《おぼつか》なく、早伊勢神廟《しんびょう》も灰燼《かいじん》と成るは眼前なり」と。

天皇が過去五百年間にかつてなかったほどの権力をほしいままにしていたと思われるこの時でさえ、なお諸藩多数の意見を無視することは出来なかった。自分が嫌う条約に勅許を与えざるを得なかった孝明天皇は、恐らく断腸の思いであったに違いない。公しかし、兵庫開港の勅許を拒否することで、孝明天皇はかろうじて体面を保った。公家たちの多くは、変わることなく皇国の大義のため喜んで一命を投げ出すことを表明したが、武備の貧弱な日本勢が列強の敵でないことぐらい孝明天皇でさえ十分承知していた。

江戸帰府を公言したにも拘らず、家茂は十一月三日まで京大坂に居続けた。十月二十七日、家茂は徳川慶喜、松平容保等を随《したが》えて参内した。孝明天皇は御学問所で謁を賜った。家茂は、言う。容易ならざる時勢に不肖「恐惶《きようこう》」の余り「辞職」を嘆願したところ、留まるようにとの「寵命《ちようめい》」を拝して御礼の申し上げようもない、また特に、このたびのことでは「不束《ふつつか》之次第モ有之《これあり》畏縮《いしゆく》仕《つかまつり》候」と。しかし、孝明天皇はむしろ家茂を力づけるように、次のように応《こた》えた。「総《すべ》テ是迄《これまで》之通リ相心得、天下之耳目一洗シテ、公平之処置有之、内地ヲ治メ、外侮ヲ禦《ふせ》ギ、武備充実イタスベキ事」（＊11）と。

これまで述べたことを除けば、慶応元年（一八六五）は少なくとも公式記録から判断する限り、波瀾《はらん》の少ない年だった。これら劇的な出来事が活写された後、「明治天皇紀」は再び宮廷年代記としての平静な記述に戻っている。例えば、その典型的な例は十月九日の項に見られる。条約勅許の可否をめぐって小御所で熱のこもった議論が展開された数日後のことである。「暁来《ぎようらい》大風あり、樹果揺落す、親王、親《みずか》ら拾ひたまひし槙《まき》の実を前権大納言中山忠能に賜ふ、忠能之れを庭内に播種《はしゆ》す」とある。重ねて、十二月十一日の項には「若宮御殿・准后《じゆごう》御殿並びに煤払《すすはらい》を行ふ、親王仍《よ》りて座を花御殿に移したまふ、花御殿は常御殿より准后御殿に通ずる廊に接して建築せらる、皇太子の居たまふべき御殿なり、但《ただ》し親王未だ立太子の事なきに因《よ》り平素此《ここ》に住みたまはず」とある。すでに数えで十四歳になる睦仁が未だに皇太子に指名されていないという事実には、何か特別な意味があるのだろうかと読者は不思議に思うかも知れない。しかし「明治天皇紀」は、例えば睦仁の呉服絹等の調度に当てる御納戸《なんど》金を増額する幕府の手順が緩慢なことについては事細かに報告していながら、睦仁が少年から大人へと次第に成長を遂げていく姿については、ほとんど何も語ってくれない。

睦仁親王の名は、慶応二年（一八六六）の項には稀《まれ》にしか登場しない。正月九日、睦仁は准后御殿を訪ね、孝明天皇から天酌を賜っている。また同日、母方の祖母から平戸より到来の「焼鮎《やきあゆ》」と「ジャガタラ大蜜柑《おおみかん》」（ザボン）を献じられている。二月、東宮御殿造営の工事が始まり、四月、その工事現場から火災が発生し、御殿近くまで火が拡《ひろ》がりそうになったため、睦仁は天皇の命令で火が鎮火するまで清涼殿に避難した。五月、睦仁の読書伺候として新たに参議阿野公誠《きんみ》が任じられている。七月、睦仁は「孟子」の素読を終了。「論語」の素読に四年の歳月がかかったのに比べ、こちらは僅《わず》か一年ちょっとで、かなりの速さである。孝明天皇は睦仁の勤勉を褒め、さらに精進するよう励ましている。睦仁は「孟子」の素読終了を祝って読書師範等を召し、智慧《ちえ》粥《がゆ》と祝酒を賜った。

しかし、にも拘らず、この時期、孝明天皇が最も心を煩《わずら》わしていたのは実は睦仁の教育のことだったという事実を示す証拠がある。孝明天皇が恐れていたのは、睦仁が皇子養育の任にあった女官たちの影響を受け過ぎているのではないかということだった。特に心配だったのは、女官たちから過激な攘夷思想を吹き込まれているのではないかということだった。慶応元年（一八六五）七月九日、孝明天皇は朝彦親王に宛てた宸翰《しんかん》の中で、睦仁親王に対する憂慮の念を次のように述べている。「只今《ただいま》ノ姿ニテハ迚《とて》モ悴《せがれ》ト申シ乍《なが》ラ予ノ手ニ逢ハ」ない、つまり、息子でありながら、どうも自分に馴《な》染《じ》まない。「予之命ニ随《したが》フ者ハ悪ク少《いささか》ニテモ予不十分人ハ甚《はなはだ》賞美」する、つまり、天皇の命令に従う者は悪人であり、そうでない者は善人である、と睦仁は思っている。「小供ト存人モ決テ不油断候」、子供とはいえ、決して油断出来ない、と。孝明天皇は諸悪の根源が女官にあると非難し、ここで再び譲位の意向を洩《も》らしている（＊12）。

やはり同じ頃、洛北岩倉村に蟄居《ちっきょ》していた岩倉具視《ともみ》は、孝明天皇を戒める一文を含む意見書を書き、その中で酒池肉林の生活を捨てて真面目《まじめ》に政治のことを考えるよう上奏している（＊13）。

これらの断片的な証拠は、或《あるい》は次のことを暗示しているかもしれない。即ち、年代紀に記録されている宮廷での静穏な生活の記述は、あえて好ましくない宮廷の現実を隠蔽《いんぺい》しているのではないか。例えばそれは、父孝明天皇に対して憚《はばか》ることなく過激な攘夷思想を口にする睦仁親王であり、また、その憤懣《ふんまん》やる方ない思いを紛らそうと酒と女にのめり込んでいく孝明天皇である、と。

ここにもう一人、その行動について詳しく知りたい気を起こさせる人物がいて、それは現代の歴史学者の一人に「老獪《ろうかい》」と形容されている賀陽宮《かやのみや》（元治元年十月、中川宮を改称）朝彦親王である。中川宮の力が大きく功を奏し成功裡《り》に終わった文久三年（一八六三）八月十八日の政変後、孝明天皇は中川宮に朝彦親王の名を賜り、弾正尹《だんじょうのいん》に任じた。弾正尹は代々親王にのみ許される官位で、天皇に直接上奏できる特権があった（＊14）。しかし、ここで奇怪な噂《うわさ》が流れた。中川宮が孝明天皇呪詛《じゅそ》を企《たく》んだ、というのである。噂によれば文久三年夏、中川宮はかねてから親しかった石清水八幡宮の僧忍海に「山鳥羽矢」を与え、莫大《ばくだい》な贈物をした。忍海は雉子《きじ》一羽を買い、その矢で射た。雉子の「生肝《いきぎも》」を祭壇に供え、忍海は孝明天皇を呪詛し、中川宮が天皇に取って代わるよう祈禱《きとう》した、と。忍海の企みは鳥取藩士に見破られ、忍海は殺され、祭壇の雉子は持ち去られた。この噂は、ほどなく孝明天皇の耳にも入った。しかし、中川宮に絶対的な信頼を寄せていた孝明天皇は、この噂を八月十八日の政変で左遷《させん》された長州藩に関係のある「姦人《かんじん》之策」であるとして斥け、天皇と中川宮は「真実之連《れん》枝《し》」である、と宸翰に書いた（＊15）。信頼の証《あかし》として孝明天皇は中川宮の家領を増やし、新御殿まで建築して与えた。
この事件は、ほとんど信じがたい気がする。しかし、宮中では噂を信じる者がいたようである（＊16）。このことだけとっても、当時の宮中に呪術のような話をまことしやかに信じる雰囲気があったことがよくわかる。この年、慶応二年の末にかけて将軍徳川家茂と孝明天皇が相次いで世を去ることになるが、そのいずれの死についても毒殺と陰謀の噂が流れたというのも頷《うなず》けるような気がする（＊17）。

幕府にとって慶応二年という年は、全く災厄の年だった。といっても、この度の災厄の原因は「外夷」ではなかった。英米仏蘭四カ国代表は輸出入税則の改定その他、別に火花を散らすほどでない諸問題の交渉の成果に満足していた。幕府は前年春、将軍自ら指揮をとる第二次長州征討の勅許を申請した。幕府の長州再征計画を知った長州藩は、近代兵器の購入、近代装備の軍隊の導入にやっきとなった。しかし、それにも増して重要だったのは、これまで犬猿の仲だった薩摩と長州が、これを機に「薩長同盟」へと動き出したことだった。同盟の手始めとして、まず薩摩は長州が長崎のヨーロッパ人商人から武器を購入する仲介役を務めた。慶応元年（一八六五）十二月、黒田清隆は薩摩藩家老小松帯刀《たてわき》、西郷吉之助（隆盛）等の命を受けて下関へ赴き、長州藩士木戸準一郎（孝允《たかよし》）等藩の主だった人物の意見を打診した（＊18）。慶応二年一月、土佐藩浪士坂本龍馬、同中岡慎太郎が西郷と会い、薩長二藩の提携を謀《はか》った。薩摩と長州を結びつけたのは、もはや「攘夷」の掛け声ではなかった。「倒幕」であり、「王政復古」だった。薩長同盟の具体的な草案は翌月、木戸と西郷の間で作成された。

幕府軍は慶応二年六月、長州へ向けて行軍を開始した。幕府軍の士気は極めて低かった。幕府軍に合流するはずだった幾つかの藩は出兵を拒否し、また出兵してもわずかな小分隊だけの藩が多かった。これに反して長州軍は数こそ少なかったが近代装備で、よく訓練されていた。周防大島《すおうおおしま》で火蓋《ひぶた》を切った幕府軍と長州軍との緒戦は、第二次長州征討の性格を決定づけた幕府軍の相次ぐ敗北の先触れとなった。この長州軍と幕府軍の戦争で最も注目に値する事実は、初めて本格的に大砲が使われたことだった。これは、日本人が経験した最初の近代戦だった。

この負け戦のさなかに、かねてより体調を崩していた将軍徳川家茂が大坂で重態に陥った（＊19）。家茂には子が無かった。直ちに、後継者の問題が持ち上がった。家茂自身は、すでに中納言徳川慶頼《よしより》の子で三歳になる亀之助を指名していた。国家の危機に際して、なぜ家茂が後継者として幼児を推したか不可解なことだった。誰もが、家茂の妻親子《ちかこ》内親王でさえもが、この選択に同意しなかった（＊20）。ついに家茂は、次のように上奏せざるを得なかった。「病勢」が進み、「執務」もままならぬ現在、もし「危急ニ臨候ハバ家族慶喜へ相続為仕候」。また「防長之儀ハ至急ニ付」き、直ちに慶喜を「名代出張」としたい、と（＊21）。七月二十日、徳川家茂は大坂城で死去した。齢《よわい》二十歳だった。

家茂が死んだ同じ二十日、薩摩藩士大久保一蔵（利通）は、長州征討の中止を促す藩主島津茂久《もちひさ》の建白書を関白に提出した（＊22）。関白二条斉敬は建白書を斥け、次のように申し渡した。長州は朝敵である、数年かかろうとも長州藩を退治せよとの叡慮《えいりょ》である、と。大久保は反駁《はんばく》し、次のように警告した。外様大名は一藩も幕府軍に出兵していない。幕府を支持するのは貧弱な小藩ばかりである。もしこの建白書が採用されなければ全国の大乱を招く恐れがある、と。

七月二十九日、天皇は朝議を召集し、薩摩藩主島津茂久が父久光と連署で提出した建白書について討議させた。建白書は、言う。「実ニ皇国危急存亡之時」にのぞみ、「外患」を「防禦《ぼうぎょ》」する策を講じることこそ肝要にて、すみやかに「長防御征討之儀」を打ち切り、「天下之公議正評ヲ尽」し、「政体」を変革、「武備」を興張すべき時である、と。議奏正親町三条実愛《おおぎまちさんじょうさねなる》は、島津茂久の建言を強く支持した。出席した他の諸卿《きょう》は一語も発しなかった。簾中から孝明天皇の声があった。「征長解兵の事は暫《しばら》く之《こ》れを待つべし」と。憤激論じてやまない実愛は、天皇の言葉を拝しつつ「血泣痛哭措《つうこくお》く能《あた》はず」、と記録にある（＊23）。天皇の反対を十分承知の上で、なお実愛が自分の信念を披瀝《ひれき》して辞さない勇気を持っていたのは驚くべきことと言わなければならない。アジアであれヨーロッパであれ、このようなことが可能ないかなる専制国家も想像し難い。かりに実愛が薩摩藩と強力な絆《きずな》で結ばれていたにせよ、である（＊24）。八月二日、四日と朝議を続けた末、結局、孝明天皇は薩摩藩主島津茂久の建言を斥けた。

幕府は当初、将軍家茂の死を伏せていた。しかし、征討軍の指揮は誰かがとらなければならなかった。七月二十九日、征長の指揮は徳川慶喜に受け継がれた。しかし慶喜が出陣する直前、北九州の幕府の堅塁である小倉陥落の報《しら》せが入った。慶喜は出陣を中止し、長州征討の休戦を決意した。慶喜は使者を通じて関白にこの決意を伝え、関白はこれを孝明天皇に上奏した。案に違《たが》わず、孝明天皇は極めて不機嫌になった。天皇は、あくまで慶喜の任務遂行を主張した。八月十六日、慶喜は参内し、戦況の救い難い現状を説明した。最終的に孝明天皇は、慶喜の停戦の決意を受け入れざるを得なかった。

家茂が死んだ一カ月後の八月二十日、将軍逝去《せいきよ》が正式に発表された。翌日、これが征長休戦の勅旨を出す恰好《かっこう》の口実となった（＊25）。誰にも栄光も利益ももたらすことのなかった戦争が、「威勢のよい音も立てずに、すすり泣く調子で」（＊26）終わりを告げた。しかし、この戦争は日本人の戦闘の概念を一変させた。

＊1 この協定のフランス語文書が、W. G. Beasley "Select Documents on Japanese Foreign Policy, 1853－1868"（「日本の外交文書一八五三－一八六八」）二七三〜二七四ページに掲載されている。フランス語の協定文書は次のように規定している。日本政府（幕府）は外交使節団の帰国後三カ月以内に、江戸駐在のフランス公使に対し、「政府から十万メキシコ・ドル、長州藩から四万メキシコ・ドル、合計十四万メキシコ・ドル」を支払うべし、と。

＊2 使節団代表池田長発が幕府に宛《あ》て、協定締結の理由を記した長い書簡の英語訳が、Beasley "Select Documents" 二七四〜二八二ページに掲載されている。池田はフランスと協定を締結した幾つかの理由の中で、特に次のことを指摘している。「スエズ運河が完成すれば、勿論《もちろん》、西洋諸国の軍艦はもはやアフリカ南西端の喜望峰を迂回《うかい》することなく、直に東洋の海域に入ることが出来る。航路は、現在の三分の一の長さに縮小されるだろう。そうなれば、もし日本で新たな事件が起き、例えば幕府が諸外国との約束を守れず、列強を怒らせるようなことが生じた場合、列強は恐らく一致団結し、歩調を合わせて東洋征服の計画を押し進めてくるのは目に見えている」と。

＊3 「明治天皇紀」第一巻三九五ページ。これは、元治二年（一八六五）一月十四日の項である。

西郷の名が二度目に出てくるのは二月十二日の項（三九八ページ）である。ここで西郷は、まさに正反対の行動を取っている。藩主島津茂久《もちひさ》の命令で三条実美等公家たちの帰洛《きらく》、及び復官を謀《はか》っているのである。

＊4　「明治天皇紀」第一巻四一七ページ。しかし、「孝明天皇紀」第五巻六五三ページには、米国を抜かした三カ国だけとなっている。

＊5　「孝明天皇紀」第五巻六五三ページ。慶応元年九月十一日（西暦一八六五年十月三十日）、英仏米蘭四カ国代表が横浜で調印した覚書のフランス語原文は、Beasley "Select Documents" 二九三～二九六ページに掲載されている。恐らく翻訳上の問題と思われるが、ここに要約された日本語版と内容が微妙に食い違うところが多々ある。

＊6　兵庫における四カ国代表との折衝の顚末《てんまつ》は、「孝明天皇紀」第五巻六五三～六五五ページに掲載されている資料に詳しい。この資料は、前越前藩主で政事総裁職松平慶永《よしなが》（一八二八－九〇）が、文久二年（一八六二）から慶応三年（一八六七）までの出来事を記した「続再夢紀事」からの抜粋である。

＊7　岩波文庫「ハリス日本滞在記（下）」一三五ページ。

＊8　Beasley "Select Documents" 三〇〇ページ。この書簡の日付は一八六五年十一月二十一日、戦艦「プリンセス・ローヤル」号艦上で書かれている。

＊9　外国人（タウンゼント・ハリスまでを含む）が折に触れて、幕府との懸案事項を京都のミカドとの談判にまで持っていくと脅したのは事実である。しかし外国人が（或いは、これは外国人に限った話ではないが）、天皇（ミカド）の地位が将軍より高いという事実を率直に知らされた

のは、これが初めてのことである。天皇の重要性に早くから気づいていた外国人に関する指摘は、S. Lane-Poole and F.V. Dickins "The Life of Sir Harry Parkes" (II) 四三ページを参照。しかし、ウィリアム・エリオット・グリフィス (William Elliot Griffis) は、"The Mikado's Empire" 五七七ページに次のように書いている。「英国人の学識が、最初に権力の真の所在を発見し、江戸の偽物《にせもの》の政府を暴露し、長年の謎《なぞ》を解き、真実を覆《おお》い隠していたヴェールを引き裂いたのだった。英国公使ハリー・パークスこそ、真実を発見すべく最初に身を危険にさらした人物だった。将軍から『陛下』という偽の称号を剝《は》ぎとり、日本の君主ミカドに宛てた信任状を本国に要請し、これを取得し、ミカドに奉呈したのである」と。

*10　この話は「孝明天皇紀」第五巻六五五ページにある松平慶永の「続再夢紀事」に基づいている。「明治天皇紀」第一巻四一八ページに出ている記述とは微妙に異なっている。後者では例えば、井上に十日後の回答の確証を求め、井上が指を切って血判しようとした際に井上の言葉を信用すると言ったのはパークスである。

*11　「孝明天皇紀」第五巻六九二ページ。

*12　遠山茂樹編「維新の群像」五六ページに紹介されている文章は、かなり自由な要約で、はしょった部分が多いが、原文の意味をよく捉《とら》えている。石井孝（「幕末 非運の人びと」八九ページ）は、慶応元年七月九日の日付の宸翰から一部を抜粋している。この宸翰は「孝明天皇紀」には掲載されていない。本文に引いたのは、「朝彦親王日記」第一巻三三五〜三三七ページからの引用である。

*13　遠山編「維新の群像」五七ページは、この岩倉の言葉が「続叢裏鳴虫」に出ているかのよう

なロぶりで書いている。しかし、「続叢裏鳴虫」に該当箇所は発見出来なかった。同じく「維新の群像」五七ページは、中山忠能の日記から「宮廷は遊廓同様、日々歓楽」という一節を引き、孝明天皇の側室、妾《めかけ》は二十数人いたと記している。

＊14　遠山編「維新の群像」五一ページ。また石井「幕末 非運の人びと」七七ページ。この肩書から、親王は尹宮《いんのみや》とも呼ばれている。

＊15　この言葉は、孝明天皇から中川宮に宛てた文久三年十二月三日付の宸翰に出てくる。該当する部分は「孝明天皇紀」第四巻九四〇ページ参照。石井「幕末 非運の人びと」七七ページは、この噂を八月十八日の政変の転覆をもくろむ「姦人の策」であると一蹴《いっしゅう》する孝明天皇の言葉を噛《か》み砕いて、次のように伝えている。「宮も自分の心底を見ぬいており、自分も宮の心底を見ぬいているつもりなので、『真実の連枝』として、『決して決して疑心これなく、相変らず附合これあり度く候事』と書いている」。

＊16　遠山編「維新の群像」五三ページによれば、中山忠能と橋本実麗《さねあきら》の二人はこの話を事実と受け取っていた。

＊17　例えば、蜷川新「明治天皇」一一ページは、「慶応三年正月九日、明治天皇は即位したが、前年の十二月廿五日には、父孝明天皇は岩倉らにより暗殺され、この年の九月二十日には、十四代将軍家茂は大阪《ママ》城で何者かに殺されるという事件がおこり……」と、しごく当然のように書いている。

＊18　この時、藩主毛利敬親《たかちか》が意見を求めた人物の中には、高杉晋作、井上聞多《もんた》（馨《かおる》）、伊藤俊輔（博文）などがいる。「明治天皇紀」第一巻四二九ページ参照。

*19 家茂はこの年四月に発病し、病勢は一進一退を繰り返し、六月に大坂で重態になった。家茂の病気について詳しくは、Conrad Totman "The Collapse of the Tokugawa Bakufu, 1862–1868" 五一六ページ参照。

*20 「孝明天皇紀」第五巻七九九ページに引用されている「宰相典侍嗣子記」によれば、親子内親王の反応として「只今の御時勢御幼年にてはいかがと御心配遊ばし……」と記されている。

*21 「孝明天皇紀」第五巻七九八ページ。幕府から朝廷に提出した上奏書には「七月」とだけ記されている。家茂は七月二十日に死去している。「明治天皇紀」第一巻四四一ページには、七月二十九日の項に「既にして幕府、家茂の名を以《もっ》て上書して曰《いわ》く……」とあり、朝廷は「是の日(七月二十九日)、勅して之れを聴したまふ」とあるから、これは家茂の危篤《きとく》状態の時か死後になって幕府が提出したものと思われる。

*22 慶応元年九月二十三日、大久保は西郷吉之助に手紙を書き、幕府が朝廷に第二次征長戦争の勅許を求めたことに触れて、もし朝廷がこれを許せば「非義の勅命」であり、そのようなものに誰も従う必要はないと言っている。天下万民誰もが納得出来る勅命こそ勅命であり、そうでない勅命は「非義」、つまり「道理に背いた」勅命だと言うのである。藤田覚「幕末の天皇」二三四ページ参照。

*23 「明治天皇紀」第一巻四四一ページ。実愛はまた、この日の孝明天皇の言動を批判し、「是れ全く奸邪聡明《かんじゃそうめい》を蔽《おお》うの所為也」と言っている。石井「幕末 非運の人びと」九五ページから引用。

*24 これは、石井孝(「幕末 非運の人びと」九五ページ)の見解である。私(キーン)は、自分の政策が痛烈に攻撃されるのを我慢して聞いているドイツ皇帝ヴィルヘルム二世の姿を想像しよ

うと努力してみたが、無駄だった。

＊25　「孝明天皇紀」第五巻八三一ページに引用されている八月二十二日付の国事廻達写には、「暫時」兵事を見合わせる、とある。

＊26　T・S・エリオットの詩"The Hollow Men"の一節。

第十一章　策士 岩倉具視《ともみ》

徳川家茂《いえもち》の死は、孝明天皇にとって疑いもなく手痛い打撃だった。年若い家茂という話し相手ができたことを、孝明天皇はいかにも喜んでいたように見えた（＊1）。一時は、宿願の公武合体の理想を二人で実現できると考えたこともあったかもしれない。衆目の見るところ、孝明天皇が公武合体の理想を捨てて新しい王政復古の理想に順応することさえできたら、定めし幸運な道が開けたに違いない。公家のみならず武家階級からも、多大な支持を集め得たのではないかと思われる。しかし、孝明天皇は頑として古い信念を捨てようとはしなかった。天皇周辺にいて、かねがね腹に据え兼ねる思いをしていた人々にとって、孝明天皇は度し難いほど頑固に見えた。しかし、孝明天皇が頑迷なまでに根本的信念を改めようとしなかった事実は、厳密な意味で天皇が保守主義者であったことを物語っている。譲歩を余儀なくされるごとに、孝明天皇は苦悩と無念の思いに苛《さいな》まれた。長州征討における幕府軍の敗北後、孝明天皇は、自分を紛れもない日本の君主に仕立てようと努力している人々に対し、可能な限りの手段を使って反対するという皮肉な立場に立たされた。

徳川慶喜《よしのぶ》が長州征討の一時休戦を宣言して間もない慶応二年（一八六六）八月三十日、堂上《とうしよう》公家二十二卿《きよう》が大挙して参内し、孝明天皇に謁見《えつけん》嘆願の上書を提出した。国家非常の折、衷心からの信念の総意を伝えたいとして、異例にも列参上奏を願い出たのだった。代表は、中御門《なかみかど》経之《つねゆき》（一八二〇－九一）と大原重徳《しげとみ》（一八〇一－七九）。しかし、列参上奏を陰で工作したのは岩倉具視だった。

岩倉は幕府と結託して和宮降嫁《こうか》を謀《はか》ったかどで文久二年（一八六二）八月蟄居《ちつきよ》を命じられ、十月以来、洛北《らくほく》岩倉村に退去させられていた。しかし、岩倉は生来の策士だった。ほどなく岩倉は中央との接触を回復し、岩倉村には訪問者が頻繁に出入りするようになった。中でも尊攘《そんじよう》派志士が多く、彼らは昨今の中央の情勢を刻々と岩倉に伝えた。岩倉は、長州征討続行の是非をめぐる御前会議で正親町三条実愛《おおぎまちさんじようさねなる》がとった大胆な態度に感銘を受け、列参上奏の着想を得た。幕府に対する天皇の揺るぎない誠心に、岩倉は数の力で揺さぶりをかけようとした。

長州征討の中止を建言した薩摩《さつま》藩の建白書に強い支持を表明していた岩倉は、この建白書の趣旨に賛同し得る朝廷内閣の改造を狙《ねら》い、列参上奏の草案を作成した。主な論点は次の三つに絞られた。一つ、朝廷及び幕府から好ましくない人物を排除すること。これは関白二条斉敬《なりゆき》ほか朝彦親王、徳川慶喜、松平容保《かたもり》等のことを指す。一つ、幽閉中の公家を復帰させること。一つ、近衛忠熙《このえただひろ》を関白に復帰させること。その他の案件も含めて孝明天皇に対する「諫奏《かんそう》」の最終目標を、岩倉は王政復古においた。将軍家茂の死によって幕府内部に生じた混乱に乗じ、岩倉は一挙に王政復古まで持ち込もうという魂胆だった。

堂上公家二十二卿の上書に応《こた》えて、この日、孝明天皇は御学問所に出御した。二条斉敬、朝彦親王以下議奏、武家伝奏等がこれに侍坐《じざ》した。列参公家を代表し、年長者の大原重徳が前に進み出て所見を述べた。まず前置きとして重徳は、朝廷は速やかに諸藩主を召集し、天皇の命を奉じさせるべきであると述べた。これは幕府の手を経ずに直々に、ということだった。続けて重徳は、次の三件を進言した。これは岩倉の草案とかならずしも一致しない。一つ、過去三度の政変で幽囚蟄居させられた公家の罪を免じること。一つ、長州征討の軍を解散すべきこと。一つ、朝政を改革すべきこと(＊2)。重徳が憚《はばか》ることなくこれらの上奏を行なったについては、当の重徳が朝廷でも知られた硬骨漢であったこと、さらに六十四歳の高齢であったことから失うものがほとんどないと重徳が考えたことが挙げられる。それにしても、この種の勇気ある行為は日本の宮廷では滅多に見られるものではなかった。

孝明天皇の反応は予期した通りだった。「上色《かみ》ヲ作《な》シ給《たも》フテ曰《いわ》ク」と、記録は語る。天皇は激怒し、次のように詰問《きつもん》した。「汝等《なんじら》奏スル所ノ言」は、どれも「瑣々《ささ》タル」もののみである。いったい、そのどこが「国家ノ大事」なのか。昨年冬、「条約勅許」問題が起きた時こそ真に「国家ノ安危」に関わる大事であった。「汝等憂国《ゆうこく》ノ念果シテ切ナラ」ば、まさにあの時にこそ「忠言ヲ献ズベキ」であった。にもかかわらず、「之《これ》ヲ為《な》スコトヲ知ラズ」して、今になって「猝然《そつぜん》党ヲ結ビ来《きた》リ迫マル」は、これを「不敬」と言わずして何と言うか、と。

温厚な関白二条斉敬は、孝明天皇に詫《わ》びて次のように言った。重徳等の言うことは、ことごとく時代の弊を突いている。「憂国ノ心至切ナルニアラズンバ何ゾ逆耳ノ言ヲ進メテ龍鱗《りゅうりん》ニ触レ奉《たてまつ》ランヤ」、重徳等に真に憂国の心がないならば、あえて天皇の逆《げき》鱗《りん》に触れてまで、このような直言をするだろうか。失政の責任は、すべて自分の身ひとつにある。公家の最高位にある関白として、その罪を逃れることはできない、と。

これに対して重徳は、関白に罪はない、と斉敬をかばった。しかし続けて朝彦親王が斉敬にならい、輔弼《ほひつ》の任を怠ったのは自分の罪であると天皇に詫びるや、すかさず重徳は朝彦親王の方に向き直り、次のように責めた。まさに然《しか》り、「殿下、宜《よろし》ク罪ヲ負フテ引退シ、以《もっ》テ天下ニ謝セラルベシ」と。

ここで重徳は孝明天皇に対し、奏上の件につき勅答を賜ることさえできればすぐにも御前を退出したい、と申し述べた。これに対し天皇は、後日改めて重徳一人参内して言上せよ、と応えた。天皇が再度の「列参」を歓迎していないことは、明らかだった。朝彦親王は、重徳一人を引き留めて言を尽くさせてはどうか、と天皇に進言した。しかし孝明天皇は、三件の奏上は熟考を要するゆえに後日に譲りたい、と応えた。列参公家を別室に下がらせた後、天皇は関白、朝彦親王等と相談の上、朝命によって諸藩主を召集すること、重徳の拝謁を九月二日とすることに同意を示した。このことが列参公家に告げられ、一同が退散したのは九月一日丑《うし》の刻（午前二時前後）のことである。

「明治天皇紀」の編者は、この日の列参上奏を背後で操った張本人を岩倉具視と見ている。岩倉は、二条斉敬と朝彦親王が朝廷を牛耳っている限り王政復古は実現できない、と考えた。そこで大原重徳を使って、二人を朝廷から追い出そうとしたのだった。しかし、なお岩倉は、孝明天皇相手に手こずらなければならなかった。列参公家の弾《だん》劾《がい》にあった二条斉敬は九月四日、病を理由に官職を辞したが、孝明天皇はこれを聴き入れなかった。朝彦親王もまた、重責に堪えないことを理由に国事扶助の任を辞したい意向を洩《も》らしたが、天皇は親王の怒りをなだめ、これを引き留めた。当面の間、この件は棚上げされることになった。斉敬と朝彦親王を弾劾することは、とりもなおさず孝明天皇自身を攻撃することになったからである。

天皇の御前で国事を議するため諸藩主の上洛を促す勅命が九月八日、全国二十四藩の藩主に下された。十月までに上洛、参内したのは三藩の藩主（他に二藩の世子）だけだった。他の大名は病気と称して、出席を辞退した。諸藩主の熱意のなさから見て、朝議が開かれる見込みは薄かった。十月十六日、徳川慶喜は老中板倉勝静《かつきよ》（一八二三－一八八九）、京都守護職松平容保、京都所司代松平定敬《さだあき》（一八四六－一九〇八）および高家等を従えて参内した。孝明天皇は小御所で慶喜を引見し、天盃《てんぱい》を賜った。慶喜は先に上奏した徳川宗家相続の勅許、ならびに別勅除服（前将軍家茂の喪に服する義務を、勅命によって解除したこと）の恩命に謝意を表した。家茂の後継者として徳川宗家を継いだ慶喜には、緊急に処理すべき政治的課題が山積していた。喪に服している暇などなかった慶喜にとって、この勅命は僥倖《ぎょうこう》と言えた。

十月二十七日、孝明天皇は中御門経之、大原重徳等、八月三十日の列参上奏に参加

した二十二卿に対する処罰の勅令を発した。勅令は、列参上奏を「不敬」と断じている。中御門経之、大原重徳は閉門、他の二十卿は差控《さしひかえ》（出仕を禁じ、謹慎させること）を命じられた。正親町三条実愛は、列参上奏を幇助《ほうじょ》したかどで遠慮閉門を命じられ、同じく晃《あきら》親王（一八一六－九八）は国事御用掛を罷免《ひめん》、蟄居を命じられた。孝明天皇は、これらの措置を講じることで、天皇の方針に逆らう公家反対派の動きを封じ込めようとした。

十二月五日、孝明天皇は徳川慶喜を征夷《せいい》大将軍に任じた。「公武合体」の理想に対する天皇の忠誠には、いささかの揺るぎもなかった。慶喜に対する将軍宣下は、しかし、孝明天皇の治世における最後の務めの一つとなった。六日後の十二月十一日、孝明天皇は内侍所臨時御神楽に出御した。ここ数日来、天皇は加減が悪く、侍医は感冒と診断していた。「主上過日来御風気」に付き、御神楽の際の「御所作之儀」は、医師たちが「御止メ申上」げたにもかかわらず、天皇は「押テ出御」したのだった。御神楽が終わる前に、孝明天皇は気分が悪くなり、途中で席を立った。この時を境に、天皇の病勢は急速に悪化した。翌十二日、天皇は高熱を発し、十三日、病床についた。十五日に発疹《はっしん》を生じ、二日後、侍医は天皇の病を痘瘡《とうそう》（天然痘）と診断した。調べた結果、お側《そば》に侍《はべ》る児《ちご》藤丸が疱瘡に罹《かか》り、久しく加療していたことがわかった。全快した藤丸が再出仕したのは、去る十日のことだった。孝明天皇の疱瘡は、この藤丸から感染した可能性が高いとされた。

孝明天皇の幼少時代からの友人である廷臣東久世通禧《ひがしくぜみちとみ》は、天皇が「まづ活潑《かつぱつ》なお方でお体格も非常なもの」で、死病に冒されるまでは病気一つしたことがなく、壮健そのものであった、と証言している（＊3）。このように壮健な人物が病気に取り憑《つ》かれることなどあり得ない、と当時の誰もが考えた。今日でさえ、学者の間では孝明天皇の死因を疱瘡とする者と毒殺とする者とで、意見が真っ二つに分かれている。しかし、孝明天皇が疱瘡に罹ったという事実そのものに異議を唱える学者は一人もいない。不可解なのは、孝明天皇の疱瘡の原因が、すでに全快して恐らく感染性もないと思われる少年とされていることである。重ねて不可解なのは、宮廷の中で疱瘡に感染したのが、孝明天皇一人だけだったということである。天皇が藤丸と接触する機会はわずかであったと思われるし、逆に藤丸と頻繁に接触していたと思われる人物の中からは、誰一人発病者が出ていない。以上述べたことは、天皇の死をめぐる謎《なぞ》の一部に過ぎない。三十五歳という若さで亡《な》くなった孝明天皇の死に関しては、この他にも多くの謎がある。

孝明天皇の病気の経過は、天皇に側近く仕えた人々、例えば睦仁《むつひと》親王の祖父中山忠《ただ》能《やす》や母中山慶子《よしこ》等によって書かれた書簡、日記から窺《うかが》い知ることが出来る。十一日に臨時御神楽に出御して気分が悪くなった翌日、孝明天皇は高熱を発した。譫言《うわごと》を言い始め、不眠に苦しみ、食欲不振となった。十五日には両手に斑点《はんてん》が現われ、翌日、これが顔まで拡《ひろ》がった。侍医は病気を痘瘡と診断し、十七日、医師十五人の署名の下に議奏、武家伝奏に報告されている。病気は通常の経過をたどり、数日間の内に白湯《さゆ》一口を飲み込めるようになった後、病勢は目覚ましく好転し、快方へと向かい始めた。二十一日には、天皇の痘瘡が極めて軽症のものであったことが公表されている。孝明天皇は全快に向けて、着実に良くなっているものと思われた。天皇の回復祈願のため十七日間の祈禳《きじょう》を命じられていた護浄院の僧湛海《たんかい》も、寺に戻ることが許されている(＊4)。天皇の全快を祝う宴の席まで、二十七日に予定されていた。しかし十二月二十四日、孝明天皇はにわかに激しい嘔吐《おうと》と下痢に襲われた。この日、孝明天皇の顔には紫色の斑点が現われたと諸資料は語り、また「御九穴より御脱血」とも語る。孝明天皇は慶応二年十二月二十五日（西暦一八六七年一月三十日)、断末魔の苦しみの内に息をひきとった。

ここまでは、諸資料とも一致する。しかし、その死は数日間秘された。しかも、危機的症状から脱したと思われたまさにその時、天皇の病状が予期せぬ方向へと急激に悪化したことが、やがてその原因が砒《ひ》素《そ》中毒にあるのではないかという噂《うわさ》を生んだ。この噂は今日に到《いた》るまで執拗《しつよう》に生き続け、それに伴って毒殺死の特徴について労を惜しまぬ探究が重ねられてきた。孝明天皇の病気の公式報告には空白があり、それは十二月二十六日から始まっている。このことから想像をたくましくした学者たちは、この時点で毒殺に関する資料が故意に抹殺《まっさつ》されたのではないかと憶測した。しかし当時すでに、宮廷の中には天皇の侍医たちによる楽観的な経過報告に疑問を呈する者がいた。例えば山科言成卿《やましなときなる》は、日記に次のように書いている。二十一日の公式発表では天皇の順調な回復ぶりが伝えられたが、「真実密々伺バ存外御重痘」、密《ひそ》かに聞いたところによれば実は存外の御重痘で、「御腫物《はれもの》多々」、また「一昨日抔頗《などすこぶる》御悩、既御内訌《ないこう》ニモ可相成哉《あいなるべくかな》」、一昨日など天皇は激痛に見舞われ、あるいは痘瘡の病毒は身体の奥深くまで拡がりつつあるのではないか、と。

痘瘡という病気自体は、当時の日本で決して珍しいものではなかった。しかし、悪質な致命的とも言える種類の痘瘡（出血性膿疱《のうほう》性痘瘡、または黒痘と呼ばれる）は、極めて珍しかった（＊5）。重症型痘瘡の症状は、砒素中毒の症状に極めてよく似ている。このことから、学者の中には孝明天皇の病気の経過（当時の文書に記録されている）と、医学書に書かれている砒素中毒の症状との並行関係を跡づける者もいる。このような議論が自由に許されるようになったのは昭和二十年（一九四五）以降だが、それ以前でさえ学者の中には孝明天皇毒殺説を堂々と表明する者がいた（＊6）。

この種の噂は、すでに幕末当時、英国公使館付日本語通訳官だったアーネスト・サトウの回想録の中に見ることが出来る。主として一八八五年から八七年にかけて書かれた回想録「一外交官の見た明治維新」の中で、サトウは孝明天皇の死後間もない一八六七年二月の兵庫港での経験を次のように書いている。

私は、プリンセス・ロイヤル号の甲板で日本の貿易商人数名に会ったが、彼らは近迫した兵庫の開港に大いに関心をもち、外国人の居留地として適当な場所について大いに意見を吐いていた。また、彼らは、天皇《ミカド》の崩御を知らせてくれ、それは、たった今公表されたばかりだと言った。噂によれば、天皇《ミカド》は天然痘にかかって死んだということだが、数年後に、その間の消息に通じている一日本人が私に確言したところによると、毒殺されたのだという。この天皇《ミカド》は、外国人に対していかなる譲歩をなすことにも、断固として反対してきた。そのために、きたるべき幕府の崩壊によって、否《いや》が応でも朝廷が西洋諸国との関係に当面しなければならなくなるのを予見した一部の人々に殺されたというのだ。この保守的な天皇《ミカド》をもってしては、戦争をもたらす紛議以外の何ものも、おそらく期待できなかったであろう。重要な人物の死因を毒殺にもとめるのは、東洋諸国ではごくありふれたことである。前将軍の死去の場合も、一橋のために毒殺されたという説が流れた。しかし、当時は、天皇《ミカド》についてそんな噂のあることを何も聞かなかった。天皇《ミカド》が、ようやく十五、六歳になったばかりの少年を後継者に残して、政治の舞台から姿を消したということが、こういう噂の発生にきわめて役立ったことは否定し得ないだろう（＊7）。

サトウの指摘は、なぜ長年にわたって学者たちが一つの仮説に魅《ひ》きつけられてきたか、その理由を明らかにしている。その仮説とは、誰かあるいは複数の誰かが、反動的君主たる孝明天皇の治世に絶望し、毒殺によって孝明天皇の抹殺を謀《はか》った、ということだった。確かにサトウの言うように、もし孝明天皇が倒幕と王政復古を目指す人々の前に立ちはだかり、なおも妨害し続けたなら、維新の実現は極めて難しいことになったに違いない。あるいは、その実現は不可能でさえあったかもしれなかった。今一つの問題として、孝明天皇の後継者が十四歳の少年であったということがある。維新の指導者の中には、この少年のことを「玉《ぎよく》」と呼ぶ者もいた。彼らの企てた革命を可能にすることが出来る掌中の珠《たま》、という意味である（＊8）。この事実に着目した学者たちは、まだ若く壮健な孝明天皇の突然の死を無条件で受け入れるには、話があまりにうまくできすぎている、と考えた。彼らにとって孝明天皇の死は、断じて偶然のことではあり得なかった。

しかし、かりに孝明天皇毒殺説を受け入れたと仮定しても、問題は誰が、どのようにやったかである。毒殺説を唱える急先鋒《せんぽう》であるねず・まさしは、これを先に和宮降《こう》嫁《か》を推進して幕府から賄賂《わいろ》を受け取った公家たちの仕業であると考えた。即《すなわ》ち、当時の関白九条尚忠《ひさただ》、内大臣久我《こが》建通《たけみち》、岩倉具視、千種《ちくさ》有文《ありふみ》等である。これらの人物が女官をそそのかし、毒を盛らせた、と。

中でも毒殺を企てた最も可能性の高い人物と目されているのは、岩倉具視だった。毒殺説の中でも無邪気で子供じみた一説は、次のように語る。孝明天皇は宸翰《しんかん》など書く際に、しきりと筆をなめる癖があった。これを知った岩倉は天皇が死病に取り憑かれる前日、新しい筆二本を献上し、その穂先に毒を仕込んでおいた、と。この説は、しかし、天皇の病気の経過に関する他のすべての証拠と矛盾する。もし天皇の病気が最初から毒によるものであるならば、その恐ろしい効き目は直ちに現れたに違いないし、もしそうであるなら疱瘡の兆候が徐々に現れてくるということはあり得ず、数日後にそれが回復の兆《きざ》しを見せるということもまたあり得ない。明らかに、この説はまともには受け取り難い。

より一般的なのは、岩倉の妹の堀河紀子《もとこ》が天皇に毒を盛ったという説である。しかし紀子は文久三年（一八六三）に落飾して寺に入り、二度と宮中に戻らなかった。従って、孝明天皇の病室に出入りできたとは思えない。他に手を下した可能性があるとされる女官の名前が数人あがっているが、孝明天皇に致死量の毒を盛ることができた人間を、なぜ女と限らなければならないのか（＊9）。

岩倉が毒殺の黒幕であると憶測されるのは、その悪名高き策士としての評判があったからである（＊10）。しかし、この評判以外に岩倉が計画的な暗殺に加わったという確たる証拠は何もないし、孝明天皇の死が果たして岩倉にとって歓迎すべきことだったかどうかさえ確証はない。確かに岩倉には、孝明天皇を自在に操ろうと思えば操れる自信があった。しかし岩倉は同時に、孝明天皇を至上の存在と考え、朝政改革に欠かせぬ支柱とも考えていた。孝明天皇の死を知った時、真先に岩倉の頭に浮かんだのは「吾事終れり」ということだった。岩倉は、「真に樵夫《しょうふ》となるに決し申候《そうろう》」と遁《とん》世《せい》まで考えている（＊11）。

病死説の急先鋒《きゅうせんぽう》である原口清は、あの時点で孝明天皇が死ぬことは岩倉にとって不利だったという観点から、これを立証することに最大限の努力を払っている。また原口は孝明天皇の病状に関して、当時の資料（その中には、毒殺説を主張する学者が証拠として挙げている文書も含まれている）に記録されているあらゆる証拠を徹底的に吟味し、これらの疱瘡の症状を昭和二十一年（一九四六）の疱瘡大流行の際に観察された症状と比較している。中でも原口が着目したのは、約一万八千人が疱瘡に感染した中で名古屋市内の二百余名の疱瘡患者の治療にあたった専門医の報告だった（＊12）。原口の結論によれば、孝明天皇の死は紛れもない疱瘡死だった。従って、もとより毒殺の下手人もいなければ、その背後で毒殺を操った人物もいない、と（＊13）。いつの日か、孝明天皇の遺体に砒素中毒の形跡があるかどうか検分することが許されでもしない限り、孝明天皇の死の真相は解明されそうにない。

孝明天皇が病気に罹った当初、睦仁親王は毎日のように父天皇の病床を見舞った。しかし侍医が病気を疱瘡と診断するや、孝明天皇は親王に病気が感染することを恐れ、全快するまで病室への立ち入りを禁じた。しかし事実は、睦仁親王はすでに種痘を済ませていた。数年前、まだ幼い親王が祖父中山忠能の屋敷に預けられていた当時、忠能は密かに蘭方医大村泰輔《たいすけ》に命じて親王（当時は祐宮《さちのみや》）に種痘を施させた。痘苗《とうびょう》を献上したのは、種痘の術に長じていた医師の安藤桂州だった。種痘に用いるのが牛から採取した痘苗であるとの理由で（従って、これをいきなり皇族に接種することは神聖を汚《けが》すことになり、また危険性もあると考えられた）、まず堂上《とうしょう》公家野宮定功《ののみやさだいさ》の女児に試した後、親王に接種した。孝明天皇は病床でこの事実を知り、睦仁に感染の恐れがないことに安堵《あんど》の色を見せた。もとより、孝明天皇自身が種痘を拒否していたことは言うまでもない（＊14）。

すでに触れたように、孝明天皇の死は数日間秘された。恐らく天皇の発病が、あまりに突然のことであったためと思われる。宮廷は、まだ大葬の準備が整っていなかった。この間、悲しみに打ちひしがれた睦仁親王は喪に服することもできず、また践祚《せんそ》の式を経て天皇の位を継ぐこともできなかった。践祚は、取り急ぎ行われる必要があった。しかし、ここに来て思いがけない問題が持ち上がった。睦仁親王は、まだ元服を済ませていなかった。この場合、践祚の式において着るべき服装が明らかではなかった。朝廷は、内蔵頭《くらのかみ》山科言縄《ときなお》に先例を調べさせた。言縄は、安永八年（一七七九）に光格天皇が行なった童形践祚の先例を奏上した。朝廷は、この先例に倣《なら》うことにした。親王の髪型は総角《あげまき》、衣裳《いしょう》は引直衣《ひきのうし》、袙《あこめ》、単《ひとえ》、張袴《はりばかま》、また横目扇等が準備された。

父孝明天皇の突然の死は、当然のことながら睦仁親王にとって衝撃そのものだった。睡眠もままならず、食膳も進まなかった。さぞかし不安な思いにかられていたことと思われる。十二月二十九日、孝明天皇の死が正式に発表され、大喪が発令された。翌三十日、孝明天皇の亡骸《なきがら》は内槽《ないそう》に移され、睦仁は天皇に最後の別れを告げた。

年が改まり慶応三年（一八六七）、大葬の準備が始まった。朝廷は山陵奉行《さんりょう》戸田忠至《ただゆき》に命じて、古来の葬儀の制を調べさせた。忠至は、次のように上奏した。中古以来守られてきた朝廷の慣習によれば、「玉体」（天皇の亡骸《なきがら》）は火葬して「灰燼《かいじん》」となし、「陵所」にはわずかに「石塔」を建てるのみである。承応三年（一六五四）の後光明天皇の大葬以後は、表向き「火葬」の体裁をとりながら、実際には「土葬」が復活した。また孝明天皇の祖父にあたる光格上皇死去の際、死後の称号がこれまでの院号から天皇号に変わった。つまり、約九百年ぶりに古制にならって「尊号」が復活した。各地にある御陵も修復された今、孝明天皇の陵墓については、古制にならって「山陵」を復活させてはどうか。ついては、従来の陵所である京都泉涌寺《せんにゅうじ》の後山では土地が狭すぎる。新たに境内に陵所を定め、古制にならった「山陵」を築造すべきである、と。

新天皇の践祚の式は一月九日、清涼殿に代えて小御所で行われた。式は、驚くほど簡素だった。睦仁親王は申の刻《さる》（午後四時前後）、髪を総角に結い引直衣を着て出御し、御座に坐《すわ》った。内侍二人によって、前もって御座の右側に剣璽《けんじ》（草薙剣《くさなぎのつるぎ》、八坂瓊《やさかにの》勾玉《まがたま》）が安置された。関白が前に進み、御座の前面に設けられた円座に坐った。新天皇は、二条斉敬の関白を改め摂政とし、天皇に代わって政務を執行するよう命じた。新たに摂政となった斉敬は蔵人を任命し、綸旨（りんし）（天皇の詔（みことのり））を託した。ここで、新天皇は入御した。綸旨は、公家諸卿の地位特権は孝明天皇の治世にならって従来のまとすることを告げた。践祚を祝って、前々将軍徳川家定の妻敬子、現将軍慶喜の妻省子から献上品が届いたが、前将軍家茂の妻親子《ちかこ》内親王は服喪中につき、祝賀を後日に延ばした。

この日、最も幸福な人物は、恐らく中山忠能であったに違いない。約八百五十年前に藤原道長がそうであったように、忠能は今や天皇の祖父となったことの喜びを噛《か》みしめていた。孝明天皇の死は確かに忠能を悲しませた。しかし忠能にとって、恐らく悲しみよりは喜びの方が大きかったのではないだろうか。忠能は次の歌一首に思いを託し、娘の新宰相中山慶子に贈っている。

かなしくもかなしき内に嬉《うれ》しくも
嬉しきことは今日の一事

若き天皇睦仁もまた、この時、父孝明天皇の死を悼《いた》む四十余首の御製を詠《よ》んだ。御製中三首は、天皇になった責任の重みを歌に託して詠んでいる。睦仁はこれらの歌を忠能に見せ、忠能は思わず感涙にむせんだ。残念なことに、これらの御製は散逸して今に伝わらない。しかし、この時から生涯の最期《さいご》に到《いた》るまで、明治天皇は和歌を唯一《ゆいいつ》の感情の捌《は》け口とした。

＊1　家茂が上洛するたびに、孝明天皇は家茂が江戸へ帰るのを極端に嫌がった。家茂は、数度にわたって京滞在の期間を延長せざるを得なかった。

＊2　「明治天皇紀」第一巻四四五ページ。様々な資料（例えば「孝明天皇紀」、「明治天皇紀」、「岩倉公実記」等）は、大原によって奏上された三項目（ないしは四項目）について幾分異なる内容を挙げている。「至急、諸藩主を召集する」との一項は、ほとんどの資料が奏上の要求の一つとして挙げている。しかし「朝政の改革」は、資料によっては主たる三項目に付加されたものとして挙げている。

＊3　東久世通禧「竹亭回顧録　維新前後」四一～四二ページ。また、「孝明天皇紀」第五巻九二七ページにある「中山忠能日記」からの引用を参照。忠能は、天皇が近年は風邪など一向に御用心遊ばされぬほど「御壮健」であった、と記している。

＊4 湛海の日記は、天皇が順調に回復に向かっていると記している。ねず・まさし「孝明天皇は病死か毒殺か」（『歴史学研究』一七三号）三三ページ。

＊5 原口清「孝明天皇は毒殺されたのか」（藤原彰他「日本近代史の虚像と実像I」）四九〜五〇ページ参照。原口は、昭和二十四年（一九四九）に発表された吉田常吉の意見を紹介している。吉田は、孝明天皇の死因を「出血膿疱性痘瘡」か「痘瘡性紫斑病」と推定している。

＊6 毒殺説の急先鋒《せんぽう》として登場したねず・まさしは、いささか芝居がかった調子で次のように述べている。

「敗戦にいたるまで、もしこの公式事実に、いささかでも疑惑をいだく者があれば、不敬として非難され、あるいは法律に追求されて投獄されたであろう。小学校から帝国大学にいたるまで、この公式事実が教えられ、学者でこの問題に疑惑をいだいて、進んで研究しようという人さえなかった。また公然と毒殺説をかいた文献は、日本語では一冊もなかった。ただ当時日本に駐在したイギリスの外交官アーネスト・サトウの日記『日本における外交官』に、うわさとして記されているのが唯一《ゆいいつ》の文献であるが、邦訳書では、この個所はけずられている」（ねず「孝明天皇は病死か毒殺か」二八ページ。なお、ここでアーネスト・サトウの日記「日本における外交官」とあるのは、サトウの“A Diplomat in Japan”で、戦後、回想録として「一外交官の見た明治維新」〔坂田精一訳〕の題名で全訳されている）。

しかし、ねず自身、次のことを指摘している。昭和十五年（一九四〇）七月、日本医史学会関西支部大会に於いて佐伯理一郎博士は、伊良子元義秘蔵の典医の記録を検討した結果、二十二、三日頃に順調な経過をとっているというところで記録が中絶していることから、恐らく岩倉具視が天皇の疱瘡に罹《かか》ったことに乗じ、女官に出ている自分の姪《めい》に一服盛らせたのである、と断定した。佐伯博士によれば、この事実は洛東鹿《しし》ヶ谷《たに》の霊鑑寺の尼僧となった当の女性から直接聞いたということである（ねず「孝明天皇は病死か毒殺か」三四～三五ページ）。

ここで疑問の一つとして挙げられるのは、当の女官が岩倉の姪ではなく妹だという事実である。毒殺説を支持する石井孝は、岩倉の妹である堀河紀子《もとこ》は当時宮中に出仕していないことから、直接の下手人にはなり得ない、と言っている（石井「幕末 非運の人びと」一一四ページ）。

私（キーン）は、コロンビア大学の恩師である角田柳作先生から聞いた一挿話《そうわ》を思い出す。一九一〇年頃、ホノルルのバーで隣合わせた男が、自分は孝明天皇の暗殺に関係したため日本に居られなくなった、と角田先生に語ったというのである。これは次の条件を満たしていれば、或いは有力な情報になるかもしれない。一つ、私と角田先生との会話の記憶が四十五年たった今なお正確であるかどうか。一つ、ホノルルで交わされたという会話の角田先生の記憶が、その四十年後に私に話した当時なお正確であったかどうか。一つ、バーにいた男が酔っぱらっていなかったかどうか。

*7　サトウ「一外交官の見た明治維新」（上）二三四ページ。

*8　大宅壮一（「大宅壮一全集」第二十三巻九五、九九ページ）は、極めて似ている二つの漢字を比較している。「王」と「玉《ぎょく》」ないし「玉《たま》」である。天皇が実権をにぎっている間は「王」であり、実権を失うと「玉」、即《すなわ》ち新しい指導者たちの意のままとなる「ロボット」になる、と大宅は説明している。

*9　石井「幕末 非運の人びと」一一三ページには、疑惑がないではない二人の女官の名前（高

野房子、中御門良子）が挙げられている。石井はまた、さしたる根拠なしに「下手人は女官の誰かであろう」とか、「その背後には当然、黒幕がいたはずである」と述べている。しかし、佐々木克《すぐる》「戊辰《ぼしん》戦争」（九ページ）は、毒殺の黒幕が大久保利通であったかもしれないことを示唆《しさ》している。岩倉村に蟄居《ちっきょ》中で自由に身動き出来なかった岩倉と大久保は意を通じていた。いずれにせよ、佐々木は暗殺の黒幕が誰であったか、「もはや明らかであろう」と確信をもって書いている。しかし佐々木は後に版を改めるに際して、一九九〇年に発表された原口「孝明天皇は毒殺されたのか」の病死説に賛成し、意見を翻《ひるがえ》している（「戊辰戦争」一二五ページ）。

＊10 丸谷才一は「青い雨傘」二七三〜二七四ページで、おもしろい趣向を披露している。明治二十年（一八八七）四月二十六日に行われた天覧劇の演目に、新作狂言を一つ入れたら、さぞおもしろかったに違いない、というのである。その新作狂言とは、ハムレットの劇中劇の趣向を借りたものである。岩倉具視の前で、悪公卿《くぎょう》が天皇に毒を盛る場面を上演してみせる。身に覚えのある岩倉は、それを見てうろたえる。その岩倉の姿を、かたわらからハムレットよろしく明治天皇がじっと見つめる、という趣向である。しかし、残念なことに丸谷も指摘しているごとく、岩倉は天覧劇の四年前の明治十六年にすでに死んでいる。

＊11 大久保利謙「岩倉具視」一八一〜一八二ページ。孝明天皇の病気と死去を知って岩倉が悲嘆にくれる有様は、多田好問編「岩倉公実記」（上）一一三五〜一一三六ページに詳述されている。

＊12 原口清「孝明天皇の死因について」（「明治維新史学会報」第十五号）二〜三ページ。

＊13 同右八〜九ページ。

＊14 種痘の技術を日本に伝えたのは、長崎出島のオランダ商館にいたドイツ人医師モーニケであ

る。以来、上層階級ではかなり広く普及した。例えば井関隆子はヨーロッパから渡来した文物はことごとく嫌ったにも拘《かかわ》らず、当時の日本で蔓延《まんえん》していた疱瘡にオランダ療法を使うことには反対しなかった。ドナルド・キーン「百代の過客」愛蔵版五二〇ページ参照。

第十二章 才媛《さいえん》 美子《はるこ》皇后

慶応三年(一八六七)正月は、明治天皇にとってめでたい正月ではなかった。朝廷は喪に服し、恒例の新年の儀は取り止《や》められた。当然のことながら若き天皇は父孝明天皇の死を悼《いた》み、深い悲しみに暮れていた。この父子が果たしてどこまで心を通じ合っていたかは明らかではない。しかし、二人は毎日のように顔を合わせていた。午後になると父に拝謁《はいえつ》し、自分の詠《よ》んだ歌の添削を受けることは、何年にもわたる睦仁《むつひと》親王の習慣だった。孝明天皇が三十五歳の若さで急死するとは睦仁は夢にも思っていなかったし、これまで睦仁が受けてきた伝統的な教育は、特にこの極めて難しい時期に天皇の地位にあるものの責任について適切な心構えを何も教えてくれなかった。睦仁の張りつめた神経は眠りを妨げ、夜な夜な悪夢を招きよせることになったかもしれない。廷臣たちの書簡や日記は、睦仁の不眠症にそれとなく触れている。例えば千種有文《ちくさありふみ》は、岩倉具視《ともみ》に宛《あ》てて次のように書いた。

　新帝には毎夜々々御枕《まくら》へ何か来たり、御責め申し候《そうろう》につき、御悩みと申すことにて、昨日申し上げ候とおり、御祈禱《きとう》仰せ付けられ候とか、実説の由《よし》に候（＊1）

朝彦親王もまた慶応三年一月五日の日記で、悪夢について次のように触れている。

　扨此度《さてこのたび》御異例、此義ハ大行天皇（孝明天皇）御側之人々、何分異形物御咄有之《はなしこれあり》候事由也、被現《あらわれ》候由、俗ニ鍾馗《しょうき》ノカタチノヨウニ、ウワサ有之候、釼《つるぎ》モモチ候、（中略）其《その》後朝ヨリ御ホトヲリ被為《あらせられ》有候由也（＊2）

何か「異形」のものが、俗に言う「鍾馗」の姿で「釼」を持って現われ、若き天皇は「御ホトヲリ」、つまり発熱したのである。また一月十二日の項では、次のように書いている。

妙染院帰京、色々咄《はなし》共承候事
其間、新帝御異例之由、過日来御風気段々御ヲシニ相成居候処、践祚《せんそ》ヨリ御三間へ被為成《ならせられ》候後、益《ますます》先帝昼夜共ニ新帝ニ計《ばかり》御見上之由、扨々《さてさて》困候事之由、伝承候也
（＊3）

践祚後は、昼夜を問わず先帝（孝明）の亡霊が新帝（明治天皇）のところにばかり現われた、と。ここで「ハムレット」に倣《なら》って、孝明天皇の霊がこの世に舞い戻り、父が殺されたことを息子にだけ打ち明け、父の恨みを晴らすよう命じたのではないかと仮定してみたとしても、この亡霊はハムレットの父の亡霊に比べて、なんとも説得力に欠けると言わざるを得ない。亡霊が少年天皇の眠りを妨げたことは事実である。しかし、この息子は父の不自然な死の復讐《ふくしゆう》を誓いはしなかったし、（その後の行動から推して）宮廷の中で父に毒を盛ったかもしれない人物に疑いの眼を向けるということさえしなかった。

亡霊は新しい治世の始まりにあたって若き天皇の悩みの種となったかもしれない。しかし前治世の事後処理に忙殺されていた朝廷の重臣たちは、先帝の霊に心を煩《わずら》わす暇などなかった。目下の急務の一つは、宮廷のいわば大奥にあたる御内儀の弊風を除

くことだった。この時期、中山忠能《ただやす》は内大臣近衛忠房に宛てた書簡の中で、御内儀に厳格な規律を守らせる必要がある、と力説している。孝明天皇の晩年、宮廷の女房たちへの監督不行き届きのため、御内儀の規律はゆるみにゆるんだ。忠能が嘆いたのは、このことだった。別のところで忠能が述べている意見を信じるならば、当時、宮廷の大奥の風紀は「遊廓《ゆうかく》」のごとく乱れていた。女人に取り巻かれた大奥の生活に少年天皇がまだ興味を示さない今の時期を措《お》いて、規律を正し、宮廷の伝統を回復する機会はない、と忠能は考えた。大典侍中山績子《いさこ》は、老齢のため直ちに交替させる必要があった。先帝に仕えた典侍、掌侍は、(その奉公の年数に応じて) おのおの金千両以上を支給して罷免《ひめん》し、相応の家に嫁がせることにした。二十四、五歳以上の者たちは願いによって留任、ないしは剃髪《ていはつ》して院号を称することが許された。忠能の娘中山慶子《よしこ》もまた、剃髪して仏門に入り、孝明天皇の霊を慰めることに一生を捧《ささ》げるつもりだった。しかし、説得されて「此の世に残る」ことになった。孝明天皇の死後、天皇に仕えた女性の多くが仏門に入ってしまえば、宮廷の儀礼神事に通じた女官がいなくなってしまう恐れがあった。慶子はしぶしぶ留任を承知し、以後はもっぱら息子の新天皇の教育に一身を捧げることにした。

一月十五日、先帝の大喪と新天皇の即位に伴って大赦が発令された。文久・元治年間に勅勘（勅命による勘当）をこうむり、閉門蟄居《ちつきょ》していた熾仁《たかひと》親王、権大納言《ごんだいなごん》正親町実徳《おおぎまちさねあつ》等七人の公家がその罪を解かれ、参内を許された。十日後、大赦は禁門の変で長州側に肩入れした他の攘夷《じょうい》派公家にも及んだ。すなわち熾仁《たるひと》親王、中山忠能等四人の参朝が許された。

一月十九日、朝廷は幕府に長州征討の解兵を命じる勅令を出した。諸藩の兵から成る幕府連合軍が、わずか一藩の長州軍さえ打ち負かすことが出来なかったという事実は、否応《いやおう》なく幕府の弱さを露呈することになった。もとより幕府軍の士気は低く、また征討半ばにしての将軍家茂《いえもち》の死は幕府のために戦う意欲をさらに殺《そ》ぐ結果となった。これ以上征討を続行しても勝つ見込みがないと見極めた幕府は、ついに一月二十三日、征討諸藩の兵を解き、それぞれの藩地に戻るよう命じた。先帝の大喪を理由に、幕府はかろうじて解兵の面目を立てたのだった。

まだ諡《おくりな》がないため大行天皇と呼ばれていた先帝は一月二十七日、京都泉涌寺《せんにゅうじ》後山の後月輪東山陵《のちのつきのわのひがしのみささぎ》に埋葬された。先帝の遺言により、天皇崩御後に行われる従来の慣習は取り止められた。すなわち国を挙げて喪に服すること、喪服着用のこと、葬儀で泣くのが商売の泣き男、泣き女を雇うこと、等々の類《たぐい》である。しかし警固固関《こげん》、すなわち市中における不穏な動きに備えた警固、および国境における警備はこれまでの慣例に従った。また以後一年間にわたり、宴飲楽および美服着用が禁じられた。皇位継承者たる睦仁は、御陵へ向かう先帝の御棺に供奉《ぐぶ》することは許されず、御所の月華門外で葬儀の行列を見送った。

二月初め、新天皇の日常生活に最初の変化が見られた。二月二日、明治天皇は父の喪に服するため、御学問所に設けられた簡素な仮の御殿、倚盧殿《いろどの》に移った。天皇は錫紵《しゃくじょ》（麻の素服）を着用し、ごくわずかな調度のみに囲まれて、亡《な》き父のために祈りを捧げた。十四日、天皇は錫紵を脱ぎ、禊《みそぎ》を済ませ、本殿に戻った。その夜、天皇は儀礼の御膳を食べ、開関解陣《かいげん》（警固固関の解除）の儀を終えた。翌十五日、廷臣等は新天皇に拝謁し、あまたの贈物を献上した。新しい治世は、すでに始まっていた。「孝経」の一節から取られた諡号《しごう》「孝明」が、二月十六日、亡き先帝に贈られた（＊4）。しかし、新しい治世とともに直ちに元号が変わったわけではなかった。孝明天皇の治世では、天皇の皇位継承後も約一年間にわたって元号「弘化」がそのまま用いられた。この先例に倣い、孝明天皇崩御から一年八カ月余後の慶応四年九月八日まで、元号はもとのままとされた。因《ちな》みに、慶応四年改め明治元年となったこの日、天皇一代につき一元号の制度、即《すなわ》ち「一世一元」の制が定められている。

新しい治世の始まりは、言うまでもなく西欧列強諸国にとって最大の関心事だった。近々予想される朝廷側と幕府側との政権争奪戦を控えて、フランスは引き続き幕府支持を表明していた。二月六日、将軍徳川慶喜《よしのぶ》は大坂城でフランス全権公使レオン・ロッシュを引見し、幕政改革に関して意見を聞いた。ロッシュは幕府に警告する意味で、まず次のように応《こた》えた。幕府は、いったん締結したいかなる条約をも断じて破棄しようとしてはならない、と。ロッシュは言う。諸藩、中でも薩摩《さつま》藩と長州藩は、幕府が開国を望んでいないということを口実に、自藩の領内の要港を開こうと英国と独自の交渉に入っている。幕府の利益を考えるに、この際、長年にわたって列強との議論の的になっている兵庫、新潟の代港として、下関と鹿児島を開港すべきではないか。これらの港を開くことで幕府は列強諸国に誠意を示すことになり、これはとりもなおさず諸藩の機先を制し、薩摩長州二藩の策謀を挫《くじ》くことにもなる、と。ロッシュはまた、将軍は年少の天皇を養育輔導し、威をもって諸藩に臨むべきである、と論を進めた。フランスは幕府の味方である、幕府は恐れることなく堂々と開国の政策を決行すべし、と。慶喜はロッシュの助言にいたく感銘を受け、これ以後、頻繁にロッシュを引見し、その意見に耳を傾けた。

二月十九日、将軍慶喜は兵庫開港の是非について尾張、紀伊など主要九藩に意見を質《ただ》した。慶喜は諸藩に開港への支持を呼びかけ、次のように述べた。孝明天皇が兵庫開港を厳禁したことは、十分承知している。しかし、いったん開港を約束し、列強諸国と調印した条約を今になって反故《ほご》にすることは決して容易なことではない、と。事態切迫のため、慶喜は九藩からの返事を待つことなく兵庫開港の勅許を朝廷に申請した。上書の中で、慶喜は次のことを指摘している。孝明天皇が開港勅許を拒否した当時と比べ、事態は大きく変わった。長州征討があり、将軍家茂が死に、今また列強は兵庫開港の期限切迫に伴い、条約履行の要求を以前にも増して強く迫ってきている。もはや日本は、列強の要求に応じざるを得ない、と。しかし、不本意ながらこれに従うというのではなく、むしろ我々は世界の現状に新しい目を向けるべきである、と慶喜は続けた。「四海同胞一視同仁」（天下の人は兄弟のごときもの、親疎《しんそ》の別なく平等に仁慈を施すべし）の古訓に倣い、新しい治世の始まりにあたって国を一新しなければならない。従来の陋習《ろうしゅう》を一洗することで、数年を経ずして国家の富強は必ずや達成されるに違いない。皇国の武威を四海に輝かし、もって宸襟《しんきん》（天皇の心）を安んじたてまつらん、と。

しかし廷臣、諸藩士の間で異論が続出し、開国の方向で幕府が諸侯を抑えられるかどうかは予断を許さない状況だった。中でも朝廷は、慶喜の所論に承服しかねた。朝廷の御沙汰《さた》書は言う。先帝が反対を唱えた兵庫開港に、今あえて踏み切ることは難しい、と。言葉を代えて言えば、新帝は父孝明天皇の遺志を軽視するに忍びない、ということだった。朝廷は将軍に再考を促した。慶喜は、しかし、なお自説を捨てようとはしなかった。三月二十二日、慶喜は再び勅許申請の上書を朝廷に提出した。いったん却下された勅許申請になおも固執するのは恐れ多いことであるとしながら、慶喜は上書に次のように述べている。臣下たるもの、先帝の叡旨《えいし》は謹んで奉じるべきである。しかし、皇国の利害得失を熟慮するならば、その差し迫った状況から見て、これを黙視するわけにはいかない。条約の遵守《じゅんしゅ》をなおも主張すれば、朝廷の不興をかうことは百も承知している。しかし国体擁護のため、願わくば朝廷は兵庫開港の是非について再度朝議を尽くしてほしい、と。この上書に対して朝廷は、「兵庫開港ハ後命ヲ下サルル迄《まで》ノ間ハ差許ス可《べ》カラ」ず、と応じた。幕府は、再度にわたって朝廷の命に服することを強いられた。

しかし、さしもの朝廷も、列強の脅威を永遠に無視することはできなかった。五月二十四日、摂政二条斉敬《なりゆき》は慶喜に書を送り、将軍及び諸侯の意見に鑑《かんが》み、兵庫開港は勅許せざるを得ず、と応《こた》えている。

恐らく年少の明治天皇は、これら朝廷の決断にほとんど、或《あ》いは全然関わっていなかった。若き天皇に、政治の実際について手ほどきする何らかの措置が取られていたかどうかは明らかではない。当時の明治天皇の教育に触れた数少ない資料の一つに、中山忠能日記がある。日記によれば、忠能は召されて参内し、十三世紀の宮廷の慣習儀礼を記した「禁秘抄」と、漢王朝末期から三国時代の戦乱を扱った中国の書物「通俗三国志」（十七世紀の日本語訳）を明治天皇に進講している（＊5）。この二つの書物は、君主が受けるべき伝統的な教育の一部を成していた。しかし、二書とも当時の歴史的時点において明治天皇が必要とする類の知識は、ほとんど与えてくれなかった。見たところ忠能は、天皇の政治的重みが劇的に変化した今、従来とは異なる種類の教育が必要である、とは考えていなかったようだった。恐らく忠能が望んでいたのは、明治天皇が父孝明天皇と違って国の統治に関与することなく、学問も（徳川時代初期の天皇がそうであったように）詩歌、典礼儀典の類、古典の範囲に止めるのがよい、ということだった。

尊王派は、天皇崇敬を明言していた。しかし、彼らの天皇に対する忠誠は常に反幕府という形でしか示されなかった。しかもそれは幕府を倒すことによって得られる公益、つまり、倒幕によって日本がどれだけよくなるか、といった具体的な理念を通して示されたわけではなかった。いったん天皇が権威を回復してしまうと、天皇が果たすべき役割の性質について考えることはなおざりにされた。もちろん、天皇が国民の意志を無視して自分の意志を押しつける類の専制君主になることを望む者は誰もいなかった。恐らく忠能を始めとして若き天皇を取り巻く廷臣たちが望んだことは、国を統治する現在の幕府の立場が、曖昧《あいまい》に規定された天皇の庇《ひ》護《ご》の下で、そっくりそのまま公家に取って替わられることだった。ロッシュは若き天皇の教育に特別な配慮を払うべきであると説いたが、その言葉が心に留められることはなかったようだった。明治天皇の母中山慶子は、相変わらず天皇に習字と和歌を教え続けたし、習字師範の熾仁親王は歌道師範も兼ね、手習助教は熾仁親王が務めた(＊6)。しかし数年を経ずして、木戸孝允《たかよし》が若き天皇の教育に携わるようになり、ここで初めて近代的君主にふさわしい学問的素養に目が向けられるようになった。

対長州戦争での敗北後もなお、幕府は事実上唯一《ゆいいつ》の中央政府であり続けた。朝廷に出来得ることと言えば、せいぜい幕府の政策、特に外交に関する政策に対して勅許を拒むことくらいだった。朝廷は、自ら政策を立てるということをしなかった。幕府は言うまでもなく、外交に関して朝廷より遥《はる》かに経験に富んでいた。しかし当時、幕府は長い鎖国時代に決して出くわすことのなかった類の問題に直面していた。樺太《からふと》(サハリン)島の処分をめぐるロシアとの紛争解決のため、幕府は外国奉行兼箱館奉行小出秀実《ひでみ》、目付石川利政の二人をロシアの首府サンクト・ペテルブルグへ派遣した。当時、樺太には日本人とロシア人が雑居し、絶えず衝突を繰り返していた。日本は、北緯五十度をもって両国の境界線とすることを提議した。これに対してロシアは、樺太全島をロシアの領土とすること、その代償としてウルップ島及び周囲の三小島を日本に譲与すると主張した。交渉は長引いたが、ついに二月二十五日（西暦一八六七年三月三十日）、日露間で仮条約が締結調印された。この仮条約によれば、樺太は従来通り両国に属するものとし、両国民は互いに誠意をもって親和交際すべし、とあった。これは樺太に在住する両国民を満足させるには程遠い、いわば実現の見込みのない条約内容だった。小出の使節団は、しかし、日本外交史上で重要な位置を占めた。これは恐らく、日本の外交使節が列強との条約交渉で海外に出かけた最初の例だった。

慶喜は、日本に駐在する外国使節と親交を深めるため最善の努力をした。大坂城での公式接見の最初の相手は、英国特派全権公使ハリー・パークスだった。慶喜は大広間前庭で英国騎兵の乗馬を観覧し、パークスに対する友好の印として盛大な宴を張った。慶喜はまた、翌日から次々とオランダ、フランス、アメリカの公使並びに総領事等を引見した。いずれも最大級のもてなしで、慶喜自ら列強諸国との条約は忠実に履行されるだろうとの言質《げんち》を与えている。

前年、朝鮮でフランス人宣教師九人、米国商船の水兵数人（その中には英国人乗組員もいた）が殺害されるという事件が起きた。フランス艦隊が出撃するなど、朝鮮と仏英米との間に緊張が高まった。日本国内では、朝鮮と連盟を結んで欧米に当たるべしとする意見もあったが、幕府の意向は異なっていた。朝鮮に使節を送り、欧米列強と本格的な戦争状態に入ることの不利を説き、紛争の斡旋《あっせん》役を買って出ようとしたのである。幕府は慶応三年（一八六七）四月、老中三人の連署で米国公使に書簡を送り、もし朝鮮が行いを改め、米国と和を講ずることに同意するならば、米国は速やかにこれに応ずべし、と慫慂《しょうよう》した。二世紀半にわたって西洋と接触を断ってきた日本が、国際間で認められた適切な方法に基づき、他国に助言を与える立場に自らを進んで置こうとしたことは、驚くべきことと言わなければならない。恐らく日本は、もし朝鮮が西欧列強の軍隊に侵略されるようなことになれば、隣国である日本も否応《いやおう》なく悪影響を受けることになると考えたに違いない。十一月、米国政府は日本が紛争の調停を謀《はか》ろうとしていることに対し感謝の意を捧げた（＊7）。しかし、十二月九日に渡韓するはずだった調停のための使節は、国内政変のため遂に実現しなかった。

これらの出来事が、どこまで若き天皇の耳に達していたかは明らかではない。恐らく天皇の関心は、この時期、まったく別のことに向けられていた。花嫁、である。慶応三年六月二十七日、権大納言左近衛大将一条実良《さねよし》の妹美子《はるこ》は、御学問所で初めて天皇の謁《えつ》を賜った（＊8）。この度の参内の目的は、美子の容姿風采《ふうさい》態度を天皇に披露することだった。もし気に入らなければ、天皇はこの花嫁候補を自由に断ることが出来た。しかしその家柄と美子の多芸多才な嗜《たしな》みは、天皇の気持をすでに美子に有利に傾かせていたかもしれない。美子の父は故左大臣一条忠香《ただか》、母は伏見宮邦家親王の娘順子（生母は一条家医師新畑大膳の娘民子）である。家系はもとより申し分なかったが、美子は諸学諸芸にも通じていた。幼少（三、四歳の頃）にして「古今和歌集」を朗誦《ろうしょう》し、五歳にして自ら和歌を詠《よ》んだ。七歳にして、儒者貫名正祁《ぬきなまさのり》の下で「本朝三字経」の素読を受け、次いで手習いの稽古《けいこ》を始めた。十二歳にして箏曲《そうきょく》を学び、のちに笙《しょう》も習得した。能を好み、学問の暇を見ては謡曲の一節を口ずさんだという（＊9）。また茶道、生花は、それぞれ当時の著名な師匠についた。美子は目立った病気に罹《かか》ったこともなく、八歳の時、すでに種痘《しゅとう》も済ませていた。

以上述べた数々の資格（ほかにもあるが）は、廷臣たちにとって若き天皇の理想的な花嫁として申し分ない相手と思われたようである。一つ、小さな問題があった。美子は夫となる明治天皇より年上だった。そのこと自体は、なにも克服できない障害ではなかった。霊元天皇、桜町天皇、仁孝《にんこう》天皇の女御は、いずれも天皇より年上だった。しかし美子の場合、三歳年長にあたり、俗に「四つ目」と言って、避けるべき不吉な年回りとされた。摂政は、美子の生年を嘉永二年改め嘉永三年とすることで、この問題を解決した。こうして美子が天皇にお目見えする準備は、すべて整ったのだった。

この日、美子は髪を稚児髷《ちごまげ》に結い、白羽二重刺繡《ししゅう》模様の衣裳《いしょう》を身につけ、濃紫色の袴《はかま》をはいた。網代輿《あじろごし》に乗り、上臈《じょうろう》諸大夫《のしょだいぶ》以下を従えて、午《うま》の半刻（午後一時頃）、清所門《きよどころもん》に到着した。天皇は御学問所で美子を引見し、重肴《じゅうざかな》（重箱詰めの料理）で杯酌を共にした。美子は天皇に鮮魚一折等を献上した。酉《とり》の半刻（午後七時頃）、いったん美子は退出して准后《じゅごう》御殿に参殿し、再び重肴、茶菓のもてなしを受けた。その後、美子は衣裳《いしょう》を改め、再び天皇に謁を賜り、暇乞《いとまご》いをした。天皇は美子に煙管《きせる》、花簪《かんざし》、香盒《こうごう》（香を入れる箱）等を賜った。美子の立居振舞に、天皇はいたく感銘を受けた。美子は叡慮にかなったのだった。権大納言柳原光愛《みつなる》は直ちに摂家を歴訪し、美子の女御治定に対する意見を諮問《しもん》した。摂家は、いずれも賛意を表した。こうして美子は天皇の配偶者に指名されるにあたって、そのすべての関門を無事通過したのだった。

翌二十八日、武家伝奏権大納言日野資宗《すけむね》が勅使として一条実良の屋敷に赴き、妹美子が天皇の女御に決定したことを告げた。このめでたい報《しら》せはたちどころに知れ渡り、縁故の諸家を始めとして祝いの客が一条家の屋敷に列をなした。幕府からの献上金は入内《じゅだい》の諸準備ほかの賄料《まかないりょう》として金一万五千両、年々米五百俵が予定された。しかし大政奉還、維新大号令の渙発《かんぱつ》の結果、今の幕府には美子の入内に十分な配慮を払う余裕がなく、結局、予定された賄料のごく一部だけが献上された。一条家に縁故ある諸藩からの祝儀《しゅうぎ》金もあったが、到底十分とは言えず、入内の儀は簡素に行われざるを得なかった。

明治天皇の配偶者となるべき相手が決定したとは言え、直ちに婚儀が執り行われたわけではなかった。明治天皇は、父孝明天皇の死後一年間は喪に服することになっていた。その上、天皇はまだ元服を済ませていなかった。婚儀の前に、元服は不可欠のことだった。しかし、その元服の儀も喪が明けてからのこととされたのである。

婚儀が執り行われる前に、さらに別の種類の難題が持ち上がった。京都市中の不穏な状態は、一条美子の安全を脅《おびや》かす憂慮の種となっていた。六月、美子の身辺警護のため侍十数人が護衛に付いた。万が一騒動が起きた時の避難所として寺院数カ所が定められ、さらに危急の節には准后御殿に避難することが定められた。事実、十二月九日、王政復古の大号令が渙発された際、市中は不穏の空気に包まれ、美子は准后御殿に一時避難を余儀なくされた。慶応四年（明治元年）正月、鳥羽伏見で幕府軍と朝廷軍が衝突した際には、砲声は御所にまで轟《とどろ》き、宮廷の静寂を破った。婚儀の計画は一時中断せざるを得なかった。その年四月、美子の兄である一条実良が死去した。このことが、婚儀を前にして今一つの障害となった。美子の飲食調度その他を一条家の諸人と別にする特別の措置が取られない限り、兄実良の死は（他の家族と同様に）美子の穢《けが》れになるとされたのである。このため婚儀は、さらに延期を強いられた。明治元年末に至って事態はようやく落ち着きを取り戻し、十二月二十八日、めでたく婚儀が執り行われる運びとなった（＊10）。

明治元年（一八六八）十二月二十八日、一条家では婚儀に向けて早朝から寝殿が飾りたてられた。陰陽師《おんようじ》が召され、婚儀の衣裳着用の時刻が勘進された。辰《たつ》の刻（午前八時前後）、美子は衣裳を身につけ、御入内御用掛の近衛忠熙《ただひろ》が裳《も》を結んだ。未《ひつじ》の刻（午後二時前後）、檳榔毛車《びろうげのくるま》が寝殿南階に付けられた。殿上人二人が轅《ながえ》（梶棒《かじぼう》）を支えた。女房が火《ひ》取《とり》（香炉）と、その朝早く天皇より賜った御剣を車中に安置した。美子は御車に乗り、女房二人がこれに陪乗した。諸司官人が中門外まで御車を引き、そこで牛に軛《くびき》を懸けた。前駆後衛とも儀装を整え、牛車は四脚門を出た。牛車は内裏の外郭北の正面にあたる朔平門《さくへいもん》外に到着し、ここで再び牛が解かれ、梶棒には脚台があてがわれた。外記《げき》が吉上《きちじょう》（門の護衛）に御車の到着を告げ、ここで再び諸司官人が御車を引いて門内に入った。御車はそのまま内郭北の正面にあたる玄輝門を経て、飛香舎《ひぎょうしゃ》東北門に到着した。随行してきた殿上人たちは几帳《きちょう》、屏風《びょうぶ》等で御車のまわりを囲った。これは、御車を降りる際に美子の姿が部外者の目に触れないためだった。陪乗してきた女房は御剣と火取を捧《ささ》げ持ち、美子の後に従った。美子は、古式に則《のっと》って幾つもの廊下を経た後に若宮御殿に入った。着座した美子の傍らに御剣、火取が安置された。公家、殿上人等は廊下を迂回《うかい》することなくそのまま若宮御殿に入り、口々に祝いの言葉を述べた。

暫時《ざんじ》の休息の後、美子は五つ衣《ぎぬ》を身につけ、髪を整えて再び姿を現した。飛香舎へ移った美子は、未の半刻（午後三時頃）、そこで御膳を供せられた。ほどなくして、美子は女御宣下を受けた。慣例によれば、女御宣下は入内の翌日に行われるのが常だった。しかし美子は即日皇后に指名されるため、これに先立ってまず女御宣下が行われたのである。皇后の称号を与えられることは、格別な寵愛《ちょうあい》のしるしだった。孝明天皇の女御は、最後までこの称号をもらわなかった（＊11）。

美子が女御及び皇后宣下を受けるに際して、古式に則って儀式を執り行う廷臣たちの立居振舞は、さながら入念な舞踏を見るかのようだった。これらの儀礼的行為が完了すると、夫となる天皇に拝謁《はいえつ》するため美子は清涼殿に向かった。美子の後に従ったのは近衛忠煕、中山忠能である。女房の一人が美子の御裾《すそ》を、他の二人がそれぞれ御剣と火取を捧げ持ち、これに随行した。次は、夜御殿《よるのおとど》の儀だった。その次第は、おおむね嘉永元年の孝明天皇女御入内の時と同じだった。戌《いぬ》の刻（午後八時前後）、天皇は御手水間《おちょうずのま》に出御し、挿鞋《そうあい》（わらじ）を付けた。夜御殿西戸から御帳の中に入り、ここで忠煕が天皇の挿鞋を脱がせた。続けて美子が、御帳の中に入った。中山忠能は天皇の外戚《がいせき》にあたり、かつ夫妻共々健在なるをもって、御衾《おぶすま》（夜具）で二人を覆《おお》う役を演じた。続いて忠能は、三箇夜餅《みかよのもち》を供した。この餅は夫婦高年の者が供するのが習いだった。

夜御殿の儀が終わると、女房はこの餅を飛香舎に持参し、三日間にわたり吉の方角に供えた。次に、命婦《みょうぶ》の壬生《みぶ》広子が布脂燭《しそく》を取り、夜御殿の艮《うしとら》（東北）の方角の隅にある灯籠《とうろう》の灯火を移し、それを捧げて藤壺《ふじつぼ》に赴き、塗籠《ぬりごめ》の灯籠に灯火を移した。ここで、忠煕と忠能は退出した。以後三日間、灯籠の火は断たれることなく燃え続けた。この夜、女房たちは終夜交替で御剣を捧げ持った。

次に、常御所中段の間で御内儀御盃の事、即《すなわ》ち三献の儀が執り行われた。美子は北方に坐《すわ》った。第三献目の盃は美子自らの酌で天皇に献じられ、続けて天酌、すなわち天皇自らが美子に酌を賜った。一の間に席を移し、吸物、重肴で盃酌が交わされ、これが終わると天皇と美子は共に中宮御所に退出した。ついに、新婚夫婦は二人だけとなった。

言うまでもなくこれら長時間にわたる一連の儀式は、ことごとく古式に則って執り行われた。これは、ただの若い公家二人の婚儀ではなかった。天皇家の重要な意味が込められた儀式だった。天皇家の幸福、多産、長命は、そのまま国の繁栄に結びつくものと信じられていた。明治天皇と美子皇后（後に昭憲皇太后の名で知られるようになる）は子宝に恵まれることはなかったが、生涯を通じて互いにすべてを捧げ尽くした。美子は、それ以前のいかなる皇后よりも遥《はる》かに傑出した皇后として広く国民に慕われる存在となる。

＊1　これは慶応三年一月十七日付の書簡からの引用である。原文は「岩倉具視関係文書」第三巻二七七ページ。また、藤田覚「幕末の天皇」二三九〜二四〇ページ参照。

＊2　「朝彦親王日記」第二巻二六八ページ。鍾馗は恐ろしい形相（髭面《ひげづら》と大目玉が特徴）をした架空の存在で、その振りかざす刃で疫病神や悪鬼を払う神通力の持主とされる。唐の玄宗皇帝の夢に現われ、その姿を呉道玄に描かせた。

＊3　同右二七二ページ。

＊4 死去した天皇に諡号をおくる古代の慣習は、中国の古典に因《ちな》んだものである。諡号に「院」でなく「天皇」をつける習慣は、九百五十五年の長きにわたって廃絶されていた。これが天保十一年（一八四〇）、光格天皇死去の時に復活した。在位三十八年、院政二十三年という長期にわたる治世を讃《たた》えてのことだった。藤田「幕末の天皇」一二九～一三五ページ参照。これより以前は、天皇は地名に「院」をつけた追号で呼ばれるのが普通だった。これは天皇が生前すでに僧籍に入っていたことを意味する。一条院、桃園院はその例である。

＊5 「明治天皇紀」第一巻四八一ページ。中山忠能は若き天皇に国書、和書を進講し続けた。また、別の者が漢書を進講した。同五〇〇、五〇七ページ参照。

＊6 「明治天皇紀」第一巻四九七ページ。同五〇〇、五〇七ページ参照。明治天皇はまた、高辻修長《おさなが》と長谷信篤《ながたにのぶあつ》に漢籍を学んだ。同五〇〇、五〇八ページ参照。名が挙げられている書物は、中国最古の政治史と政教を記した「書経」である。

＊7 十一月二十二日、米国弁理公使R・B・ヴァン・ヴァルケンバーグは、日本の好意に対するジョンソン米大統領の謝意を表した書簡を送っている。「明治天皇紀」第一巻五四九ページ参照。

＊8 この時期、まだ名前は勝子《まさこ》だったが、入内にあたり、海外にも知られる美子《はるこ》の名に改められた。統一のため、私（キーン）は美子の名で通すことにする。

＊9 洞口猷壽「昭憲皇太后宮」九ページ。

＊10 婚儀の全貌は「明治天皇紀」第一巻九四一～九四四ページに記述されている。

＊11 彼女は「准后」だった。文字通りには「皇后の次」ということである。

第十三章　最後の将軍慶喜《よしのぶ》

慶応三年（一八六七）初頭、幕府が直面していた主たる問題は二つあった。兵庫開港と、幕府に反旗をひるがえした長州藩に対する処分である。朝廷は、外国船に対する兵庫開港にあくまで反対を唱えていた。しかし五月二十四日、朝廷は堂上《とうしよう》廷臣に総参内を命じ、この件につき意見を具申させた。権大納言《ごんだいなごん》醍醐《だいご》忠順《ただおさ》は、意見書に次のように述べた。兵庫開港は孝明天皇の禁ずるところである。しかし、当今の形勢から見て開港はやむを得ない。事実、孝明天皇は箱館、神奈川、長崎の三港の開港は聴許せられているではないか。兵庫の開港を禁じたのは京都との距離があまりに近接していたためで、開港の趣旨そのものには何ら異なるところはない、と。忠順の意見は他の公家廷臣の多くを説得するに十分の力があったようである。会議の大勢は将軍慶喜の開港説に傾き、ついに開港勅許の御沙汰書《さた》が下されることになった。また、同時に長州藩に対しては寛大な処置を取ることが決定された。

多年にわたって論議の的となっていた「兵庫開港」問題が、ついに決着を見たのだった。さらに幕府は六月六日、江戸、大坂での外国人の商行為を許可することを決定した。列強諸国と幕府が調印した条約の条項は、これですべて履行されたことになる。しかし、この大問題が解決したからと言って、幕府から難題がすべて姿を消したわけではなかった。大なり小なりの問題が次々と持ち上がり、若き明治天皇は次第にその決断に関与することを余儀なくされた。

外国人居留地が存在することから、然《しか》るべくして一つの問題が生じた。六月十三日、長崎奉行は肥前浦上村の耶蘇《ヤソ》教徒六十八人を逮捕監禁した。日本では、すでに二百年以上にわたってキリスト教が厳禁されていた。しかし長崎では、「隠れ切支丹」が伝道者の援助もなく、また聖書など信仰の書物も身近にないまま密《ひそ》かに信仰を守り続けてきた。歳月を経るに従い、これら教徒たちの信仰は着実に正統のキリスト教信仰から逸脱していき、今や彼らが歌うラテン語の祈り《オラショ》の歌は、その意味を理解しようともしなかった信者たちの記憶のままに、ただの珍紛漢紛《ちんぷんかんぷん》な音の連なりと化していた。教徒たちの多くは、貧しい漁師や農夫だった。このような少数者教団を弾圧することは、かりにこれが純粋に宗教的な問題であったならば（例えば、異端の仏教徒教団であったならば）、何ら支障なく遂行されたはずだった。しかしキリスト教徒の教団に対する弾圧は、自分たちの宗教が攻撃されることにひときわ敏感な列強諸国を直ちに巻き込むことになった。

事の発端は、安政四年（一八五七）にさかのぼる。当時、タウンゼント・ハリスと老中堀田正睦《ほったまさよし》との交渉の結果、日米両国人は互いに妨害されることなく信教の自由を保証され、また米国人はその居留地内にプロテスタント教徒の礼拝堂を建設する自由が約束された。同じ頃、フランス人宣教師たちが、特に長崎地方を中心にカトリック教の布教活動を展開していた。自分たちと同じ信仰を奉じる宣教師の到着に「隠れ切支丹」たちは大いに喜び、フランス人の建てた礼拝堂に公然と出入りし、またフランス公使に支持を訴えた。「隠れ切支丹」の中には、我らが時代の到来とばかりに自分たちの存在を誇示する者まで現われた。その勢いは家族内部の亀裂《きれつ》まで招いたほどだった（＊1）。キリスト教の禁制にも拘《かかわ》らず、依然として「隠れ切支丹」に対する幕府の処置が手ぬるいことに憤慨した仏教徒たちは、自らの手でキリスト教徒に危害を加えようとした。ここに至って、長崎奉行所は浦上村教徒六十八人の逮捕に踏み切った。これに対し、仲間の教徒約五百人が竹槍《たけやり》などで武装し、捕縛された教徒の返還を迫った。六月十三日の浦上村教徒逮捕以後、長崎在住のフランスならびにポルトガル領事は相次いで長崎奉行に抗議し、教徒の釈放を要求した。奉行は、これを聴き入れなかった。領事たちは自国公使にその旨《むね》通報し、信徒釈放について幕府と交渉するよう求めた。

七月二十五日、徳川慶喜は大坂城にフランス全権公使レオン・ロッシュを引見した。これより先、すでにロッシュは幕府に対して教徒の釈放を迫っていた。しかし幕府からは、教徒は国法に背きたるを以《もっ》て逮捕はやむを得ず、との返事を得たに過ぎなかった。慶喜とロッシュの会見はロッシュの要請に応じたもので、表向きは貿易交渉となっていた。幕府は、武器輸入元として最近とみにフランスに依存するようになっていた。そのためフランスは、捕縛された教徒放免を要求できる強い立場にあった。ロッシュは、さらに凄味《すごみ》を利《き》かそうとしたのか、この日、慶喜を天保山沖に停泊するフランス軍艦に招き、空砲発射、軍艦操練の腕前を披露した。翌日、ロッシュは大坂城で慶喜と再度会見し、教徒放免の交渉を開始した。

八月五日、老中板倉勝静《かつきよ》はロッシュと会見し、教徒放免について協議した。二日後、慶喜はナポレオン三世に書簡を送り、日本がキリスト教信仰を長きにわたって禁制にしてきたこと、その事実は日仏間の条約でも認められていること、従って教徒の逮捕は両国の法律、条約に照らしてやむを得ないものであることを説き、フランス人宣教師の日本国民に対する布教活動を中止するよう求めた。結局、慶喜は捕縛された教徒の放免に同意した。教徒たちは村預《むらあずけ》となり、浦上村から他郷へ出ることを禁じられた。

この措置が取られたことで、切支丹弾圧が終わったわけではなかった。慶応四年（一八六八）三月、新政府の定めた五条の禁令が、幕府の立てた禁令の高札に取って代わった。キリスト教禁制に何ら変わるところはなかった。禁令五条の第三札に言う。「きりしたん邪宗門之儀は堅く御制禁たり若《もし》不審なるもの有之《これあら》ば其《その》筋の役所へ申出べし御ほふび下さるべく事」と。

明治天皇までが、切支丹弾圧に関わる評議に参加することになった。慶応四年四月二十二日、親王、三職（総裁、議定、参与）以下在坂の公家、諸藩主が御前に召され、肥前国浦上村教徒の処分に関して銘々意見を問われた。前月に新政府のキリスト教禁制が新たに定められたにも拘らず、これを信ずる者の数は増え続け、今やその数三千余人に達していた。もしこれを放置すれば、不測の事態を招くことになるかもしれなかった。そのため、長崎裁判所総督はその然るべき処分の許可を願い出た。これより先、参与井上聞多《もんた》（馨《かおる》）は長崎に赴き、教徒の現状を視察し、憂慮の念を深くした。京都に戻った井上は参与木戸準一郎（孝允《たかよし》）に報告し、さらに木戸は副総裁三条実美《さねとみ》と協議した。その結果、教徒の指導者を辛抱強く説得し、誤りを悟らせることこそ最善の策、との結論が出た。御禁制の命に従う者にはキリスト像を廃棄させ神前に誓約させること、説得に応じない者は厳刑に処すこと——この見解が天皇に上奏され、四月二十二日の御前会議を迎えた。翌日、この諮問《しもん》に対する参加者たちの答申が出た。大半の意見は次のようなものだった。耶蘇教徒はすべて厳刑に処すべし、と。

英国公使パークスは、新政府が先に掲げた高札の中に「きりしたん邪宗門之儀は堅く御制禁たり」の文字のあるのを知り、激怒した。パークスは、短気な性格で知られていた。閏《うるう》四月三日、パークスは三条実美を訪ね、高札の文字につき難詰《なんきつ》した。さらに浦上村教徒の処分に関し、激しく抗議した。この時のパークスの憤激ぶりは想像するに難くない。その席に岩倉具視《ともみ》、晃《あきら》親王、参与大隈《おおくま》重信がいた。大隈は、持ち前の雄弁でパークスの怒りを鎮《しず》めた。

閏四月六日、明治天皇は木戸を召し、長崎へ赴いて問題の処理に当たるよう命じた。新政府の高札は、次のように改められた。「きりしたん邪宗門」の「邪」の一字が削られ、別に邪宗門を禁ずる旨の一条が加えられた(＊2)。五月二十一日、耶蘇教指導者百十四人が逮捕され、萩、津和野、福山の三藩に引渡され、監禁された。

最終的に二千四百人を越える教徒が十七カ所に分散され、極めて厳しい条件の下に監禁された。そのうち約五百人は新政府の圧力に屈して改宗し、赦免された。しかし、残る千九百人余は信仰の念を一層固くし、あくまで改宗を拒否した。いったん改宗した者も、その後、もとの信仰に復する者が多かった。明治六年（一八七三）三月、これ以上の監禁が何の効果をももたらさないことに気づいた新政府は、監禁した者たちを全員放免し、帰籍を許した。

キリスト教徒に対する弾圧は、最後の数ヵ月の断末魔にあった幕府が直面していた緊急課題の一つではなかった。朝廷の人々にとってもそれは同じで、彼らが心を奪われていたのは倒幕の一事だった。しかし、にも拘らずキリスト教徒の処分をめぐる評議を明治天皇の御前で行わせること自体は当を得たことと思われた。明治天皇は、その後の国政に関するほとんどすべての会議に参加することになった。しかし当の天皇の反応については、「明治天皇紀」は何も語ってくれない。

幕府が差し迫って抱えていた問題の最たるものは勿論《もちろん》、幕府自体が存続するか否《いな》かの問題だった。ここで私は、当時勢いを増しつつあった倒幕運動の軌跡をたどるつもりは毛頭ない。それは、すでに多くの歴史家が扱っていることである。これまで犬猿の仲だった長州と薩摩《さつま》が同盟を結んだことが、倒幕運動に拍車をかけた最大の要因だったことだけ指摘しておけば十分かと思われる。反幕府の叫びをあげた主に本州西部、九州、四国の諸藩は、幕府の外国貿易独占の事実に次第に不満を募らせていた。外国貿易からは、巨万の富が得られた。しかし彼らは、反幕府の声明を発するにあたって、この自分たちの不満に触れようとはしなかった。代わりに彼らが叫んだのは、「王政復古」の呼び声だった。現代の歴史家の一人は、次のように書いている。「この維新期の内乱が、けっして勤王思想から起こったものでないことは、いまさらいうまでもない。その根底には、薩長をはじめとする西南雄藩の幕府からの自立化傾向がある」（＊3）と。

かりにこれが最終的に倒幕を目指す薩摩、長州を始めとする西南雄藩の真の野望だったとして、なお彼らには合言葉が必要だった。「王政復古」は、まさにこの目的に叶《かな》ったものだった。一方、徳川慶喜率いる幕府は、特に長州征討での屈辱的な敗北以来、崩壊をかろうじて食い止めようと必死で強硬措置を取っていた。フランスの援助を得た幕府は、近代兵器の貯蔵を急速に増やしていった。また、慶喜の指導の下に数多くの改革が着手された。当時、幕府勘定奉行の要職にあった小栗忠順《おぐりただまさ》は、幕府を将軍治下の絶対主義政府とする計画、いわば「徳川絶対主義」路線を押し進めようとしていた。これ以外に反幕府の諸藩を抑え、幕府の権威を確実なものにする方法はない、というのが小栗の考えだった（＊4）。早くも慶応二年（一八六六）、小栗は密かに藩を廃して県に替えることの利点を論じている。これは言うまでもなく、明治政府が明治四年（一八七一）に断行した「廃藩置県」のことにほかならない。しかし、当時の幕府はこの野心的な計画を実行に移すだけの支持を得ていなかった。

大藩の大名たち、特に西南雄藩の主だった大名たちは力を結集して同盟を結んだ。京都の朝廷に対して崇敬を明言していたにも拘らず、彼らの主たる関心は自藩の勢力を維持することに向けられていたようだった。少なくとも、当初から幕府の絶対権力に替えるに天皇の絶対権力をもってすることを希望していたとは思えない。いかなる大名、家臣も、個々の藩の存続を超えて国全体として何が望ましいかを考えるまでには到底至っていなかった（＊5）。

幕府の権威は、「世直し」と呼ばれる民衆一揆《いっき》にも半ば足をさらわれた形になった。この一揆は、幕府の長州征討の時期にあたる慶応二年夏に絶頂に達した（＊6）。物価（特に米価）の急騰《きゅうとう》に対する怒りから発したこれらの一揆は、長州征討に向けてまさに幕府が必死で団結を必要としていた時、逆に反幕府感情をかもしだす結果となった。

その間、九州、四国、本州西部諸藩の藩士たちは王政復古計画、及びその後の国の行政計画に向けて構想を固めつつあった。慶応三年（一八六七）二月、土佐藩の参政後藤象二郎は、長崎で土佐脱藩浪人坂本龍馬と会った。後藤は立場上、脱藩浪人である坂本を逮捕する義務があった。しかし代わりに後藤がしたことは、進んだ政治思想の持主として知られる坂本の意見にもっぱら耳を傾けることだった。二人は、次の一点で意見の一致を見た。行き詰まった政局を打開する唯一《ゆいいつ》の方法は、将軍が自ら進んで政権を放棄し、朝廷に返上する「大政奉還」しかない、と。

四カ月後の慶応三年六月、後藤は坂本、および坂本と同じ土佐脱藩浪人の中岡慎太郎の斡旋《あっせん》により、京都で薩摩藩の実力者三人と会った。西郷吉之助（隆盛）、大久保一蔵（利通）、小松帯刀《たてわき》である。その結果、二藩の間で盟約が交わされた。これを具体化した「約定の大綱」は、数週間前に坂本が長崎から京都に向かう船中で後藤に示した「船中八策」に極めてよく似ていた。

二藩は王政復古にすべての力を結集することを約した後、八カ条の約定で意見の一致を見た。第一条は「国に二王無きは国家の常経なり、宜《よろ》しく政権を朝廷に復し、制度を一新し、諸侯会議し、人民共和せば以て万国に対峙《たいじ》するを得べし」とあり、国の政治を決する全権がすべて朝廷に帰することを定めている。

続く箇条には、京都に議事堂を建設し、国を治める「制度法則悉《ことごと》く京師《けいし》（京都）の議事堂より出《い》づるを要す」とあり、議事堂建立《こんりゅう》の経費は「諸藩より貢献すべし」とある。議事院は上院下院に分け、議事官は「公卿《くぎょう》・諸侯・陪臣・庶民に至るまで、正義純粋の者を選挙して之《こ》れに充《あ》つ」とあり、大名諸侯は上院の任にあてられた。

しかし、これらのことが実現するためには、まず将軍が政権を朝廷に返上し、一大名とならなければならない。即《すなわ》ち、「将軍は其の職を辞し、諸侯に列して政権を朝廷に帰すべし」と、箇条は続く。また、諸外国との関係については「兵庫に於《おい》て朝廷の大臣、諸藩の士大夫会合し、義理明白に新約定を立て、誠実の商法を行ふべし」とある。

同年九月、薩摩と長州は倒幕を目的とした盟約を結んだ。薩摩の大久保と大山格之助（綱良）が藩命を帯び、山口に赴いた。藩主毛利敬親《たかちか》に対面した大久保は、薩摩藩主の父島津久光の建白にも拘らず幕府に反省の色がなく、「今や兵力を以て幕府を討つにあらざれば、則《すなわ》ち皇国の憂患を匡救《きょうきゅう》すること能《あた》はざらん」と訴えた。さらに、薩摩が兵を上京させるに呼応し、長州もまた兵を京都に送れば、「皇国の大幸、之れに過ぎざるなり」と。

大久保は同席した木戸孝允ら長州藩重臣の質問にも、率直明晰《めいせき》に答えた。毛利敬親は大久保の主張の内容と、その態度にいたく感銘を受けた。敬親は躊躇《ちゅうちょ》することなく薩摩支持を表明し、大坂へ兵を送ることに同意した。しかし敬親は、次のことを付け加えた。御所を守衛することは非常の大任である、もし万が一天皇を敵の手に渡すようなことにでもなれば、事はたちまち破れる、と。これに対し、大久保は答えた。

「不肖七生の心を以て報効を図らんと欲するのみ」と。七たび生まれ変わってでも恩に報いて力を尽くす覚悟である、と言うのである。

京都の公家と、倒幕を計画する武士との間にも接触があった。岩倉具視は未《いま》だ洛北《らくほく》岩倉村に蟄居《ちっきょ》の身だったが、絶えず薩摩藩の重臣たちと連絡を取り合っていた。岩倉はまた、諸藩から来訪する数多くの藩士たちを通じて最近の中央の動きも摑《つか》んでいた。六月、中岡と坂本は岩倉を訪ね、岩倉の宿敵三条実美と和解するよう求めた。岩倉は、これを承諾した。その足で中岡は、九州太宰府に三条を訪ね、岩倉との旧怨《きゅうえん》を捨てるよう三条を説得した。こうして勤王派公家の大物二人が反幕府で一致し、薩長二藩の支持を得て手を結ぶことになった。

慶応三年十月、前土佐藩主山内容堂は徳川慶喜に書簡を送り、政権を朝廷に返すよう提言した。いわゆる大政奉還の建白書である。容堂は、王政復古をめざす武力倒幕派ではなかった。しかし後藤象二郎は、次のように巧妙に容堂を説得した。慶喜自身が、容堂の大政奉還の提言を歓迎するに違いない。そうなれば容堂は天皇に敬意を表すると同時に、将軍に同情を示す立場に自分を置くことになる、と。後藤はまた、薩摩藩と長州藩の間で武力倒幕計画が進んでいる事実を強調した。すなわち幕府との戦争を避ける唯一最善の策は将軍が政権を朝廷に返すこと、この一事しかない、と。容堂は、何としてでも幕府との衝突だけは避けたかった。そこで、土佐の藩兵は京都には一兵たりとも送らない、と明言した。この一言は、後藤を失望させた。後藤は西郷と大久保に、京都に戻る際には土佐藩兵を引き連れてくる、と約束していた。しかし、とにかく後藤は山内容堂から慶喜に宛《あ》てた願ってもない建白書を手に入れたのだった（＊7）。

　建白書の内容は、次の通りだった。将軍にこのような建言をすることは恐れ多く憂慮に堪えないという言葉の繰り返しと、容堂自身の最近の病状を伝える部分を除けば、まことに漠然とした言い回しで次のように信念を披瀝《ひれき》している。「皇国数百年之国体ヲ一変シ至誠ヲ以テ万国ニ接シ王制復古之業ヲ建テザルベカラザルノ一大機会ト奉存候」、数百年続いた武家政治の政体を一変し、天皇中心の政体を復活する好機が到来した、と言うのである。容堂はこの書簡を「懇々之至情難黙止《もだしがたく》、泣血流涕《きゅうけつりゅうてい》之至ニ不《たえ》堪《ず》候」、国の苦境を思うと血の涙を流す思いである、と結んでいる。

　これに添えられた後藤象二郎ほか三人連名の上書は、より具体的に建白の趣旨として八項目を挙げている。中には坂本の構想から取ったものもあり、また薩長盟約から引いたものもある。例えば第一条は、「天下ノ大政ヲ議スル全権ハ朝廷ニアリ」と始まり、国の制度法則政策のすべては「京師ノ議政所ヨリ出ヅベシ」とある。また第二条では議政所を二院に分け、その議事官は「上公卿ヨリ下陪臣庶民ニ至ル迄《まで》正明純良ノ士ヲ撰挙《せんきよ》スベシ」と定めている。

第三条には学校を各都市に設立のこと、「長幼ノ序ヲ分チ学術技芸ヲ教導セザルベカラズ」とある。第四条は外国との貿易に触れ、「道理明確ノ新条約ヲ結ビ誠実ニ商法ヲ行ヒ信義ヲ外蕃《がいばん》（外国）ニ失ハザルヲ以テ主要トスベシ」とある（＊8）。また第五条は「海陸軍備」の重要性を強調し、軍の中枢《ちゅうすう》を京都と摂津の間に設置し、「朝廷守護ノ親兵トシ世界ニ比類ナキ兵隊ト為ンコトヲ要ス」とある。

第六条は、外国船来航以来の国家多難の中で政権が動くのは自然の勢いであると述べ、「古来ノ旧弊ヲ改新シ枝葉ニ馳セズ小条理ニ止マラズ大根基ヲ建ツルヲ以テ主トス」としている。続けて第七条では、何世紀にもわたって遵守《じゅんしゅ》されてきた朝廷の制度法則について、その「弊風ヲ除キ一新改革シテ地球上ニ独立スルノ国本ヲ建ツベシ」とある。

最後に、議事院の議事官は「私心ヲ去リ公平ニ基キ術策ヲ設ケズ又正直ヲ旨《むね》」とすること、さらに「言論多ク実効少キ通弊ヲ踏ムベカラズ」と戒めている。

建白書は老中板倉勝静を通じて、慶喜の手に渡った。これより早く、後藤は容堂から建白書に対する薩摩藩の承認を得るよう指示されていた。しかし西郷は、これを拒絶した。西郷は言う。倒幕の計画はすでに熟した。今さら将軍に助言を与えるなど遅きに失している。ただ、土佐藩の建白書提出を妨げるつもりはない。薩摩藩は自ら欲するところを行うのみ、と。後藤はこれにめげず、他の薩摩藩重臣に謀《はか》り、いずれも賛同を得た。ついに、西郷と大久保は挙兵の時期の延期を認めた。

慶応三年十月十四日、徳川慶喜討伐を命じる密勅（＊9）が薩摩、長州の二藩に下された。

詔書は言う。「源慶喜（＊10）、累世《るいせい》の威を藉《か》り、闔族《こうぞく》（一族）の強を恃《たの》み、妄《みだり》に忠良（忠義の心厚く善良なる人々）を賊害し、しばしば王命を棄絶し、遂に先帝の詔《みことのり》を矯《た》めて懼《おそ》れず、万民を溝壑《こうがく》（谷間）に擠《おとし》れて顧みず」と。また、その「罪悪の至る所、神州将《まさ》に傾覆《けいふく》せんとす。朕《ちん》今民の父母たり。この賊にして討たずんば、何を以《もっ》てか上は先帝の霊に謝し、下は万民の深讐《しんしゅう》（深い怨《うら》み）に報ぜんや」と続く。

さらに、「此《こ》れ朕の憂憤の在る所、諒闇《りょうあん》（天子が父母の喪に服する期間）にして顧みざるは、万已《や》むべからざるなり」（＊11）。よって、「汝《なんじ》、宜《よろ》しく朕の心を体して賊臣を殄戮《てんりく》（殺し尽くすこと）し、以て速やかに回天の偉勲を奏し、生霊《せいれい》を山嶽の安きに措《お》くべし」、自分になりかわって賊臣を討ち、人々の心に盤石の安らぎをもたらしてほしい、と言うのである。

最後は「此れ朕の願、敢て懈《おこた》ることなかれ」と締め括《くく》っている。

言葉遣いは一般の詔書に似ず強烈で、荒々しくさえある。さらに奇妙なのは、「朕」という一人称を使っていながら署名が三人の堂上公家の連名になっていることである（＊12）。これらの理由から、この詔書を偽造と見る者もあれば、（常に黒幕として立ち回る）岩倉具視の息のかかった偽勅と見る者もある。事実は、「岩倉のブレイン」として知られる国学者で元僧侶《そうりょ》の玉松操《たまつみさお》の手になるものだった（＊13）。岩倉自身によれば、この詔書は中山忠能《ただやす》が天皇に密奏し、二藩に下される前に天皇の承認を得たと言う。しかし疑っていいのは極秘に、しかも摂政にさえ知らされなかった文書が、なぜ忠能の手で宮中の奥深くまでもたらされたか、という事実である。

十月十三日付のこの密勅に次いで翌十四日、表向きは明治天皇から下されたことになっている短い密勅が、やはり薩摩、長州の二藩に下された。京都守護職松平容保《かたもり》、京都所司代松平定敬《さだあき》の誅戮《ちゅうりく》を命ず、というものだった（＊14）。これに対して二藩は、死力を尽くして命を奉じることを誓っている。

しかし、いずれの密勅も実行には至らなかった。十月十四日、徳川慶喜は朝廷に上書して、大政奉還の勅許を願い出た。天皇は即座に薩摩、長州二藩に下した密勅を取り消さなければならなかった(＊15)。慶喜が、なぜ山内容堂の提言を受け入れたか、歴史家の間で議論の的となっている(＊16)。幕府内部でも、時勢の変化やむを得ざるものがある、と多くが認めていた。十月十三日、大政奉還につき評議のため、在京十万石以上の四十藩の重臣五十余人が二条城に集められた。老中板倉勝静は、慶喜が朝廷に大政奉還の勅許を願い出る上表案を示し、可否を質《ただ》した。諸重臣の多くは確答を避けたまま退出した。薩摩の小松帯刀、土佐の後藤象二郎、福岡藤次(孝弟《たかちか》)、広島の辻将曹(維岳《いがく》)は最後まで食い下がり、慶喜に英断を迫った。他藩の重臣数人もこれに加わった。慶喜はついに決断し、翌十四日、武家伝奏二人を通じて大政奉還の上書を朝廷に提出した。

「臣慶喜謹テ皇国時運之沿革ヲ考候ニ……」と始まる慶喜の上書は、聞き慣れた言い回しで次のことを語っている。保元平治の乱で「政権武門ニ移テヨリ(徳川の)祖宗ニ至リ」、爾来《じらい》二百余年、徳川家は朝廷に奉公を捧《ささ》げ、朝廷の恩顧をこうむってきた。「政刑(政治と刑罰)当ヲ失フコト」も少なからずあり、困難な「今日之形勢」に至ったのは「畢竟《ひつきよう》薄徳之所致《いたすところ》」で「慙懼《ざんく》」に堪えない。従来の旧習を改め、「政権ヲ朝廷ニ奉帰」し、広く「天下之公議ヲ尽シ聖断ヲ仰ギ」たい。皆が力を合わせて「皇国ヲ保護仕候得バ必ズ海外万国ト可並立候《ならびたつべく》」、朝廷を中心に国を守り育てていくことで、諸外国と対等の立場に立つことが出来る、と言うのである。翌十月十五日、慶喜は参内した。明治天皇は、慶喜の大政奉還の請願に勅許を与えた。

王政復古の大号令は、十二月九日まで渙発《かんぱつ》されなかった。しかし、すでに決定は下された。睦仁《むつひと》は（少なくとも原則として）今や日本の唯一至上の支配者だった。睦仁が、この成り行きにどのような反応を示したかはわからない。睦仁の気持を知る手掛かりとなるはずの短歌さえ、一つも残されていない。ヴィクトリア女王は即位の日、日記に次のように記した。或《あ》いは人は、明治天皇にも似たような台詞《せりふ》を期待するかもしれない。「私はまだ若く、恐らくすべてではないにしても多くのことについて経験が乏しい。しかし、適切で正しいことをするにあたって、私ほど真の善意と真の欲求を以てする者はいないと確信する」（＊17）と。それでも睦仁は、次のことに気づいていた。慶長八年（一六〇三）に家康によって始まった徳川将軍家の系統が終わりを告げ、建武中興以来五百余年ぶりに天皇親政が復活する、と（＊18）。

十二月九日、岩倉具視は勅命により蟄居を免ぜられ、再び参朝を許された。これより早く、岩倉の王政復古計画を知り、その構想を建武中興になぞらえた者があった。建武中興とは元弘三年（一三三三）、後醍醐《ごだいご》天皇が鎌倉幕府を倒して天皇親政を復活したことを指す。玉松操はこれに対して、今回の王政復古の規模は遥《はる》かに大きく、もしその前例を求めるならば神武天皇の建国を措《お》いて他にない、と応《こた》えた。岩倉は、玉松の見解をよしとした。源頼朝が鎌倉に幕府を創設して以来六百七十余年、徳川幕府が始まってから既に二百六十余年が過ぎていた。

約一カ月後、日本駐在の外国使節は次の文書を受け取った。

「日本の天皇《エンペラー》は各国の元首および臣民に次の通告をする。将軍徳川慶喜に対し、その請願により政権返上の許可を与えた。今後、朕は国家内外のあらゆる事柄について最高の権能を行使するであろう。したがって天皇《エンペラー》の称号が、従来条約締結の際に使用された大君《タイクーン》の称号に取ってかわることになる。外国事務執行のため、諸々《もろもろ》の役人が朕によって任命されつつある。条約諸国の代表は、この旨を承知してほしい。」（＊19）

この（翻訳された）文書の日付は太陽暦二月三日、署名は「睦仁」となっている。

＊1　「明治天皇紀」第一巻五〇〇ページ。本文に、「甚しきは夫婦離別し、親戚《しんせき》交を絶つの勢を成

せり」とある。

＊2 同右六八二ページ。アーネスト・サトウ（「一外交官の見た明治維新」（下）一九六ページ）は、ハリー・パークスが一八六八年五月十八日、後藤象二郎と伊達《だて》宗城《むねなり》と会見した時の模様を次のように書いている。「後者（伊達）を相手に、最近発布された耶蘇教禁令について議論した。それは往時の禁制を復活させたものだが、禁制条項は以前よりもゆるやかになっていた。伊達はその用語に難点のあることを認め、大坂《オーザカ》や兵庫の制札にはそれを出さぬようにすると言った。伊達は字句（翻訳すれば『イーヴル』〔邪悪な〕あるいは『パーニシャス』〔有害な〕宗派）（訳注 邪宗門）の修正に努力してきたのだが、しかし耶蘇教の禁制条項を全然除くということは不可能だろうと言った。（中略）このあとで、私は中井（弘）と長い間この問題について話し、法令では特にキリスト教と名ざさずに、単に、一般的に『有害な宗派』の禁制、となすべきであると提言した。日本政府がこの禁令を全的に撤廃する意思のないことは明瞭《めいりょう》だった。なぜなら、これを撤廃すれば、布教態度があまりに積極的なためにきらわれ者になっていた長崎のローマン・カソリック宣教師に対して、行動の自由を認めることになるからである。」

＊3 石井孝「戊辰戦争論」一ページ。

＊4 小栗の唱導した「徳川絶対主義」については、石井孝「幕末 非運の人びと」一八八〜二二一ページ参照。

＊5 松木弘安（寺島宗則の名でも知られる）は、例外的存在だった。わずか数日間の薩摩と英国との「戦争」の際、松木は外国に渡ることを目的に故意に英国の捕虜となった。特にインド、中国について得た知識から松木は次のことを確信するに到《いた》った。日本が列強の手で植民地化されな

いようにする唯一《ゆいいつ》の方法は、藩の垣根をはずし「最上の主君」たる天皇の支配の下で国が一致団結することである、と。石井「戊辰戦争論」二二ページ参照。福沢諭吉は慶応二年（一八六六）夏、幕府と長州との戦争勃発《ぼっぱつ》後、次のような覚書を提出している。（必要なら外国の兵力を借りてでも）長州を壊滅させた後、「全日本国封建の御制度」を一変させることを期待する、と。福沢は、将軍が絶対政権を樹立することを望んでいたようである。石井「戊辰戦争論」二九ページ参照。

＊6　「世直し」は、その変型として民衆が「いいじゃないか（ええじゃないか）」と叫びつつ、踊りながら通りを練り歩く形をとることが多かった。その一つの例として、サトウは次の光景を記している。「燃えるようなまっ赤な着物で、踊りながらイイジャナイカの繰りかえしを叫んでいる人々の間をかき分けて行くのは、なかなか大変だった。往来の者も、踊りと提灯《ちょうちん》の行列の方に夢中だったので、私たちの通行にはほとんど気がつかなかった……」（サトウ「一外交官の見た明治維新」（下）八九ページ）

＊7　大橋昭夫「後藤象二郎と近代日本」九九〜一〇一ページ。

＊8　サトウは、後藤象二郎の手紙を持ってきた中井弘（サトウは弘蔵《コーゾー》と呼んでいる）とその仲間から、この建白書の写しを見せられた。「彼らは、土佐藩が先月大君《タイクーン》に提出した覚書の写しを見せたが、それは大君《タイクーン》に対し従来の方針で進むように勧告し、あわせて種々の改革を提案したものであった。これらの提案の中で最も重要なことは、両院からなる議会の開設、主要都市に科学と文学の学校を設けること、諸外国と新条約の商議を行なうことなどであった」（サトウ「一外交官の見た明治維新」（下）八三ページ）。

＊9　原文は「明治天皇紀」第一巻五二五ページ。その写真版が、石井「戊辰戦争論」六七ページに掲載されている。
＊10　慶喜は「徳川」よりは、むしろ「源」の氏で呼ばれている。徳川一族は、鎌倉時代の将軍である源氏の末裔《まつえい》と称していた。
＊11　宮廷は、まだ孝明天皇の喪に服していた。
＊12　この三人は、中山忠能、正親町三条実愛《おおぎまちさんじょうさねなる》、中御門経之《なかみかどつねゆき》である。
＊13　石井「戊辰戦争論」七〇ページ。玉松と岩倉の関係については、多田好問編「岩倉公実記」（中）五九〜六二ページ参照。
＊14　「明治天皇紀」第一巻五二六ページは、二回目の密勅の日付が最初の密勅の翌日になっているが、実際には両方とも十四日に下されたと述べている。
＊15　多田編「岩倉公実記」（中）八四〜八五ページ。岩倉によれば、天皇は密勅に署名した三人の公家に対して、慶喜が政権を奉還すると言明した以上、その成り行きを見守るよう指示したという。
＊16　コンラッド・トットマンは"The Collapse of the Tokugawa Bakufu, 1862—1868"三八一〜三八二ページで、次のように書いている。「江戸（幕府）が徳川の権力と威信を回復するにあたって大いに力をつけつつあったという証拠に留意するならば、慶喜の十月十二日の決断は注目に値し、かつ疑問を抱かせる。なぜ、慶喜はそんなことをしたのだろうか、と」。
　トットマンは短期的、長期的な原因の中からあらゆる可能な解答を模索した後で、次のように結論づけている（三八六ページ）。「ということは要するに、非常に厄介な状況を仮定すれば——

慶喜の目的の曖昧《あいまい》さ、国を統治することに対する慶喜のためらい、慶喜の周囲にある人々のどちらかというと譲歩的な態度、力強く対抗する迫力の欠如、土佐の建白書の限定された目標、これまでもそうであったように先細りになる運命にある単なる見込み——これらすべてを考慮すれば、慶喜の決断はさして驚くにはあたらない」と。

＊17　Elizabeth Longford "Queen Victoria" 六一ページ。

＊18　足利尊氏は、一三三八年に将軍職に就いた。最後の足利将軍義昭は一五七三年に将軍職を追われている。つまり、一五七三年から一六〇三年までの三十年間は将軍がいなかったことになる。しかし、この時期の大半は豊臣秀吉が実質上の将軍だったと言っていい。

＊19　サトウ「一外交官の見た明治維新」(下) 一三七ページ (ただし、英訳の "we" を「われわれ」、「我ら」と訳している二カ所は、あとで述べる理由によりいずれも「朕《ちん》」と訂正した)。漢文で書かれた原文は、「明治天皇紀」第一巻五九五ページにある。この国書は一月十五日、参与兼外国事務取調掛東久世《ひがしくぜ》通禧《みちとみ》によって、フランス、米国、英国、オランダ、プロシア、イタリアの六カ国公使に交付された。英訳に用いられている複数形の "we" は勿論《もちろん》、君主が自称する際に用いる royal "we" である。なお、佐々木克「戊辰戦争」一七〜一八ページも参照。

第十四章　遁走《とんそう》将軍

　王政復古――それは国の至るところで尊王攘夷《じょうい》の声が挙がって以来、多くの日本人たちの夢だった。その夢が、ついに実現したのだった。政治の実権は（少なくとも原則として）今や朝廷の手中にあった。しかし朝廷には、まだ行政機関も立法機関もなかった。慶応三年（一八六七）十一月二日、左右大臣を始めとする朝廷の重臣たちは、王政復古に伴う朝廷の基本方策を決めるため摂政《せっしょう》二条斉敬《なりゆき》の屋敷に集まった。しかし、なんらの決定にも到《いた》らなかった。天皇親政を提唱した人々は明らかに、自分たちが実際に政権を担当した時に直面するはずの諸問題に対して十分な考慮を欠いていた。

　朝廷の御沙汰《さた》書により、重要な国事の決定ならびに列強諸国への対外政策は、十万石以上の大名藩主から成る諸侯会議で裁定されることになった。しかし、これらの大名諸侯が一堂に会するには京都に召集された後もなお時日を要するのは明らかで、その間、緊急に決定処理すべき内外の諸問題は次々と山積されていった。朝廷は為《な》すべもなく無力であるかのように見えた。事実、この時期の京都は無政府状態だった、と言っていい。

大政奉還に際して将軍慶喜《よしのぶ》が示した真摯《しんし》な言動にも拘《かかわ》らず、幕閣重臣ならびに江戸在府の大名諸侯の多くは慶喜の決断に憤慨した。彼らは江戸城に会して政権奉還の是非について議論し、また慶喜の命で上京した老中格以下は慶喜に直《じか》に拝謁《はいえつ》して不平を訴えた。慶喜は、国が二政権に分断されることの非を懇切に説き、速やかに関東に立ち戻って大名諸侯ならびに幕閣重臣の誤解を解くよう申し渡した。さらに、特に軽挙妄動《もうどう》を慎むよう釘《くぎ》を刺した。慶喜の自重せよとの言葉とは裏腹に、江戸在府の大名諸侯は譜代、外様を問わず多くが佐幕（幕府支持）に傾き、遂には朝廷の召命を忌避する者まで現われた。政権の交替に怒る多くの「叛臣《はんしん》」たちは、目下の急務は兵備を増強し実力をもって大局を制するにある、と唱えた。中には朝彦親王に進言し、幕府の権威を挽回《ばんかい》しようと謀《はか》る者まで出てくる始末だった（＊1）。

王政復古は、京都に平穏と秩序をもたらしたわけではなかった。流言がしきりに飛び交い、緊迫感が高まった。十月十八日、岩倉具視《ともみ》は密《ひそ》かに京都の薩摩《さつま》藩邸を訪ね、留守居役に緊急事態を告げた。日頃から親しくしている実相院門跡諸大夫《しょだいぶ》入谷昌長が、岩倉に次の事実を急報したという。大垣藩士井田五蔵（譲《ゆずる》）が幕府老中に策を献じ、不意に大兵を起こして薩摩藩邸に火を放たせ、その混乱に乗じて天皇を奪還し、大坂城へ遷幸《せんこう》する企てを立てている、と。恐らく根拠のないこの流言が岩倉を薩摩藩邸へと走らせ、警戒態勢を取らせるよう仕向けたのだった（＊2）。

幕末の顕著な特徴である暗殺も、また洛中《らくちゅう》の緊張を高める一因となった。十一月十五日、薩長同盟で大役を果たした二人の土佐脱藩浪人、坂本龍馬と中岡慎太郎が京都河原町の潜伏先で幕府の刺客に襲われた。

王政復古は、まだ正式には発令されていなかった。しかし幕府がもはや政権を担当していない今、京都朝廷はすでに実務上の諸問題に直面していた。十月二十日、摂政以下廷臣が小御所に会し、徳川慶喜および十万石以上の在京諸侯の重臣を召集した。その際、議題となった幕府稟議《りんぎ》の八カ条の中から数例を次に挙げておく。例えば諸藩兵の京都交番警衛ならびに御所警備の管轄《かんかつ》はどうするか、大宮御所造営の費用はどのように徴集するか（＊3）、所司代以下の職務はどうするか、紙幣発行に関して規定はどうするか（＊4）等々である。原則として、これらの条項は有力大名から成る諸侯会議で決定されることになっていた。しかし、有力大名の多くは依然として京都に姿を見せなかった。中央の政情の風向きが定まるまで、大名諸侯が上京を見合わせていることは明らかだった。朝廷は結局、幕府稟議の八カ条については少なくとも当面の間旧例に従うことにした。一座の有様を静観している慶喜の顔が、目に浮かぶようである。不慣れな仕事に四苦八苦している公家たちの動転ぶりに、慶喜は一人ほくそえんだに違いない（＊5）。

十月二十一日、天皇は王政復古に尽くした三人の公家、中山忠能《ただやす》、正親町三条実愛《おおぎまちさんじょうさねなる》、中御門《なかみかど》経之《つねゆき》に勅して、薩摩長州二藩に御沙汰書を授け、しばらく討幕の実行を見合わせるよう命じた。十月二十四日、慶喜は再び朝廷に上表して将軍職辞職を願い出た。摂政二条斉敬は慶喜の請願を斥《しりぞ》け、慶喜の将来について諸侯会議が何らかの結論を出すまで、今のまま将軍職に留まるよう命じた。朝廷は明らかに、敗北してもなお実力を有するこの人物をどう扱うべきか決めかねていた。

歴史家の中には、慶喜は大政奉還を彼の立場を強化するために利用した、と示唆《しさ》する者がいる。当時日本に駐在していた外国人でさえ、慶喜の将軍職辞職については隠された動機があったのではないかと疑っていた。サトウは、幕閣数人から「慶喜はずっと前から政治を天皇《ミカド》に返還するつもりでいた」と聞かされた時、自分たち英国人はこれに懐疑的だった、と次のように回想している。

「もちろん、私たちはこれを信じなかった。当方の見るところでは、慶喜は薩摩、長州、土佐、肥前などから責めつけられ、いや気がさしている。また、列藩会議《ゼネラル・カウンシル》を招集しようと決意したのは、自派勢力の一致を目的とするもので、それが実現すればおそらく大多数の票を得て元の職へ復帰することもできるし、それにより大君《タイクーン》の権威を前よりも確固たるものにすることができると考えたからだ」(＊6)

すでに慶応三年六月二十一日、老中板倉勝静《かつきよ》と若年寄格永井尚志《なおゆき》は次のような妙案を思いついていた。天皇が成年に達するまで将軍が摂政を兼ねる、そうすれば朝廷と幕府との間に亀裂《きれつ》は起こりえない、と。この妙案は、これ以上の発展を見なかったようだった。しかし、その年十一月下旬、慶喜の「ブレイン」の一人である西周《あまね》が「議題草案」を起草した。これは将来の政治体制に関して、諸侯会議にかける第一の議案となるはずのものだった。

西周の議案は、「権」を次の三つに分割している。「政府の権」、「大名の権」、「朝廷の権」である。「政府の権」とは、行政権のことである。徳川家の当主は「大君《たいくん》」と呼ばれ、行政府の首長となる。政府は大坂に置かれ、大君が自由に任命した政府の官僚を通して全国の政治を行う。官僚の内で「宰相」だけは、「議政院」が選出した三人の候補者の中から大君が一人を任命する。

「大名の権」とは立法権のことである。議政院は上下両院から成り、上院は大名、下院は各藩から一人ずつ選ばれた藩士によって構成される。議政院は法律、予算、外交、和戦問題など重要事項を協議する権限を与えられている。大君は、上院の議長を務める。議政院で議事が決定に到らなかった場合は大君に三票を投ずる権利があり、これは上院下院が各一票ずつであるのに対する三票で、常に大君に決定権があることを意味する。大君はまた、下院の解散権も握っている。

第三の「朝廷の権」は、いわば名目だけのものである。天皇は議政院で議決された法律に承認の判を押すだけで、拒否権は持たない。

もしこの議案が諸侯会議で承認されていたならば、慶喜はこれまでにも増して絶大な権力を与えられたはずだった。大君の権威は、大名を次のように弱体化することで、さらに高められたはずである。諸大名の石高の三分の二は国防費に当てられ、残りの多くは教育、鉱山開発、電信、鉄道開設などの経費に当てられる（＊7）。当時、西周は書いている。「土耳其《トルコ》にてシュルタンと称し、魯西亜《ロシア》にてザルと称し候如《そうろうごと》く、本邦にて大君と相称せられ候て不可もこれなき義」と。慶喜は恐らく、大名の大多数の支持を得て絶対君主として君臨することを期待していたに違いない。日本の啓蒙《けいもう》活動の主唱者である福沢諭吉でさえ、好意をもって「大君のモナルキ」（＊8）と書いている。

慶喜自身が何を望んでいたかは明らかではない。学者の中には、慶喜が狙《ねら》っていたのは「大君制絶対主義」であるとする者もあり（＊9）、また慶喜の求めていたのは自らその首班となる「列藩同盟的政権」、ないしは「諸藩連合政権」の樹立だったとする者もいる（＊10）。

いずれにせよ慶喜支持派の立てた計画は、天皇親政推進派が演じたクーデターによってことごとく覆《くつがえ》された。慶応三年十二月九日、ついに王政復古が正式に発令された。その朝早く、勅使侍従千種有任《ちくさありとう》が洛北岩倉村を訪ね、岩倉具視に蟄居《ちっきょ》が免ぜられたことを告げた。岩倉は、直ちに正装で参朝するよう命じられた。この時の岩倉の恰好《かっこう》は、かなり奇妙であったに違いない。蟄居の罪に服している人間は剃髪《ていはつ》であることが定めだった。すなわち岩倉は坊主頭に冠をつけ、王政復古の大号令その他の文案を納めた一函《かん》を携えて参朝した。天皇の御前に伺候《しこう》した岩倉は、「曩《さき》に聖断を仰ぐ所の王政復古の大策」を断行する、と奏上した。岩倉は退出して小御所に入った。ほどなく若き天皇は御学問所に出御し、（恐らく御簾《みす》のうしろから）居並ぶ親王、諸臣を引見し、勅諭を賜い、王政復古の大号令を発した。摂政、関白、幕府等の官職は廃され、新たに総裁（有栖川宮熾仁親王《ありすがわのみやたるひとしんのう》）、議定十人、参与二十人の三職から成る新政府が樹立された。

その夜、小御所で天皇出御のもとに重要な会議が開かれた。まず議長格の中山忠能が、次のように開会を宣した。「王政の基礎」を確定し、「更始一新の経綸《けいりん》」を施すため、公議を尽すべし、と。すかさず大政奉還の影の立役者、山内容堂が口火を切った。徳川慶喜を召して、この朝議の席に参加させてはどうか、と。大原重徳《しげとみ》は、これを斥けた。容堂は、かまわず続けた。二百年余にわたって日本に泰平と繁栄をもたらした功績は徳川家にある。祖先から代々受け継がれてきた覇業を慶喜は自ら放棄し、政権を朝廷に奉還した。これひとえに、政局の安定と永続的な国体の維持を願ってのことである。しかるに、「二三の公卿《くぎょう》、幼冲《ようちゅう》の天子を擁し、陰険の挙を行はんとし、全く慶喜の功を没せんとするは何ぞや」と、容堂は暗に岩倉一派を痛烈に批判した（＊11）。

岩倉は、このような批判を黙って聞いているような男ではなかった。すかさず反撃に出た岩倉は、天皇の御前における会議である、言葉を慎まれよ、と次のように真っ向から容堂を叱責《しっせき》した。

「聖上ハ不世出ノ英材ヲ以《もっ》テ大政維新ノ鴻業《こうぎょう》（大事業）ヲ建テ給《たま》フ、今日ノ挙ハ悉《ことごと》ク宸断《しんだん》（天子の裁断）ニ出《い》ヅ、妄《みだり》ニ幼冲ノ天子ヲ擁シ権柄《けんぺい》ヲ窃取《せっしゅ》セントノ言ヲ作《な》ス、何ゾ其《そ》レ亡礼ノ甚シキヤ」、天皇は不世出の英傑である、王政復古はその天皇の裁断によって行われたものである、しかるに幼い天子を祭り上げて権柄を密かに盗まんとするとはいかなる意味か、天皇に対する侮辱以外の何ものでもない、と。

容堂は岩倉の反撃に不意を突かれ、失言を深く詫《わ》びた。容堂の失言が、直ちに列席諸侯を岩倉支持に傾かせたわけではなかった。前越前藩主（現在は新政府議定）松平慶永《よしなが》（春嶽）もまた、徳川氏二百余年の泰平の功を引き合いに出し、慶喜を擁護した。岩倉は慶永の言葉をさえぎり、次のように言った。もし慶喜に反省自責の念があるならば、速やかに官位を辞し、土地人民を還納し、以て王政維新の大業を翼賛すべきである（＊12）。もし慶喜にその誠意があれば、然《しか》るべき席次を与えてもよい。しかし、と岩倉は続けた。慶喜には、その様子が見えないではないか。「政権ノ空名ノミヲ奉還シテ土地人民ノ実力ヲ保有ス」、慶喜が奉還した政権とは名ばかりで、事実は土地人民ともに従来の権力を維持している、と。慶喜のような人物は許すべきではなく、朝議に参加させることも出来ない、と岩倉は言葉巧みに発言を結んだ（＊13）。

最初に岩倉支持を表明したのは、大久保一蔵（利通）だった。大久保は、次のように説いた。朝廷は慶喜に官位辞退、土地人民の還納を命ずべきである。もし、慶喜がこれに応じなければ、断固討伐すべきである、と。大久保は元来、沈着かつ寡黙《かもく》な人物として知られていた。しかし、王政復古の仇敵《きゆうてき》慶喜に対して示された諸侯の同情の弁を聞き、思いあまって大久保の口から火を吐く熱弁がほとばしり出たようだった（＊14）。

次に発言したのは、後藤象二郎だった。後藤は慎重に容堂と慶永の意見に同調を示し、王政復古は公明正大でなければならない、と論じた。暗に後藤は、慶喜に対する寛大な処置を求めたものと思われる。続いて発言した尾張藩主徳川慶勝《よしかつ》、安芸《あき》藩世子浅野茂勲《もちこと》は、いずれも容堂と慶永に賛同の意を表した。しかし薩摩藩主島津茂久《もちひさ》（忠義《ただよし》）は、大久保支持を表明した。討議は容易に終わりそうになかった。天皇は暫時《ざんじ》の休憩を命じた。

休憩中、部屋の外にいた西郷吉之助（隆盛）は、誰にともなく「短刀一本あれば片づくことではないか」とつぶやいた。西郷の言葉は岩倉に伝えられ、岩倉は新たな決意に奮い立った（＊15）。岩倉は、まず浅野茂勲に話を持ちかけた。浅野は容堂支持を表明していたが、動揺しているように見えた。岩倉は言った。かりに天皇の御前で流血を見ることになったとしても、容堂は殺《や》らなければならない、と。驚いた浅野は岩倉支持を約束し、家臣を通じて後藤に、西郷の言葉と岩倉の決意を伝えた。後藤は素早くその場の状況を判断し、容堂に進言した。血の雨が降らぬように、ここはひとまず譲ってはどうか、と。容堂は従わざるを得なかった。後藤は、さらに松平慶永にも再考を促した。ここで後藤が豹変《ひょうへん》したについては、或《ある》いは新政府の役職につきたい気持が心のどこかに潜んでいたためかもしれない（＊16）。いずれにせよ、天皇が再び出御して会議が再開された時には、誰もが岩倉の意見に従った。徳川慶喜に辞官納地を奏請させるという岩倉の提案に異を唱える者は一人もいなかった。会議は、子《ね》の刻（深夜十二時前後）に終わった。

強硬に徳川慶喜支持を打ち出した諸侯の鼻柱をも打ち砕いた岩倉の成功は、いわば漁夫の利を得ることを心得た敏腕な外交的手腕を物語るものだった。恐らく岩倉が反対派に対して使った最も効果的な武器は、次の断言だった。慶喜に対する辞官納地の要求も含め自分の取った行動は、すべて天皇の承認に基づくものである、と。しかし明治天皇は、事実、承認していたのだろうか。或いはそれは、逆らえない権威を引き合いに出すことで慶喜の支持者を押さえつけようとする岩倉自らが発明した武器だったのだろうか。残された資料は、いずれとも語っていない。明治天皇は確かに若いとはいえ、十五歳の男子だった。政治的意見を持つことが出来ないほど幼くはなかった。かつて孝明天皇は、息子の睦仁《むつひと》にひどい苛立《いらだ》ちを覚えたことがある。その理由が長州びいきの母方の祖父、ないしは大奥の女官たちに吹き込まれた睦仁の過激な攘夷《じょうい》思想、また反幕感情であった可能性は十分にある。大事なのは小御所会議を通じて明治天皇が終始そこに居た、という事実である。火花を散らす討議の一部始終が、強烈な印象を残さなかったはずがない。

この容易ならざる会議の翌日十二月十日、新政府の議定徳川慶勝と同松平慶永は二条城に赴き、慶喜に王政復古の大号令が発せられたこと、また将軍職辞職の慶喜の請願が聴許され、慶喜に対して辞官および納地の奏請を命ずる内諭が出たことを伝えた。慶勝と慶永の駕籠《かご》が城中に入る際、幕府の守兵は二人を取り巻き、口汚い罵言《ばげん》を浴びせた。或る者は「薩賊」の手先と叫び、或る者は親族である慶喜に対する裏切り者、と面罵した。慶勝と慶永は、これらの罵詈《ばり》雑言をよそに直に慶喜の居室に入り、余人を遠ざけて朝旨を伝えた。

慶喜は謹んで静聴し、控えめな態度で次のように応《こた》えた。将軍職辞職の請願が聴許されたことについては感謝する。辞官ならびに納地の件については個人的には異議はない。ただ、直ちにこれを公表すれば家臣たちの心を激昂《げっこう》させ、或いは異変を生じることになるかもしれない。願わくば、辞官納地の奏請についてはしばらく時期を見合わせてほしい、と。慶勝と慶永は、これを承諾した。

慶喜の予測に違《たが》わず、二条城を固める幕府ならびに親藩の将兵たちは、慶喜に対する辞官納地の朝命を耳にするや激昂し、すべては薩摩藩の私意から出たものと非難した。もはや、いつ武力衝突が起きても不思議はなかった。慶喜は部下の気勢を削《そ》ぐため、二条城を出て大坂城へ向かった。最も強く慶喜を後押しする会津藩主松平容保《かたもり》、桑名藩主松平定敬《さだあき》、備中松山藩主板倉勝静の三人が慶喜に随伴した。

朝廷派と幕府派の対立は、一触即発の状態にあった。折も折、この危機的状況を茶化すような珍事が出来《しゅつたい》した。朝廷では孝明天皇の一周忌の期日が近づき、それ相応の法会《ほうえ》を催す必要があった。しかし、会計事務を司《つかさど》る山陵奉行戸田忠至《ただゆき》によれば、朝廷にはその法会を賄《まかな》うだけの費用が無かった。岩倉は、内大臣徳川慶喜に頼んで都合させればいい、と戸田に示唆した。驚いたことに慶喜の辞官を要求していたはずの当の岩倉が、慶喜のことを未だに「内大臣」と呼んでいる。戸田は大坂城に赴き、慶喜に事情を説明し、金「若干《じゃっかん》万両」の献金を依頼した。戸田にとってこの時ほど、ばつの悪い思いをしたことは無かったに違いない。大坂城中は、王政復古推進派に対する怒りで渦巻いている。このような時に敵方に渡す金の都合などつくはずもない。慶喜は、気が進まなかった。しかし戸田は、何度も訴えるように嘆願した。ついに慶喜は、勘定奉行に命じて金千両を献じ、残りは京都の代官に命じて幕府直轄《ちょっかつ》領の貢納金から出すことを約束した。幕府と朝廷が開戦の火蓋《ひぶた》を切るまさに四日前、十二月二十九日、孝明天皇の一周忌法要は幕府が献じた金で滞りなく執り行われた。

十二月十六日、慶喜は大坂城でイギリス、フランス、イタリア、アメリカ、プロシア、オランダ六カ国の公使を引見し、政権の交替を告げた。しかし外交は引き続き慶喜が行うこと、新政府にはまだ外国と交渉するにも施設がないことを付け加えた（＊17）。三日後の十二月十九日、慶喜は王政復古に服さないことを宣言し、朝廷にその廃止を請願した。総裁職仁《たるひと》親王へ宛《あ》てた上書で、慶喜はその痛恨の思いを次のように述べている。

祖宗より代々受け継いだ政権を奉還し、将軍職辞退を奏請したのは、ひとえに天下の公儀世論に従い、公正なる規範に見合った政府の樹立を願ったからである。しかるに武装した一、二藩の兵が突如御所に押し入り、先帝の御世に譴責《けんせき》処分にあった公家数名（＊18）を抜擢《ばってき》し、数千年来の朝廷の慣習を汚《けが》さんとしている。実にこれ、驚愕《きょうがく》の至りと言わなければならない。

かりに、これが聖断から出たものであったとしても、これを諫止《かんし》することこそ臣たる者の務めでなければならない。ましてや天皇は、未《ま》だ若年である。天下騒乱の兆《きざ》し、万民の塗炭は目に見えている。特に外交については、容易ならぬ事態を招くことになろう。聖断を枉《ま》げ、一時の策略によって処置するようなことにでもなれば、諸外国に対して信義を失い、皇国の大害を招くこと必定である、と（＊19）。

この時点に到《いた》るまでの徳川慶喜は忠臣のごとく振舞い、天皇の勅命を甘受していた。しかし今や、慶喜は幕府軍と朝廷軍との戦争勃発《ぼっぱつ》を予期しつつあったようである。慶喜は王政復古の大号令に従うことを拒否するにあたって、儒教の教えをもって自らを正当化した。すなわち君子が道を誤った場合、臣たる者は君子を諫《いさ》めることを以て旨《むね》とすべし、と。直後に勃発した戊辰《ぼしん》戦争（＊20）を通じてこれは、慶喜の依拠する立場となった。

幕府軍と朝廷軍との衝突は、江戸市中ならびに周辺で起きた一連の放火略奪事件によって早められた。事件は、いずれも西郷隆盛指揮下の浪人たちの仕業だった（＊21）。薩摩藩を率いる西郷と大久保の狙いは、幕府側に何らかの行動を取らせることで、幕府攻撃の口実を作ることだった。これら一連の事件は、確かに幕府側を怒らせた。しかし、決定的な挑発は全くの偶然によって生じた。十二月二十三日、江戸城二の丸が炎上し、幕府はこれを薩摩藩邸に巣くう浪人たちの仕業と決めつけた（＊22）。同日、薩摩の支藩の佐土原藩士が江戸市中警備にあたっていた庄内藩屯所に発砲襲撃した。二十五日、庄内藩兵を主力とする幕府勢は江戸薩摩藩邸を包囲し、一連の事件に関与した浪人の引渡しを要求した。薩摩藩は、これを拒絶した。幕府勢は発砲し、引き続く銃撃戦で双方から死者が出た。ついに幕府勢は、薩摩藩邸を焼き打ちした。

この報《しら》せが京都に達するまでに三日かかった。その間十二月二十七日、天皇は建春門外叡覧所《えいらんじょ》で薩摩、長州、安芸、土佐四藩の兵約二千人の調練を観覧した。その目的は、或いは天皇の御前間近で兵を調練させることで部隊の士気高揚をはかることにあったかもしれない。或いは逆に、女官に育てられた若き天皇に戦闘精神を教え込むことが目的であったかもしれない（この年、明治天皇は初めて乗馬を体験している）。調練の薩摩藩兵は、その人数（部隊全体約二千人のうち千五百人）のみならず、装備でも群を抜いていた。「服装帽子等英国式を用ゐ、号令最も厳明、進退勇壮宜《よろ》しきを得たり」と記録にある（＊23）。調練終了後、各藩の隊長等は天皇から褒美《ほうび》を賜わり、兵たちには酒が振舞われた。

江戸の薩摩藩邸焼き打ちの報せが大坂城に到着した二十八日、徳川慶喜は新政府に辞官納地を受け入れる上奏書をしたためた直後だった。大坂城の将兵たちは、報せに激怒した（＊24）。慶喜も将兵の怒りにつられて意を翻《ひるがえ》し、正月一日に幕府軍を率いて上洛《じょうらく》する決意をした。

幕府軍は、薩摩長州その他の同盟軍五千に対し、その三倍を上回る数だった。幕府軍の兵の一部に、金で雇われた農民等出身の傭兵《ようへい》がいたことは事実である。しかしフランス人の軍事指導官に訓練され、近代兵器で武装した兵もいた。鳥羽《とば》（京都と大坂の中間にある）で幕府軍と朝廷軍が衝突したとの報せを受けとった西郷は、「鳥羽一発の砲声は百万の味方を得たよりもうれしい」と叫んだと言われる。しかし同時に西郷は、その戦闘の結果に深い危惧《きぐ》を抱いていたに違いない。開戦前、すでに西郷は幕府軍の京都進入を想定し、天皇の身の安全について次のように画策していた（＊25）。天皇は女官の姿に身をやつし、准后《じゅごう》と共に女輿《こし》に乗り、薩長二藩の兵がこれを護衛し、安芸《あき》、備後《びんご》の境あたりに難を避ける、と（＊26）。鬘《かつら》と厚化粧が、あの見るからに男っぽい明治天皇の顔を女に変えられるものかどうか大いに疑問だが、貴人が女に身をやつしての逃避行は昔からの習いだった（＊27）。

慶応四年（一八六八）一月三日、戦闘の火蓋《ひぶた》は切って落とされた。鳥羽、伏見の街道を京都に向けて進軍していた会津桑名両藩を主力とする幕府軍部隊は、鳥羽と伏見の両地点で薩摩兵を主力とする朝廷軍と出くわした。幕府軍の先鋒《せんぽう》を務める旧幕府大目付滝川具挙《ともたか》は、朝廷軍の守兵に次のように伝えた。これは、朝命を奉じて上洛する先の将軍徳川慶喜の先鋒部隊である、もしその進軍を拒むようなことがあれば、兵力をもって突破する、と。薩摩兵の返答は、砲声と銃声だった。或《あ》る記述によれば、薩軍の一発の砲弾が、馬に乗った滝川の近くの幕府軍の砲車に命中した。驚いた馬は滝川を振り落とし、狂ったように鳥羽街道を駆け抜けた。街道に長く縦隊列を組んでいた幕府軍は、突然の砲声と狂奔する馬のため大混乱となった。不吉な戦闘の開始だった。

狂奔する馬は、言うまでもなく一つの偶然に過ぎなかった。しかし、朝廷軍にはさらに「秘密兵器」があった。敵を「賊軍」に、味方を「官軍」に早変わりさせてしまう錦旗《きんき》、いわゆる「錦《にしき》の御旗」である。去る慶応三年十月十四日、大久保利通と品川弥二郎（長州藩の指導者の一人）は蟄居《ちっきょ》中の岩倉を洛北岩倉村に訪ね、王政復古の戦略を練った。岩倉は「ブレイン」の玉松操の発案による錦旗の意匠を二人に示し、これを多数作るよう依頼した。大久保は京都で大和錦と紅白の緞子《どんす》を購入し、品川がこれを山口へ運び、錦旗に仕立てさせた。錦旗の半分は山口に、あとの半分は京都の薩摩藩邸に保管された。

一月四日、明治天皇は仁和寺宮嘉彰《よしあき》（伏見宮邦家親王の第八王子。のち彰仁と改名）に「錦の御旗」と節刀を賜り、征討大将軍に任じた。これは嘉彰親王に敵対する者は、単なる敵でなく「朝敵」となることを意味した。徳川慶喜は、かねてより戦闘の相手が朝廷でなく薩摩藩であることを主張してきた。しかし、錦旗は天皇の擁護者としての正統な資格を薩摩藩に与えた。あらゆる資料が幕府軍の敗北の一因として、錦旗の絶大なる効果のことを言っている。錦旗は「官軍」としての薩長軍の士気を奮い立たす一方で、「賊軍」として朝敵となることを躊躇《ちゅうちょ》する幕府軍の士気をくじいた。

現代の基準から言えば、嘉彰親王（＊28）は総大将となるには見当違いな人物だった。皇族の一員であるという血統を別にすれば、嘉彰親王はこの地位に値する資格を何一つ持ち合わせていない。嘉彰親王は安政五年（一八五八）、十二歳で仁和寺に入寺得度し、寺にいる間は軍事訓練を受けたことなどなかった模様である。恐らく征討大将軍の地位はあくまで象徴的なもので、実戦そのものの指揮は西郷隆盛のように「軍《いくさ》好き」な参謀の手に委《ゆだ》ねられた（＊29）。或いは、誰が指揮官になろうと大した違いはなかったかもしれない。日本の戦闘は、未だに中世から伝わる一騎討ちの伝統を受け継いでいた。

官軍の勝利が誰の手柄によるものであれ、その勝利は決定的なものだった。幕府軍は戦場から潰走《かいそう》した。敗兵たちは態勢を立て直そうと、当時幕府老中の要職にあった稲葉正邦の淀城に入ろうとした。しかし、城門は目の前で固く閉ざされた。幕府軍の敗兵は驚愕し、狼狽《ろうばい》した。翌日、二度目の裏切りが幕府軍を襲った。山崎は狭隘《きょうあい》な細長い平地で、大坂への関門になっていた。幕命によって山崎を守備していた津藩は一月六日、突如、幕府軍に発砲した。前日、錦旗を掲げた朝廷の勅使が山崎に派遣され、津藩を説得した。津藩は将軍を見捨て、朝廷への帰順を誓ったのだった。

手痛い敗北を味わった日の夕方、慶喜は幕閣重臣と各隊隊長等を大坂城大広間に集め、今後の対策を講じた。将兵の士気高揚のため、慶喜自らの出馬を求める声が大勢を占めた。慶喜は、快くこれを承諾した。大広間は、にわかに活気づいた。その夜、慶喜は密《ひそ》かに大坂城を抜け出した。天保山沖で幕府軍艦開陽丸に乗船のためである。しかし、開陽丸は未だ到着していなかった。慶喜は一時的に米国軍艦イロクォイ号に乗り込み（＊30）、開陽丸の到着を待った。翌七日朝、慶喜は松平容保ほか数人のみを伴い開陽丸に乗船し、八日、江戸へ向けて出帆した。城中に残された幕府軍が慶喜の居ないことに気づいたのは七日朝である。彼らは城を捨て、脱走した。慶喜は後年、次のように述懐している。朝廷に刃向かうつもりなど毛頭なかった、いったん錦旗が登場してからは、もはやこれまでと思い、恭順の意志を固めた、と。

戊辰《ぼしん》戦争は、まだ終わったわけではなかった。官軍の勝利は、西日本と南日本のすべてを支配下に治めたことを意味した。まだ、江戸と北日本が残っていた。しかし京都の新政権は、ひとまず大勝利を収めたのだった。

＊1　「明治天皇紀」第一巻五三二ページ。この企ては、ある程度の成功を収めたようである。朝彦親王は慶応四年（明治元年）八月、徳川家に政権を取り戻す手助けをした嫌疑で、親王の肩書を剝奪《はくだつ》されることになる。（同七九三ページ参照）。

＊2　同右五三一〜五三二ページ。岩倉はこの時、中岡慎太郎を伴っている。

＊3　造営工事は九月二十一日に始まった。「明治天皇紀」第一巻五一六ページ参照。幕府は村高百石につき金三歩の割合で全国に税を課した（同五二八ページ）。

＊4　三年間有効の紙幣は十一月十九日、幕府によって発行された。「明治天皇紀」第一巻五四八ページ参照。本文に引いた案件は、幕府が稟議した八カ条の中の四件である。同五三二〜五三三ページ参照。

＊5　無経験な朝廷についての徳川慶喜の回想は、渋沢栄一編、大久保利謙校訂「昔夢《せきむ》会《かい》筆記――徳川慶喜公回想談」二七一ページ。

＊6　アーネスト・サトウ「一外交官の見た明治維新」（下）八五ページ。サトウがこの印象を記した日付は、一八六七年十二月七日（慶応三年十一月十二日）。訳書の「備前」は「肥前」と訂正した。「列藩会議」とあるのは、諸侯会議のことを指す。

＊7　石井孝「戊辰戦争論」七五〜七六ページ。この所説は、松平乗謨《のりたか》（大給恒《おぎゅうゆずる》）の意見書にある。

＊8　「モナルキ」はmonarchy（君主制）。将軍をヨーロッパの立憲君主制の「君主」に見立てたものと思われる。

＊9　これは石井孝が、特に「戊辰戦争論」で提出している見解である。

＊10　これは佐々木克（「戊辰戦争」一一〜一二ページ）の見解である。同様の見解は、原口清

「戊辰戦争」四五ページに見られる。石井「戊辰戦争論」七九ページ参照。

*11 この容堂の発言は、渋沢栄一「徳川慶喜公伝」第四巻一二七ページ、および「明治天皇紀」第一巻五六一ページの二つの資料から要約した。会議の最も詳細な経緯は、恐らく多田好問編「岩倉公実記」（中）一五七～一六一ページである。石井孝は、原典は明らかにしていないが、容堂が王政復古のやり方の陰険さを非難して「怒号するような大声を出し傍若無人の態度だった」と書いている。石井は、容堂の横柄《おうへい》な態度の一因として「例のごとく酒気をおびていたのである」と書いている。石井「戊辰戦争論」八六～八七ページ参照。

*12 これは恐らく、慶喜の朝廷における位階が一段降格されることを意味し、完全に官位を剝奪《はくだつ》されることを示すものではない。慶喜の朝廷における位階は、左右大臣に次ぐ内大臣だった。納地によって、慶喜の収入四百万石から二百万石が新政府に差し出されるはずだった。しかし慶喜は勅使に対して、幕府の石高は世に四百万石と称されているが、実際は二百万石に過ぎないと答えている。渋沢「徳川慶喜公伝」第四巻一三二ページ参照。大久保利謙「岩倉具視」二〇七ページも参照。

*13 多田編「岩倉公実記」（中）一五九～一六〇ページ。渋沢「徳川慶喜公伝」第四巻一二七～一二八ページも参照。岩倉は熱弁をふるい、徳川家康が天下に施した功徳《くどく》は少なからずとしながら、その後継者たちの罪状の数々を並べ立て、特に嘉永六年（一八五三）の黒船来航以後の幕府の対応を強く非難した。

*14 多田編「岩倉公実記」（中）一六〇ページ。「明治天皇紀」第一巻五六二ページ、佐々木「戊辰戦争」一四ページも参照。渋沢「徳川慶喜公伝」第四巻一二八ページに要約されている大久保

の発言では、慶喜が朝廷の命令に服さなかった場合でも慶喜討伐は要求していない。

＊15　大久保「岩倉具視」二〇八ページ参照。同様の記事が、毛利敏彦「岩倉具視」八三ページ、井上清「西郷隆盛」(下)五二ページ、猪飼隆明「西郷隆盛」二二ページにある。この西郷の言葉は、「明治天皇紀」にも「岩倉公実記」にも出てこない。

＊16　これは石井孝(「戊辰戦争論」八八ページ)の見解である。石井は、「参与という顕職が(後藤の)目の前にちらついていたのではなかろうか」と書いている。後藤は事実、十二月十二日、薩摩、尾張、安芸、越前、土佐の五藩から選ばれた他の十四人と共に参与に任じられた。

＊17　「明治天皇紀」第一巻五六九ページ。サトウは、次のように書いている。「彼はまず自分の政策を説明し、京都から退去した理由について弁明を行ない、列藩会議の決議に従う考えであることを明らかにした。諸公使の発した細かい質問に対しては、外国人は日本国内の問題に心をわずらわす必要はない、政府の形体の定まるまで外国事務の執行は自分の任務であると思う、と答えた」(「一外交官の見た明治維新」(下)一一〇ページ)。

＊18　これは孝明天皇の治世に追放された岩倉、三条実美《さねとみ》その他の公家を指していると思われる。

＊19　「明治天皇紀」第一巻五七一～五七二ページ、多田編「岩倉公実記」(中)一八七～一八八ページの資料を要約した。後者は、慶喜の原文通りとされているが、ここにそのまま引用するには冗長すぎる。

＊20　「戊辰」は、慶応四年＝明治元年(一八六八)の干支にあたる。

＊21　渋沢「徳川慶喜公伝」第四巻一六七～一六八ページ参照。猪飼「西郷隆盛」二五ページは、西郷の密命を受けて江戸の攪乱《かくらん》を行なった首謀者として相楽《さがら》総三を挙げている。「明治天皇紀」

第一巻五八一ページは、西郷と大久保利通に連帯責任があるかのような書きぶりである。一連の事件のすべてが浪人の仕業ではなかった。浪人の名をかたった盗賊が殺傷狼藉《ろうぜき》を働いた例もあった。「明治天皇紀」第一巻五七四ページ参照。

＊22 当時拡《ひろ》がった噂《うわさ》によれば、浪人たちは数カ所に火を放ち、大火の騒ぎに乗じて先代将軍家茂《いえもち》夫人、先々代将軍家定夫人を拉致《らち》して薩摩へ連れ去ろうとしたという。井上「西郷隆盛」（下）六一ページ。家定夫人天璋院《てんしょういん》は、もともと薩摩の出身だった。そのため、天璋院が薩摩藩士と連絡を取り、江戸城二の丸炎上の手引きをしたという噂も流れた。渋沢「徳川慶喜公伝」第四巻一六八〜一六九ページ参照。アーネスト・サトウは同様の噂を聞いている。「薩摩藩士が江戸城の一部に放火して、薩摩から先々代の大君《タイクーン》に嫁《か》した天璋院様を連れ去ろうと企てた。そこで、幕府の方では江戸中の薩摩屋敷を残らず襲って焼き払ったが、屋敷の連中は薩摩の汽船に乗って沖合へ遁走《とんそう》した」（「一外交官の見た明治維新」（下）一一七ページ）。ここに引いた日本語訳では「幕府」と訳されているが、原文でサトウが将軍側を「政府」（the government）と呼んでいるのは注目に値する。

＊23 「明治天皇紀」第一巻五七五ページ。英国人は、これらの制服に感心しなかったようである。サトウは同じ練兵を次のように描写している。「彼らの制服は、縦に赤条《あかすじ》の入った黒いズボン、黒い上衣《コート》といった、ヨーロッパ式を模倣したものだが、長靴をどうにか足につけた者はまだ仕合せの方で、その他の者はみんな草鞋《わらじ》ばきであった。頭には、二条の赤線を横にまいた円錐形《えんすいけい》または皿蓋型《さらぶた》をした一閑張りの帽子をかぶっていた。イギリス式の歩兵教練をやったが、鉄砲の発射を知らせる叫びが奇妙な景物であった」（「一外交官の見た明治維新」（下）五五ページ）。

＊24 幕府勢による薩摩藩邸焼き打ちの報せが、なぜ大坂の幕府の将兵を激怒させたのか私（キーン）にはわからない。しかし、私が調べた限りの文献はすべてこの点で一致している。恐らくその怒りは、藩邸焼き打ちというよりは、一連の薩摩側からの挑発的な事件によって引き起こされたものだろう。

＊25 画策の覚書は八項目から成り、天皇をどこへ移すか、誰が供をするか、誰が京都に残るか等々が記されている。原文は、多田編「岩倉公実記」（中）二三一～二三二ページ参照。

＊26 井上「西郷隆盛」（下）六五ページ。「明治天皇紀」第一巻五八三～五八四ページも参照。飛鳥井雅道「明治大帝」一一七ページは、さらにひねりを加えて、「いよいよ京を落ちる時は表向き『鳳輦《ほうれん》』を比叡山《ひえいざん》に遷幸《せんこう》の形をとって時をかせぎ……」とある。

＊27 例えば平治元年（一一五九）、二条天皇は女装して御所を抜けだし、六波羅の平清盛のもとに難を避けている。出典は「平治物語」。

＊28 サトウ（「一外交官の見た明治維新」（下）一八〇～一八一ページ）は、嘉彰親王の風貌《ふうぼう》について短いが遠慮のない描写を加えている。「この宮（山階宮《やましなのみや》）の邸宅を辞去して外へ出ると、ちょうど仁和寺宮のお通りのため、すぐ路傍に足をとめられた。宮は馬に乗っていたが、太り気味の、色の浅黒い、唇の厚い、まだ若々しい人だった。頭髪はやっとはえかけたばかりだったが、これは最近まで僧籍にあったからである。」訳書は、stoutish を「丈夫そうな」と訳しているが、「太り気味の」と訂正した。

＊29 慶応元年三月三日付の土持政照宛《あて》の書簡で、西郷は自分のことを「御存知の通り軍好き」と述べている。猪飼「西郷隆盛」二八ページ参照。

＊30　慶喜は、暗闇《くらやみ》と高波のため開陽丸と勘違いして米艦に乗船したという説もあるが、慶喜が承知の上で米艦に乗船したことは明らかである。石井「戊辰戦争論」一〇六〜一〇七ページ参照。

第十五章　睦仁輦行《むつひとれんこう》

大坂城が明け渡された一週間後の慶応四年（一八六八）一月十五日、ついに明治天皇の元服の儀が執り行われた。このめでたい行事を祝って大赦が発令され、譴罰《けんばつ》を受けて出仕を禁じられていた公家十九人の参朝が許された。これを機に、六カ国公使に（すでに「第十三章」の最後で触れた）国書が交付された。国書は次のことを告げている。これより以降、天皇は内政外政にわたって最高の権能を行使する、と。

堅苦しく威儀を正した漢文と天皇の新たな権能の強調の裏には、次の意味が隠されていた。現天皇の父孝明天皇は、幕府が列強と調印した条約に厳しく反対していた。しかし、現天皇はこれらの条約が法的に有効であることを認める、と。同時にこれは、諸外国との交際が不可避であることを朝廷が間接的に容認したものであり、それは諸外国と和親を結ぶことが望ましいとする朝廷の認識を示すものでもあった。

国書の翻訳が勅使東久世通禧《ひがしくぜみちとみ》によって各国公使に示された後、「こんどは天皇《ミカド》の使者に質問の矢が放たれたが、東久世は巧みに応答した」（＊1）。その雰囲気は現代の記者会見に驚くほどよく似ていた。フランス公使ロッシュの質問は、ロッシュが依然として将軍に肩入れしていることを示していた。しかし他の公使たちは、国書を自国の政府に報告すると約束した。

同日、国中に次の布告が発令された。世態一変し、先帝多年の憂慮の種だった諸外国との和親（条約）が、このたび朝議で承認された。天下列藩士民に至るまで、叡慮《えいりょ》にかなうべく心力を尽して勉励すべし、と。これは、最近起きた外国人に対する暴行事件の類《たぐい》は一切容赦しない、という朝廷からの警告のように見受けられる。布告はまた、兵備を充実し国威を海外万国に光耀《こうよう》せしめること、これまで幕府が結んだ条約に弊害ある場合は利害得失公議の上で改革あるべきこと、外国交際については国際法に則《のっと》って取り扱うべきこと、等々を謳《うた》っている（＊2）。

幕府軍討伐の戦が、今度は箱根の関所以東で再開されようとしていた。その間隙《かんげき》をぬって、親子《ちかこ》内親王（和宮）の書簡が東海道鎮撫《ちんぶ》総督橋本実梁《さねやな》に送られた（＊3）。徳川家を「朝敵」の汚名から救うよう依頼した嘆願書だった。（すでに見たように）降《こう》嫁《か》の際、和宮は将軍に嫁ぐこと、江戸に住むことを極端に嫌がった。しかし今、和宮は自分を徳川家の人間と見なしていた。和宮は書簡の中で、次のように述べている。慶喜上洛《よしのぶじようらく》の折、不慮の戦争が勃発《ぼつぱつ》し、慶喜は「朝敵之汚名」をこうむり、ひとまず帰府した。これまで重々不行届《ふゆきとどき》の事もあり、慶喜一身はいかように扱われても仕方がない。しかし、と和宮は続ける。徳川家そのものが後世まで「朝敵之汚名」を残すことは、自分にとっては実に残念である。もし自分を憐《あわ》れむ気持があるならば、徳川家の汚名を雪《すす》ぎ、家名の立つよう取り計らってはくれまいか。もし官軍が差し向けられ、徳川家御取りつぶしということになれば、自分としても急ぎ覚悟を決める所存である。自分の一命は少しも惜しくはない。ただ、朝敵と共に身命を捨てることは朝廷に対し恐れ多く、誠に心痛の至りである、と。親子内親王は朝廷に哀願し、自分の訴えが聞き届けられることを祈った。

親子内親王の嘆願が、まったく無視されるということはあり得なかった。しかし見たところ、京都の首脳部には大した効果を及ぼさなかったようである。大名諸侯の中には、慶喜が謝罪の実を示すことで徳川の社稷《しやしよく》を存続させることを立言する者もあった。岩倉具視《ともみ》もまた同じ意見だった。無用の戦乱を避けるため、岩倉は松平慶永《よしなが》を動かし、慶喜に謝罪を急がせようと謀《はか》った。しかし慶永から入手した慶喜の書簡に誠意が欠けていることを見てとった岩倉は、征討軍進発やむを得ず、との考えに傾いた。この時すでに、薩長《さっちょう》の軍勢は海陸から江戸城に迫りつつあった。

慶喜自身は官軍への降伏か、徹底抗戦かで揺れ動いていた。一月十五日、慶喜は英国公使パークスに書簡を送り、徳川政権が未《いま》だに外交を掌握していることを告げた。さらに、もしパークスが朝廷政府の代表と接触するようなことがあれば条約違反になると言明した。しかし同日、慶喜は朝廷に対して恭順の意があることを示唆《しさ》するかのように、側近の中で最も強硬な抗戦派である小栗忠順《おぐりただまさ》を罷免《ひめん》した。一月十七日、慶喜は朝廷政府の中で慶喜に最も好意を寄せる松平慶永と山内容堂に書簡を送り、次のように主張した。鳥羽《とば》伏見の戦は自分の知らぬ内に起こったことである。追討令を受けるのは心外である、と。慶喜は、慶永と容堂に朝廷への斡旋《あっせん》を依頼している。

一月十九日、慶喜は都合三回行われた江戸城でのロッシュとの第一回目の会見に臨んだ。フランス公使ロッシュは、未だに徳川政権を強く支持していた。鳥羽伏見での敗退にも拘《かか》わらず、ロッシュは幕府軍の最後の勝利を確信していた。慶喜はロッシュに、次のように言った。自分は徳川家伝来の領地を全力を尽くして守る。天皇は今や監禁同様の身で、自由意志で行動することが出来ない。いわゆる朝廷政府と言っても、実は薩長二藩の手の内にある、と。二回目の会見で慶喜は、隠居の意志を明らかにし、後継者に紀州藩主徳川茂承《もちつぐ》を推した。一月二十一日、慶喜は再び慶永と容堂に書簡を送り、（すでにロッシュに言ったように）自分が隠居するつもりであること、その理由として朝敵の汚名を着せられたこと、病身であることを告げた。慶喜は二人に、朝敵の汚名を雪《そそ》いでくれるよう取りなしを頼んだ。

一月二十七日、慶喜はロッシュとの最後の会見に臨んだ。慶喜は自分の立場を明らかにした声明書をロッシュに手渡し、その中で大政奉還以来の自分の行動について弁明した。列強政府と結んだ条約を遵守《じゅんしゅ》するばかりでなく、進んでそれを改善する意向を持っていると主張し、条約改定が諸外国に有利なものとなることを暗に匂《にお》わした。慶喜には、キリスト教導入を公認する意向さえあったのではないかと思われる。しかし忍耐にも限度がある、と慶喜は諸外国の理解に訴えた。これは或《ある》いは、間接的に次のことが言いたかったのかもしれない。自分は多くの案件について妥協する用意がある、しかし、徳川の領土への侵犯は許さない、と（＊4）。慶喜の声明書にロッシュはさほど驚いた様子を見せなかったし、またそのはずもなかった。声明書の原案を作ったのは、ほかならぬロッシュだった。

列強の外交官の中でただ一人ロッシュだけが、大君の下での安定した政府こそ西洋との貿易にとって多大な可能性を提供するという誤った判断に囚《とら》われていた。最終的に日本を統一する中央政府となるのは京都の天皇政府である、と逸早《いちはや》く気づいたのはパークスだった。パークスは慶喜を、今や一藩の封建領主でしかない落伍者《らくごしゃ》と見なしていた。二月十二日、慶喜は江戸城を出て、上野寛永寺内の大慈院に蟄居《ちっきょ》し、もっぱら恭順謹慎の意を表することを誓った。慶喜は言う。自分は天皇の「逆鱗《げきりん》に触れ」た責任を一身に負って、「天誅《てんちゅう》」を受ける覚悟である、と。慶喜が唯一《ゆいいつ》請願したのは、入道公現《こうげん》親王が上京し、慶喜救済のため朝廷への弁明に力を尽くすことだった。これまで公現親王は皇族に属する人物であるということを除いては、ほとんど無名に等しい存在だった。しかし、遠からず明治天皇の玉座をめぐる好敵手として登場することになる（＊5）。

取るべき適切な身の処し方に慶喜が揺れ動いていた時期、京都の政府内では将来の首都の所在地をめぐって別の葛藤《かっとう》が展開していた。大久保利通が、大坂遷都《せんと》を建言したのである。遷都、つまり都を他の地に移すということは、京都の公家階級と密接に結びついた旧体制の弊習が新しい文明開化の政治実現のために斥《しりぞ》けられた、ということを意味する。大久保は言う。「大坂の地は外国交際の道、富国強兵の術を講じ、海陸軍を起すに最も適せり」と。中でも重要なのは、天皇を御所から移すことによって、天下万民と隔絶していた長年の弊習が破られることだった。「諸外国に於《おい》ては帝王唯《ただ》一二の従者を随《したが》へて国中を行歩すと云《い》ふ、万民を愛撫《あいぶ》するは君道の第一義なり」と大久保は言う。新しい都で天皇もまた諸外国の君主のように、わずかな供だけをつれ、天下万民と交わることが出来る、と。

大久保の建言は一月二十三日、朝議にかけられた。天皇の祖父にあたる議定中山忠《ただ》能《やす》を始めとする公家たちは真っ向から反対を唱え、これを薩長両藩の私権を拡《ひろ》げるための陰謀と決めつけた。公家たちの反発には、さらに重要な理由が秘められていた。疑いもなくそれは、彼らの生活のすべてと言っていい「京都の地に恋著する情」だった。

大久保の遷都計画は、その場で直ちに承認を得られたわけではなかった。しかし同時に出された大久保の熱心な嘆願は、注目を集めずにはおかなかった。天皇が御所の禁域から出て、関東へ派遣される討伐軍の指揮をとる、いわゆる天皇親征のことである。二月三日、明治天皇は幼少の時以来初めて御所を出て、京都の将軍宿所として幕府の象徴だった二条城に行幸《じょうこう》した(＊6)。天皇は剣璽《けんじ》を奉じ、紫宸殿《ししんでん》から葱華輦《そうかれん》(天皇が行幸の際に使われる乗輿で、鳳輦《ほうれん》の略式にあたる)に乗った。二条城に到着した天皇は、そのまま二の丸奥書院に入った。ここで総裁熾仁《たるひと》親王以下が、天皇に伺候《しこう》した。次いで、天皇は本丸白書院に入った。上段簾中《れんちゅう》に臨御し、総裁、議定、上参与が中段に、下参与等は廂《ひさし》に座を占めた。ここで賊徒親征、ならびに大総督設置の件について朝議が行われた。朝議終了時、天皇は総裁を簾中に召して、大略次のような親征の令を下した。

このたび、慶喜以下賊徒等は江戸城へ逃れ、ますます暴逆をほしいままにしている。四海鼎沸《ていふつ》し、万民塗炭に苦しむさまは見るに忍び難い。よって天皇は、叡断をもって親征を決意した。ついては、適切な人選によって大総督を置くことにする。畿内、七道の大小藩は各々《おのおの》軍旅の用意にとりかかるように。数日内に軍議を決定する。御沙汰《さた》のあり次第、各部隊は命を奉じて直ちに馳《は》せ参じよ。諸軍とも力を合わせて勉励し、忠戦を尽くすべし、と。

熾仁親王が二月九日、東征大総督に任命された。錦旗《きんき》が授けられ、津和野藩の藩兵二小隊がその守護にあたった。熾仁親王は徳川慶喜と姻戚《いんせき》関係にあった。そのため、特に自ら望んで東征大総督の地位に就いた。二月十五日、東征出発に先立って熾仁親王は、明治天皇に暇乞《いとまご》いのため参謀、錦旗奉行を従えて参内した。速やかに敵を「掃《そう》攘《じょう》」せよ、との勅命が一同に下された。

陸軍諸法度《はっと》が、すでに熾仁親王によって発令されていた。その条項から、次に幾つか例を挙げておく。例えば「軍中に於て上下貴賤《きせん》寝食労逸を同じくすべき事」、労逸を同じくするとは「苦楽」を共にすることである。また、「猥《みだ》りに神社仏閣を毀《こぼ》ち、民家に放火し、家財を掠奪《りゃくだつ》する等は勿論《もちろん》、強買等は堅く之《こ》れを禁ず」とある。

外国人に対する処置については、特に次の条項があった。「外国人の暴挙無礼等の行為に遭遇する者は之れを捕へて中軍（先鋒《せんぽう》隊等に対して本隊のこと）に上申すべし、曲直を検し、其《そ》の国の公使に糺問《きゅうもん》して至当の処置あるべし、故《ゆえ》なくして放砲斬殺《ざんさつ》等の事あるべからず、但《ただ》し猥りに外国人の居住に侵入すべからず」と。

これらの条項の内容は、明らかに次のことを海外諸国に納得させるに十分だった。すなわち、官軍は国際的に認められた戦争規約に従って行動する正規の軍隊であり、断じて進軍中に殺戮《さつりく》略奪をほしいままにするがごとき無頼漢の集団ではない、と。

諸外国との関係改善を望む朝廷側の意図は、外国公使に天皇謁見《えつけん》を許可した決断にも歴然と表われていた。これに対して、特に宮中奥向きを司《つかさど》る「後宮」から強い反発があった。松平慶永と岩倉具視は天皇の御前に伺候し、君主が他国の公使を引見することは万国の通義である、と説いた。後刻、天皇は中山忠能を召して、外国公使引見の手筈《てはず》を整えるよう命じた。

二月十七日、次の布告が発令された。万国の通義に従い、天皇は外国公使に謁見を賜る。なお、天皇の決断が異例にも緊急に布告されたについては、討伐軍親征の出発の日が差し迫っているからである、と。明治天皇が自ら進んで外国公使に会おうとしたことは、父孝明天皇の特徴ともいうべき外国人嫌悪《けんお》の悪風に明治天皇が染まっていなかったことを示している。

天皇の布告には、外国公使引見の決定を正当化するための三職（＊7）の副書が添えられた。そこには、外国使節と接見した古代の天皇の例が引かれていた。歴史的信《しん》憑性《ぴょうせい》が薄弱であるにも拘らず、こうした過去の例が引かれたのは、日本の宮廷に常に先例を重んじるという慣習があったからである。副書は、過去に天皇が外国の使節と会った例として中国と朝鮮を挙げ、これが近隣諸国だけに限られていたのは日本の航海術がまだ未熟であったからだとしている。しかし、と副書は続く。今や日本は、全世界を相手に和親を結ぶに到《いた》った。万国共通の公法を遵守しなければ、日本は海外諸国に対して信義を欠くことになる。国際的な利害関係から見て、妥協は必要である、と。

諸外国との関係改善の第一歩として、外国人の入京が許可された。アーネスト・サトウは古都の景観を上機嫌で語り、外国公使の居館の所在地は江戸より（寒暑が厳しいにも拘らず）京都の方が望ましいと書いている。理由は、「この国の政治は将来京都で行なわれることが当然考えられたからである」と。

この重大な転機に、堺《さかい》で排外的性格を帯びた由々しき事件が起きた。軍艦デュプレクス号の乗組員のフランス人水兵十一名が、土佐藩の藩兵に斬殺された。日本側の資料によれば、これら水兵（と六人の仲間）は堺の町を徘徊《はいかい》して暴行を働き、市中警護にあたっていた土佐藩の藩兵がこれを襲撃した。同じ事件を伝えるサトウの記述は、まったく異なっていた。「これらの日本人は、少しも害意のない非武装のボート乗組員を虐殺《ぎゃくさつ》したのである」と。フランス公使レオン・ロッシュは、直ちに外国事務局輔伊達《だて》宗城《むねなり》に書を送り、次のような処分を要求した。事件の責任を負う土佐藩兵を斬首にすること、被害者となった水兵の遺族に金十五万ドルを支払うこと、外国事務局長官である山階宮《やましなのみや》が来船の上謝罪すること、土佐藩主も同様に謝罪すること、今後は兵器を帯びた土佐藩人の開港地への出入りを禁ずること、等々。日本側は、ロッシュの要求をすべて受け入れた。

土佐藩兵二十人が、フランス人水兵殺害の罪で切腹を命じられた。十一人までが切腹した時、その壮烈な光景を臨検していたフランス軍艦艦長が片手を上げ、処刑を中止させた。ロッシュは、残り九人の助命を請願した。サトウは、処刑の執行中止を惜しんで次のように書いている。「艦長のデュ・プティ・トゥアールが執行中止の必要があると判決したのは、実に遺憾であった。なぜなら、二十人はみな同罪であるから、殺されたフランス人が十一人だからとて、これと一対一の生命を要求するのは、正義よりもむしろ復讐《ふくしゅう》を好むもののように受取られるからである」と（＊8）。

サトウは以前、切腹を命じられた備前藩藩士の刑に立ち会ったことがあった（＊9）。その威厳ある刑罰の作法に、サトウは感銘を受けた。サトウは、十一人の男たちが腹部を切り開き、首を切られたことをおぞましいことだとは思わなかったようである。恐らく当時、公衆の面前での処刑はヨーロッパでは通常のことであり、しかもそこには祭りの気分さえただよっていた。サトウは書いている。「腹切《ハラキリ》がいやな見世物だという理由で、それに臨席したのは恥だというのだが、私はむしろ自分が全力をつくして実行させたこの刑罰の立会いに尻《しり》ごみしなかったことを、かえって誇りに思っている。腹切はいやな見世物ではなく、きわめて上品な礼儀正しい一つの儀式で、イギリス人がよくニューゲート監獄の前で公衆の娯楽のために催すものよりも、はるかに厳粛なものだ」と。

二月三十日、フランス公使ロッシュ、オランダ代理公使ファン・ポルスブロックが参内し、明治天皇に謁見した（＊10）。未《ひつじ》の刻（午後二時前後）、天皇は引直衣《ひきのうし》を着け、剣璽を奉じて紫宸殿に出御し、御帳台《みちょうだい》に着御した。副総裁三条実美《さねとみ》と輔弼《ほひつ》中山忠能は帳内に侍立した。外国事務局督晃《あきら》親王（＊11）と副総裁岩倉具視は帳前に立ち、三職以下は御帳台の左右に並んだ。外国事務局輔東久世通禧に導かれ、フランス公使は天皇の御前に進み、拝礼した。天皇は、ロッシュに次の勅を賜った。

「貴国帝王安全ナルヤ朕之《ちんこれ》ヲ喜悦ス、自今《じこん》両国之交際益《ますます》親睦《しんぼく》永久不変ヲ希望ス」、
貴国の皇帝が健在であることは朕の喜びである、今後の両国の関係が、さらに親睦を加え、永久不変のものとなることを朕は願う、と。

　ロッシュの奉答はかなり長く、最後にナポレオン三世の代理として天皇ならびに日本国の繁栄と神の守護を祈っている。奉答が終わると、フランス公使は退出した。オランダ公使が御前に導かれ、天皇から同様の言葉を賜った。この後、公使二人は茶菓を賜った。この直後に、英国公使が謁見を賜ることになっていた。英国公使パークスは、すでに宿舎の知恩院を出発していた。英国人と日本人の護衛兵に前後を守られ、騎馬で御所へ向かう途中だった。日本人の護衛の中には中井弘、後藤象二郎がいた。行列が新門前通縄手《なわて》の街角にさしかかった時だった。

「往来の向こう側から二人の男がおどり出し、抜刀を振りかぶりながら人馬目がけて襲いかかった。そして、列にそって走りながら、狂気のように斬《き》りまくった。中井は

それを見るや馬から飛びおり、列の右手の男と渡り合ったが、相手は相当手ごわく、斬り合ううちに長い、だぶだぶした袴《はかま》が足にからんで仰向きに倒れた。敵は中井の首をたたき斬ろうとしたが、中井はわずかに頭皮にかすり傷を受けただけで、危うく太刀さきをかわし、同時に刀の切先を相手の胸に突きさした。これにひるんだその男が背中を向けたとき、後藤が肩に一太刀あびせたので、そのまま地上にぶっ倒れた。そこへ中井が飛び起きてきて、首を打ち落した」（＊12）

もう一人の襲撃者は護衛の英国人たちに次々と斬りつけた後、サトウを襲った。馬が軽い傷を受けた。危うく難を免れたサトウは、公使を守ろうと行列の先頭へ馬を走らせた。サトウは、そこに「特命全権公使の燦然《さんぜん》たる正装をしたハリー・パークス卿《きょう》が、馬上の警視ピーコックをそばに従えながら、馬上悠々十字路のまん中にいる」のを見た。二人目の襲撃者は、ほどなく捕まった。「私たちは三条の家臣の助けをかりて、この男を取り調べた。彼は大いに悔悟の情を示し、自分の首を斬って、罪を日本国民に知らせるため公衆の面前にさらしてくれと言った」とサトウは書いている（＊13）。襲撃には共犯者はいない、と男は言い張った（しかし、共犯の容疑者三人が終身追放を宣告されている）。市中では襲撃者に同情する声が多かった。外国人が御所に出入りすることは神州を衰微させ、のみならず天顔を拝するごときは天威を冒瀆《ぼうとく》するものと信じられたからである。

パークス襲撃の報《しら》せを受けた天皇は、深い憂慮の念を示した。直ちに晃親王以下政府の高官をパークスのもとへ慰問に走らせた。パークスは次のように応《こた》えた。「自分に対してより、むしろ天皇《ミカド》に対して重大な暴行を働いたものと解し、政府は君主の名誉を守る方法を当然心得ているはずである」と。パークスの護衛の多くが重傷を負ったため、その日の謁見は不可能となった。英国人たちの宿舎となっていた知恩院は、「一変して病院となった。負傷兵たちは息が絶えそうなほど血を流しながら、外科医の手当てを順番に待って、辛抱強く廊下で横になっていた。外科医たちは、シャツ一枚になって、それぞれが倍の働きをしているかのように、素早く、そして手際《てぎわ》よく手当てをしていた。シャツやシーツを切り裂いて包帯をつくり、血に染まったバケツの水をあけて、再び一杯にした。触れるものすべてが胸が悪くなるくらい、血だらけに濡《ぬ》れていた。本当に悪夢のようだった。間もなく中井が殺した男の首が運び込まれたが、それは恐ろしい見ものだった」。

延期されたパークスと下級通訳A・B・ミットフォードの謁見は、三月三日に行われた(＊14)。ミットフォードによれば、「我々自身の家来たちは、哀れにも減ってしまった。騎馬の護衛は二人だけで、剣を抜いてパークス公使の両側を守った」。英国公使の一行は、御所に到着して驚いた。天皇の御所は、防備一つ施されていなかった。ただ白塗りの壁で囲まれているだけだった。「粋を凝らした簡素な造りであるにもかかわらず、御所は、それ自体が持つある威厳を備えていた」と、ミットフォードは感嘆の言葉を書きつけている（＊15）。

パークスとミットフォードは謁見の間に案内された。目の前に、明治天皇がいた。二人は恐らく、日本の天皇を間近で見た最初の外国人だった。「中央に黒い漆塗りの細い柱で支えられた天蓋《てんがい》があり、それは襞《ひだ》のついた白い絹で覆《おお》われ、その中に黒と赤の模様が織り込んであった。……天蓋の下には若い天皇《みかど》が高い椅子《いす》に座るというより、むしろ凭《もた》れていた。天皇の後ろには二人の親王がひざまずいて、もし必要があれば陛下のお務めを補佐しようと控えていた……」とミットフォードは記し、次のように続けた。

「我々が部屋に入ると、天子は立ち上がって、我々の敬礼に対して礼を返された。彼は当時、輝く目と明るい顔色をした背の高い若者であった。彼の動作には非常に威厳があり、世界中のどの王国よりも何世紀も古い王家の世継ぎにふさわしいものであった。彼は白い上衣を着て、詰め物をした長い袴は真紅で婦人の宮廷服の裳裾《もすそ》のように裾を引いていた。被《かぶ》りものは廷臣と同じ烏帽子《えぼし》だったが、その上に、黒い紗《しゃ》で作ったた細長く平らな固い羽根飾りをつけるのがきまりだった。私は、それを他に適当な言葉がないので羽根飾りと言ったが、実際には羽根のような物ではなかった。眉《まゆ》は剃《そ》られて額の上により高く描かれていた。頬には紅をさし、唇は赤と金に塗られ、歯はお歯黒で染められていた。このように、本来の姿を戯画化した状態で、なお威厳を保つのは並大抵のわざではないが、それでもなお、高貴の血筋（＊16）を引いていることがありありとうかがわれていた。付け加えておくと、間もなく若い帝王は、これらの陳腐な風習や古い時代の束縛を、その他の時代遅れのもろもろと一緒に、全部追放したということである」（＊17）

英国公使に賜った天皇の勅は、フランス、オランダ公使の時とほとんど変わらなかった。しかし天皇は加えて、三日前、英国公使一行が御所に向かう途中で起きた「不慮之儀」（不慮の事件）に対し遺憾の意を表した。パークスは、慇懃《いんぎん》に次のように応えた。天皇の仁慈深い御言葉を拝し、「過日の不幸は悉く《ことごと》忘却《ぼうきゃく》せり」と。後にミットフォードは、次のように書いている。明治天皇は「まだ極めて年若なうえに、女官たちのいる大奥から離れて新しい地位に就いたばかりだということから予想されたように」、少しはにかんでいるように見えた、と。「彼の声は囁《ささや》き声に近かったので、右側にいた親王が、それを声高に繰り返すと、伊藤俊輔が通訳した」（＊18）。

パークスとミットフォードが天皇に謁見した三日後の三月六日、江戸に迫りつつある官軍と近藤勇率いる二百人余の新撰組が勝沼で衝突した（＊19）。東征軍と幕府軍との最初の交戦だった。板垣退助率いる官軍が勝利を収めた。江戸へ向かう官軍の行進で或いは最も忘れがたい印象を残したのは、行進中に歌われた歌であったかもしれない。長州藩士品川弥二郎が鳥羽伏見の戦闘中に作った俗謡「トコトンヤレ」節である。近世軍歌の草分けとも言うべきこの歌は、日本のみならず遠く英国にまで伝わった。その歌詞の一部は独特な節回しとともに、一八八五年（明治十八年）に作曲されたオペレッタ「ミカド」に取り入れられた。

宮サマ、宮サマ、オ馬ノ前ノ、ピラピラスルノハ何ジャイナ、
トコトンヤレトンヤレナ、
アリャ朝敵征伐セヨトノ錦ノ御旗ジャ知ラナンカ、
トコトンヤレトンヤレナ（＊20）。

＊1　アーネスト・サトウ「一外交官の見た明治維新」（下）一三八ページ。

＊2　原文は「明治天皇紀」第一巻五九六ページ。また、石井孝「戊辰戦争論」一一四ページ参照。サトウは次のように述べている。「岩下、伊藤、寺島などが外国事務取調係として署名した布告文が、兵庫の町々に張り出された。これは、天皇《ミカド》が条約遵守《じゅんしゅ》を誓う旨《むね》を広く人民に告知して、外国人に対し不穏な態度をとるまじき旨を命じたものであった」（「一外交官の見た明治維新」（下）一四〇ページ）。ここでサトウが言及しているのは、或いは各国公使に十六日に送付された別の文書のことかもしれない。

＊3　「明治天皇紀」第一巻六〇〇〜六〇一ページ。この書簡を受取るべき相手の橋本実梁は、すでに東に向かっていた。親子内親王の使者は、桑名で実梁に会った。橋本は書簡に接して大いに感動し、これを再び使者に託して京都の参与万里小路《までのこうじ》博房に見せ、朝議で検討するよう頼んだ。

＊4　これは、石井（「戊辰戦争論」一一三ページ）の解釈である。

＊5　「明治天皇紀」第一巻六一八ページ。公現という名は、伏見宮邦家親王の第九子の法諱《ほうき》である。この時期、一般には能久《よしひさ》親王、輪王寺宮《りんのうじのみや》として知られていた。のちに、北白川宮の名で知られるようになる。

＊6　「明治天皇紀」第一巻六一一ページ。これより以前、唯一《ゆいいつ》御所を離れたのは嘉永七年（一八五四）の内裏全焼の大火の時だけである。

＊7　朝廷政府の三つの最高政治機関で、総裁、議定、参与の総称。慶応三年（一八六七）十二月九日に設置され、慶応四年（一八六八）閏《うるう》四月に廃止された。

＊8　サトウ「一外交官の見た明治維新」（下）一六六ページ。サトウの同僚A・B・ミットフォードは、また別の見解を述べている。ミットフォードは、「恐ろしい処刑の立会人」となったデ

ュ・プチ・トゥアール艦長から次の話を聞いた。「最初の罪人は力いっぱい短剣で腹を突き刺したので、はらわたがはみ出した。彼はそれを手につかんで掲げ、神の国の聖なる土地を汚した忌《い》むべき外国人に対する憎悪《ぞうお》と復讐《ふくしゅう》の歌を歌い始め、その恐ろしい歌は彼が死ぬまで続いた」（A・B・ミットフォード、長岡祥三訳「英国外交官の見た幕末維新」一一一ページ）。ミットフォードが聞いたところによれば、このようにして十一人の男が切腹して果てた後、「フランス人たちは耐え切れなくなって、デュ・プチ・トゥアール艦長が残り九名を助命するように頼んだ」。

＊**9**　サトウは、滝善三郎指揮下の備前藩士が外国人に発砲し、アメリカ人水兵一人が射殺された神戸での事件について書いている（「一外交官の見た明治維新」（下）一三〇～一三二、一六三～一六五ページ）。滝は、その責めを負って切腹させられた。

＊**10**　ロッシュは日本駐在公使としては古株だった。ファン・ポルスブロックは階級は低かったがパークスより先に謁見している。日本とオランダの積年の友好関係が考慮されたのかもしれない。

＊**11**　山階宮（一八一六－九八）としても知られる。伏見宮の第一王子。八歳（一八二四）で得度したが、還俗《げんぞく》して王政復古に尽くした。ミットフォードは天皇に謁見する少し前に山階宮に会った時の印象を、次のように書いている。「山階宮は紫色の古代の宮廷装束をつけて、皺《しわ》になった黒い紙でできた奇妙な形の烏帽子《えぼし》を被《かぶ》っていた。彼は歯をお歯黒で染めていたが、それは二、三日ごとに塗り替えなければならないのに、たまたまその時は、その中途であったと見えて、見栄《みば》えがよくなかった。数日後、彼に会った時には、歯は新しく塗り上げられて、まるでエナメル革のように輝いていた」（ミットフォード「英国外交官の見た幕末維新」一一三ページ）

＊**12**　サトウ「一外交官の見た明治維新」（下）一八三ページ。英国公使一行の襲撃に関しては、

リーズデイル卿（A・B・ミットフォード）も記録を残している。特に、次の一節は忘れがたい。

「ピストルの発射音や刀の触れ合う音とともに、『襲われたぞ！』『殺せ！』『撃て！』という叫びが聞こえた。私は、かつてなかったほど大急ぎで、駕籠《かご》から飛び出して前方に駆《か》け出した。通りには血だまりが幾つかできていた。人殺しが私に向かって来るのが目に入ったが、すでに彼は傷ついていたものの、深手は負っておらず、戦意は十分だった。手にした刀から血が滴《したた》り落ち、顔からも血が流れていた。私は日本の剣術のことをよく知っており、その太刀捌《さば》きを避けようとしてもむだなことが分かっていた。そこで、彼の構えの下をくぐって、腕をねじあげて、血の滴る刀を取り上げた。そして第九連隊の兵士に彼を引き渡したのだが、彼は押さえの手を振り切って、素早く路地に駆け込んで中庭のほうへ逃げてしまった。私はパークス公使が無事かどうか確かめるために駆けて行った。公使は泰然として馬にまたがったままサトウと一緒にいたので、大いに安心した。サトウも馬は血を流していたが、自身は幸い無傷であった。彼らと一緒に歩いて来て何かにつまずいたので、見ると、それは男の首であった」（ミットフォード「英国外交官の見た幕末維新」一一六〜一一七ページ）。

九月一日、英国女王は英国公使の危難を救った感謝のしるしとして、後藤と中井に各々《おのおの》剣一口を贈っている。

＊13　サトウ「一外交官の見た明治維新」（下）一八五ページ。この三枝蓊《さえぐさしげる》という勤王僧の処刑二時間前に撮影した写真がある。三枝は、後悔している様子などみじんもない顔つきでカメラを睨《にら》みつけている。ミットフォードは三枝が捕まった後、この自分を殺そうとした男と話を交わし、三枝が出来るだけ早く自分の首を撥《は》ねてくれ、としきりに訴えたことを記している（ミットフォ

ード「英国外交官の見た幕末維新」一二〇ページ）。共犯者の林田貞堅《さだかた》の斬られた首の写真が、「甦《よみがえ》る幕末」（ライデン大学写真コレクション）一八八ページに三枝の写真と一緒に掲載されている。三月四日、三枝と林田は晒《さら》し首となり、他に共犯者と目された三人は隠岐《おき》へ流された。三日後、外国人に対する暴行を戒める布告が発令された。布告は言う。外国人に対する暴行為は朝旨にそむくばかりか、皇威に傷をつけ、ひいては国際間の紛議を招くことになる、と（ミットフォード「英国外交官の見た幕末維新」一二三〜一二四ページ、また「明治天皇紀」第一巻六三九ページ参照）。

＊**14**　サトウは、謁見を許されなかった。理由はミットフォードが説明しているように、「その時まで英国の宮廷で謁見の経験がなかったので、礼法に従って、外国の元首の謁見を受けることができなかった」からである（ミットフォード「英国外交官の見た幕末維新」一二七ページ）。

＊**15**　ミットフォード「英国外交官の見た幕末維新」一二五ページ。なお、原文にある"studied"が訳書では「不自然なほど」となっているが、これを「粋を凝らした」と訂正し、前後を訳語に合わせて一部書き替えた。

＊**16**　原文に使われている"sangre azul"はスペイン語で、英語の"blue blood"（貴族の血統）にあたる。

＊**17**　ミットフォード「英国外交官の見た幕末維新」一二七〜一二九ページ。なお、"two Princes of the Blood"が二人の「皇族」となっていたのを「親王」と訂正した。

＊**18**　同右一三〇ページ。伊藤俊輔は勿論《もちろん》、伊藤博文のこと。伊藤は文久三年（一八六三）に英国に留学し、英語に堪能《たんのう》だった。

＊19　新撰組は腕利《うでき》きの浪士ばかりを集めた武装集団で、文久三年、京都の攘夷《じょうい》運動を鎮圧する目的で幕府が編成した警備隊。元治元年（一八六四）、池田屋で謀議中の尊攘派浪士を襲撃、壊滅させている。鳥羽伏見での敗退後もなお、先の将軍のために勇猛果敢に戦い続けた。官軍との遭遇戦では敗北を重ねたが、一種独特の魅力を発散していたことから、新撰組については数多くの本が書かれている。その魅力の原因が、滅びゆく者に対して貫き通した忠義にあることは、ほぼ間違いない。

＊20　石井「戊辰戦争論」一二六〜一二七ページ。この資料では、ギルバートとサリヴァンのオペレッタの一節で歌われている「宮サマ、宮サマ」が、「宮さん、宮さん」となっている。

第十六章　初めての凱旋《がいせん》

若き天皇が最初に手がけた歴史的に重要な意味を持つ仕事は、疑いもなく慶応四年（一八六八）三月十四日の国是五箇条御誓文の発布だった。

天皇が公家諸侯以下百官を率い、自ら天神地祇《てんじんちぎ》（天《あま》つ神と国つ神）の前に五箇条の誓いを立てるに先立って、前日、次のような布告があった。長年にわたり武門の手で中断を余儀なくさせられてきた神道諸祭の典儀を、ここに復活する、と。布告にはっきりと打ち出された意図は、上代の「祭政一致の制」を蘇《よみがえ》らせることにあった（＊1）。

この復古計画の中心に据えられたのは、神祇官《じんぎかん》の再興だった。神祇官は神々の祭祀《さいし》を司《つかさど》る官庁として八世紀初頭に設置されたが、ここ何世紀にもわたって名ばかりの存在と化していた。しかし今、神主、禰宜《ねぎ》を始めとする全国の神官、また朝廷ならびに神社における神道諸祭の典儀が、すべて神祇官の監督下に置かれることになった。神官たちは、長い間代理の者に委《ゆだ》ねてきた本来の国務に復帰することになった。神官の職務の新たなる重視と、神仏分離を強調する姿勢は四日後、より一層明らかになった。僧形で神社に仕えていた神官は僧位、僧官を返上し、僧衣、剃髪《ていはつ》を廃して還俗《げんぞく》するよう命令が下された（＊2）。

千年以上にわたって日本人の多くは、神道と仏教という本質的に矛盾を抱える二つの宗教を同時に信仰してきた。例えば、神道によれば現世は快適で喜びの湧《わ》き出《い》ずる世界であり、死後の黄泉《よみ》の国は不潔と腐敗の支配する世界である。逆に、仏典によれば現世である娑婆《しゃば》は試練と受難の世界であり、娑婆での行い如何《いかん》によって死後に極楽浄土の世界に行くことが出来た。二つの宗教のこのような根本的な相違は、一般に宗教を論ずる日本人にとっては無きに等しいものと見なされた（＊3）。代わりに広く受け入れられたのが、本地垂迹説《ほんじすいじゃく》だった。日本の神々は本来、仏や菩薩《ぼさつ》が衆生救済のため仮の姿をとって現われた化身である、とする説（＊4）である（例えば、神道の八幡神は菩薩の称号を受け、「八幡大菩薩」（＊5）の名で崇拝された）。神武天皇の時代の「祭政一致の制」に復帰するとの宣言に伴い、今や外国渡来の宗教である仏教は拒否され、迫害されるまでになった（＊6）。

仏教が神道より遥《はる》かに重要な役割を演じ、天皇が軌を一にして仏門に入り、「院」の称号で知られた時代は長く続いた。しかし、そういう時代にあってさえ神道が皇族によって無視されたことは一度もなかった。天皇が行なう最も重要な儀式は神道の儀式であり、新年は常に「四方拝」で始まった。元旦寅《がんたんとら》の刻（午前四時前後）、天皇は属星《ぞくしょう》（自分の運命を支配する星）と天地四方の神々、父母の山陵に向かって遥拝《ようはい》し、五穀の豊穣《ほうじょう》、宝祚《ほうそ》（天子の位）の長久、国家国民の安寧を祈った。いわばこれは此《こ》の世での恩恵を祈願したもので、神道の現世的な世界観に則《のっと》ったものである。しかし、「属星」という用語からも明らかなように、神道の儀式は道教から多大な影響を受けていた。朝廷が常に頼りにしたのは運勢の吉凶を占う陰陽師《おんようじ》であり、御所における重要な行事は陰陽師の指示なくしては何も動かなかった。

明治という時代が始まった頃の日本人の宗教的生活には神道、仏教、道教その他の信仰が入り交じり、中には迷信と呼ぶに相応《ふさわ》しいものまで入っていた。神道を特別視し、中でも神祇官を重視する政府の決定は、勿論《もちろん》、強化された天皇の地位と密接に結びついていた。神道の信仰によれば、天皇は世界の頂点に立つ存在だった。

天皇の五箇条御誓文の発布に伴う儀式は、完全に神道に則ったものだった。その日、儀式は紫宸殿《ししんでん》で始まった。参列した公家諸侯以下百官はことごとく衣冠を着け、その色とりどりの正装姿は目もくらむばかりの光景であったに違いない。儀式そのものは、まず清めの塩水、散米の儀式から始まった。次いで、神祇事務局督白川資訓《すけのり》が降神の神歌を奏した。神々に供物《くもつ》を捧《ささ》げる献饌《けんせん》の後、天皇は引直衣《ひきのうし》を着け、副総裁二人（三条実美《さねとみ》、岩倉具視《ともみ》）、輔弼《ほひつ》二人（中山忠能《ただやす》、正親町三条実愛《おおぎまちさんじょうさねなる》）等を従えて出御し、玉座に着御した。玉座は南面し（＊7）、右斜めに神座に向かい、平敷で四季屛風《びょうぶ》で囲われていた。

「かけまくも、おそろしき、あまつかみ、くにつかみ……」（＊8）と、三条実美が祝詞《のりと》を奏し始める。祝詞が終わると、天皇は神座の前の軾《しきみ》に進み、拝礼し、幣帛《へいはく》の玉串《たまぐし》を供えた。続いて三条が、次の五箇条御誓文を読み上げた。

一　広ク会議ヲ興《おこ》シ万機公論ニ決スベシ

一　上下心ヲ一《いつ》ニシテ盛《さかん》ニ経綸《けいりん》ヲ行フベシ

一　官武一途《いっと》庶民ニ至ル迄《まで》各《おのおの》其《その》志ヲ遂ゲ人心ヲシテ倦《うま》ザラシメン事ヲ要ス

一　旧来ノ陋習《ろうしゅう》ヲ破リ天地ノ公道ニ基クベシ

一　智識ヲ世界ニ求メ大《おおい》ニ皇基ヲ振起スベシ

御誓文の条文の作者が明治天皇自身でなく、由利公正《きみまさ》（三岡八郎《みつおか》）と福岡孝弟《たかちか》（藤次）であり、木戸孝允《たかよし》が最後にその修正に加わったことは周知の事実である（＊9）。学者の中にはその意義を軽んじる者もいて、五箇条に盛り込まれた一見開明的な理念の裏には実は、翌十五日に予定されていた江戸城総攻撃、並びに天皇の親征行幸の布告に備えて協力体制を作る意味が隠されていた、と言う（＊10）。

五箇条御誓文が、近い将来に議会制民主主義を打ち立てようとする政府首脳の意向を示すものであるとする推測は明らかに間違いだろう。しかし、いずれにせよ御誓文の内容はまさに革新的と言うべきで、その発想は日本で前例がないどころか、事実、中国文化圏に属する他のいかなる国においても前例のないものだった。「万機（あらゆる重要な政治課題）」を「公論（公共の議論）」によって決定することは断じて伝統的方法ではなかったし、また「経綸（治国済民の方策）」を行うことも、以前は下層階級（その定義はともかくとして）が共有できる特権とは見なされていなかった。第四条の「旧来ノ陋習ヲ破リ天地ノ公道ニ基クベシ」の文言は正直言って曖昧《あいまい》であり、相矛盾する解釈を招きやすい。しかし、過去の慣習は普通は重んじられて然《しか》るべきものので、むしろ堕落した現状と対照すべき鑑《かがみ》であり、「陋習（悪い習慣）」と呼ばれるべき筋合いのものではなかった。「智識」を広く世界に求めることを謳《うた》った最後の条文は、復古の基本概念と矛盾するのではないかとさえ思われる。復古とは本来、日本以外の国々を手本にすることではなくて、日本の往時を省みてそこに拠《よ》り所を求めることだったはずである。後年、五箇条に明記された原則は意味を狭められ、効力を薄められ、時には無視された。しかし、それが否定されることは断じてなかったし、日本を文明開化の近代国家にしようと望む人々の理念として生き続けた(*11)。

五箇条御誓文が読み上げられた後、参列した公家諸侯等は御誓文を謹んで奉じる旨《むね》の誓約書に署名した。誓約書は言う。「叡旨《えいし》ヲ奉戴《ほうたい》シ死ヲ誓ヒ黽勉《びんべん》従事 冀《こいねがわ》クハ以《もっ》テ宸襟《しんきん》ヲ安ジ奉《たてまつ》ラン」、天子の志を謹んで仰ぎ、死を賭《と》して全力で勉《つと》め励み、願わくば天子の心を安んじ奉る所存である、と。当日出仕できなかった公家諸侯は後に参内して署名した。署名した者の数は、前後合わせて七百六十七人だった。

この儀式は、いったい明治天皇自身にどのような印象をもたらしたのだろうか、という疑問が湧《わ》いてくる。天皇は自分の意見を記した文章を残していないし、仮に周囲の人間に何か印象を語ったとしても散逸して今に伝わらない。その若さからいって、御誓文の条文を作成する際に天皇が相談に与《あず》かったということはなさそうである。或《ある》いは三条実美によって読み上げられるまで、天皇は五箇条御誓文の文句を何一つ知らなかったのではないかとさえ考えられる。しかし、明治天皇の治世が始まって以来最も感銘深いこの儀式が、また、そこで読み上げられた御誓文の内容が、天皇の心を動かさなかったとは想像し難い。まだ若く、経験に乏しかったからこそ、五箇条に体現された理念は天皇の心に深い感動となって作用したのではないか。確かに治世の初期における明治天皇は、自ら遵守《じゅんしゅ》すると誓った御誓文の趣旨に共感を示していた。

五箇条御誓文が発布された日、同時に天皇の告諭が宸翰《しんかん》（天皇の書簡）の形で発表された。歴代の祖先の偉業を称《たた》え、天下万民の安泰を祈り、ともに国威を海外に発揚することを訴えた天皇の宸翰の原文を次に挙げ、続けて大意を記す。

> 朕《ちん》幼弱を以て猝《にわか》に大統を紹《つ》ぎ爾来《じらい》何を以て万国に対立し
> 列祖に事《つか》へ奉らんやと朝夕恐懼《きょうく》に堪ざる也竊《なりひそか》に考るに中葉
> 朝政衰てより武家権を専《ほしいまま》にし表は
> 朝廷を推尊して実は敬して是《これ》を遠け億兆の父母として絶て赤子の情を知ること能《あたわ》
> ざるやふ計りなし遂《つい》に億兆の君たるも唯《ただ》名のみに成り果其《はてそ》が為に今日
> 朝廷の尊重は古《いにし》へに倍せしが如《ごと》くにて
> 朝威は倍衰へ上下相離るゝこと霄壤《しょうじょう》（天と地）の如しかゝる形勢にて何を以て天
> 下に君臨せんや今般

朝政一新の時に膺《あた》り天下億兆一人も其処《そこ》を得ざる時は皆
朕が罪なれば今日の事
朕自身骨を労し心志を苦め艱難《かんなん》の先に立古
列祖の尽させ給《たま》ひし蹤《あと》を履《ふ》み治蹟《ちせき》を勤めてこそ始て
天職を奉じて億兆の君たる所に背《そむ》かざるべし往昔《おうせき》
列祖万機を親《みずか》らし不臣のものあれば自ら将としてこれを征し玉ひ
朝廷の政《まつりごと》総《すべ》て簡易にして如此《かくのごとく》尊重ならざるゆへ君臣相親しみて上下相愛し徳
沢天下に洽《あまね》く国威海外に輝きしなり然《しか》るに近来宇内大に開け各国四方に相雄飛する
の時に当り独《ひとり》我国のみ世界の形勢にうとく旧習を固守し一新の効をはからず
朕徒《いたず》らに九重《ここのえ》中に安居し一日の安きを偸《ぬす》み百年の憂《うれい》を忘るゝときは遂に各国の凌《りょう》
侮《ぶ》を受け上は
列聖を辱《はずか》しめ奉り下は億兆を苦しめん事を恐る故《ゆえ》に
朕こゝに百官諸侯と広く相誓ひ
列祖の御偉業を継述し一身の艱難辛苦を問ず親ら四方を経営し汝億兆を安撫《あんぶ》し遂
には万里の波濤《はとう》を拓開し国威を四方に宣布し天下を富岳の安きに置んことを欲す汝
億兆旧来の陋習に慣れ尊重のみを

朝廷の事となし
神州の危急をしらず
朕一たび足を挙れば非常に驚き種々の疑惑を生じ万口紛紜《ふんうん》として
朕が志をなさゞらしむる時は是
朕をして君たる道を失はしむるのみならず従て
列祖の天下を失はしむる也汝億兆能々《よくよく》
朕が志を体認し相率て私見を去り公義を採り
朕が業を助て
神州を保全し
列聖の神霊を慰し奉らしめば生前の幸甚ならん（＊12）

（幼弱にして思いがけなく皇位を継いで以来、朕は諸外国に対処するにあたり、どのようにすれば祖先に忠実でいられるか日夜、頭を悩ましてきた。

中世に朝廷の権威が衰え、武家が権力をほしいままにして以来、朝廷は表向き尊崇されたが、実は敬して遠ざけられたというのが実情である。

そのため、朝廷は万民の父母として民の心を知ることが出来なくなり、ついには、ただ名目だけの存在となってしまった。

今日、朝廷に対する畏敬《いけい》は昔にまさったように見えるが、実は威光はかえって衰え、上下の隔たりは天地の隔たりにも等しい。

このような形勢の下で、朕は如何《いか》にして天下に君臨したらよいのか。

今や朝政一新の時、もし万民が各々《おのおの》ふさわしい境遇を得ることが出来ないならば、それはすべて朕の罪である。

ゆえに、朕は骨身を惜しまず精一杯の努力を傾け、苦難に立ち向かう所存である。

我が祖先が切り開いた足跡をたどり、国を治める努力を重ねることによって、初めて自らの天職を果たし、万民の支配者たる義務を全《まっと》うすることが出来る。

かつて我が祖先は、あらゆる政治祭事を司っていた。

もし臣下の道にそむく者があれば、その罪を罰した。

朝廷の政はあらゆる面で簡潔かつ明快で、今のように天皇が敬して遠ざけられるようなこともなく、君臣相親しみ、上下相愛する仲だった。

その恩恵は天下にあまねく行き渡り、国威は海外に光り輝いた。

最近になって、世界は文明開化の時代を迎えている。

あらゆる国々が四方に雄飛する今、我が国だけが世界の形勢にうとく、旧来の習慣に固執し、一新の効が実を結ばないでいる。

もし朕が御所にこもったまま一日一日を安閑として暮らし、百年の憂いを忘れるようなことがあれば、我が国は世界各国から軽蔑《けいべつ》を招き、ひいてはそれが祖先を辱め、万民を苦しめることになるのではないかと恐れる。

ゆえに、ここに朕は百官諸侯と共に、祖先の偉業を継承することを誓う。

我が身の艱難辛苦を問わず、自ら四方に国を治め、万民の安寧をはかり、ついには万里の波濤を開拓し、国威を世界に行き渡らせ、天下万民に富岳（富士山）のごとき盤石の安らぎをもたらす所存である。

天下万民は旧来の陋習に慣れ、朝廷を尊重すべき対象としてのみ考え、神州に危機迫ることに気づかない。

朕が今ここに、ついに行動に移ろうとするに際して、万民は顔に狼狽《ろうばい》の色を浮かべ、種々の疑惑を生じている。

いたるところで口々に混乱の声が挙がっているが、もし朕の志をさえぎるようなことがあれば、それは朕に君主としての道を踏みはずさせることになる。

そればかりか、祖先たちが残した天下そのものを失わせることになる。

天下万民よ、朕の志を体得し、共に進もうではないか。

私見を捨て、公《おおやけ》の正義を採るのだ。
朕の仕事を助け、神州の安全を守るのだ。
祖先の神霊を慰めることが出来たなら、朕にとってこれ以上の幸せはない）

この宸翰には、実に興味深いものがある。孝明天皇を始めとする近世の天皇が書いたどの宸翰とも、あまりに異なっているからである。眼目は、天皇と国民との密接な関係を切望する天皇自身の気持にあるようである。天皇を畏怖の後光で包んだのは武家であり、そのことが天下万民の天皇への理解をはばむことになり、同時に天皇もまた天下万民の心情にうとくなってしまった。自分は今、天皇としての受け身の役割を捨て、国のため、天下万民のために積極的に行動に乗り出すつもりである、と天皇は言う。これは今まさに起こりつつある大変動に際して、天皇が国民に向けて訴えている協力の呼びかけにほかならない。一般国民の協力が不可欠である、などということは明治天皇以前の天皇の誰一人として思ってもみなかったことであったに違いない。

五箇条御誓文が発布された翌日の十五日、禁令五条の太政官高札が旧幕府の高札に取って替わった。禁令の内容は、大きく二つに分かれていた。最初の三札は、幕府が長年にわたって課してきた禁令をほぼ継承したものだった。残る二札は、現在の急場をしのぐ臨機応変の処置だった。第一札に記された次の三件は、典型的な旧来の禁令である。

一 人たるもの五倫之道を正しくすべき事
一 鰥寡孤独廃疾《かんかこどくはいしつ》のものを憫《あわれ》むべき事
一 人を殺し家を焼き財を盗む等之悪業あるまじく事

「鰥寡孤独」とは男やもめ、後家、孤児、老いて子のない者、総じて寄辺《よるべ》のない独り者のことを言う。「廃疾」とは不治の病や障害を持つ者のことである。

第二札は旧幕府の禁令にそのまま則り、徒党を組むこと、強訴すること、また町村民が他領へ逃亡する「逃散《ちょうさん》」を禁じている。第三札は「きりしたん邪宗門之儀は堅く御制禁たり」とあり、キリスト教徒らしき不審な者を見かけた者は、その筋の役所に届けよ、相応の褒美《ほうび》が出る、となっている。これら最初の三札の禁令に今さら驚く者はいなかった。しかし残りの二札の禁令は、より時勢の的を射たものだった。

まず第四札は、未《いま》だに外国人を追放しようと威嚇《いかく》、殺害にやっきとなっている攘夷《じょうい》主義者たちの鼻柱を挫《くじ》くことが目的のようである。すなわち、「王政茲《ここ》に一新す、乃《すなわ》ち朝廷条理に循《したが》ひ、外国と交際し、万国公法に由《よ》りて条約を履行するを以て、外国人に危害を加ふべからず、之れに背く者は朝命に悖《もと》り、国難を醸成するのみならず、国際の信義を失ひ、皇国の威信を傷《きず》つくるものなるが故に至当の典刑に処すべし」と。

一方、幕府崩壊後、国内往来の規制が緩和されたことに乗じて、自藩の現状に不満を持ち、自分に見合う土地へと移住しようとする者が出てきた。次の第五札は恐らく、これを思い止《とど》まらせるのが目的である。「堅く士民の本国を脱走するを禁じ、又国家のため又は主家のため意見ある者は、之れを太政官に建言するを許す」。

全国津々浦々に立てられたこれらの禁令は明らかに、一部の公家諸侯の前で読み上げられた五箇条御誓文より遥《はる》かによく国民に徹底周知された。とりわけ第四札は、攘夷の終焉《しゅうえん》を告げる意味で重要な禁令だった。

丁度その頃、江戸では西郷隆盛と勝海舟の間で江戸城明渡しの交渉が進んでいた。長年にわたって攘夷論者として知られた西郷隆盛が、「外国人」である英国公使パークスに助言を求めた。アーネスト・サトウによれば、旧幕府の代表勝海舟は次のように語ったという。

「勝は、慶喜の一命を擁護するためには戦争をも辞せずと言い、天皇《ミカド》の不名誉となるばかりでなく、内乱を長引かせるような苛酷《かこく》な要求は、必ずや西郷の手腕で阻止されるものと信ずると述べた。勝はまたハリー・パークス卿《きよう》に、天皇《ミカド》の政府に対する卿の勢力を利用して、こうした災いを未然に防いでもらいたいと頼み、長官も再三この件で尽力した。特に、西郷が四月二十八日（陰暦四月六日）にパークス卿を横浜にたずねた時には、卿は西郷に向かって、慶喜とその一派に対して苛酷な処分、特に体刑をもって望むならば、ヨーロッパ諸国の輿論《よろん》はその非を鳴らして、新政府の評判を傷つけることになろうと警告した。西郷は、前将軍《シヨーグン》の一命を要求するようなことはあるまいし、慶喜をそそのかして京都へ軍を進めさせた連中にも、同様に寛大な処置がとられると思うと語った」（＊13）

江戸城の無血開城をもたらした交渉の成功は、この「外国人」の忠告に負うところが大きかった。東海道先鋒《せんぽう》総督橋本実梁《さねやな》（京都の公家）は四月四日、西郷隆盛以下官軍参謀等六十人を従えて江戸城に入った。慶喜に替わって江戸城の新しい主となった徳川慶頼《よしより》は、西城（西の丸）玄関に恭《うやうや》しく一行を出迎えた。江戸城は一週間後の四月十一日、官軍に明け渡されることになった。その当日、約束通り、幕府の最後の砦《とりで》である江戸城は天皇の軍隊の手に引き渡された。

その間、明治天皇にとって江戸開城と同じくらい大きな意味を持つ出来事が起こっていた。三月二十一日、天皇は建礼門から御所を進発し、大坂へ向け、官軍の最高司令官として親征の途についた。天皇は直衣《のうし》を着け、略式の乗物である葱華輦《そうかれん》に乗御した。内侍所《ないしどころ》（神鏡）を奉じて進む天皇の行列には、錦旗《きんき》がひるがえった。博経《ひろつね》親王、三条実美、中山忠能以下二十九人の公家が、鎧直垂《よろいひたたれ》、揉立烏帽子《もみたてえぼし》を着け、騎馬で脇《わき》をかためた。先鋒隊を率いるのは幟仁《たかひと》親王である。皇太后を始めとして公家、大官が衣冠を着けて天皇の行列を見送った。鳳輦《ほうれん》が堺町、三条通を通過する際、一般庶民は跪《き》坐《ざ》してこの盛儀を仰ぎ見た。行列は、いったん東本願寺で小休止し、次いで鳥羽の城南宮に向かい、そこで天皇は午餐《ごさん》をとった。戌《いぬ》の刻（午後八時前後）、行列は石清水《いわしみず》八幡宮《はちまんぐう》に到着した。天皇は、ここを行在所《あんざいしょ》として一夜を過ごした。行列の進む速度がゆるやかだったため、天皇が大坂の行在所である本願寺別院に到着したのは、三月二十三日の未《ひつじ》の刻（午後二時前後）だった。

都を出たこの記念すべき行幸で或いは天皇が唯一《ゆいいつ》最も興奮した瞬間は、三月二十六日に天保山沖の艦隊演習を天覧し、初めて瀬戸内海を目にした時であったかもしれない。天皇は安治川沿岸の富島浜で小舟に乗船し、川を下った。左右の岸を軍勢が陸進し、天皇の小舟を護衛した。午《うま》の刻（正午前後）、天皇は天保山に到着した。佐賀藩船電流丸が祝砲を発し、停泊中のフランス軍艦の祝砲がこれに続き、さらにこれに応《こた》えるように電流丸が礼砲を発した。午餐のあと、天皇は壮観な艦隊大演習を目の当たりにした。いつもは冷静沈着で感情を交えない「明治天皇紀」が、この時ばかりは「天顔特に麗《うるわ》し」と記している（＊14）。確かに、これは天皇の生涯の中でもまれにみる幸福な一日であったに違いない。壁に閉じ込められた御所の世界から抜け出したばかりではない。天皇は、目路をさえぎるものとてない蕩々《とうとう》とたゆたう海を眺めながら、あたりを圧して轟《とどろ》く海軍の祝砲に迎えられたのである。

戊辰《ぼしん》戦争は、まだ終わったわけではなかった。戦闘は、なお北方で続いていた。榎本武揚《たけあき》は旧幕府艦隊を率い、北海道へ向かおうとしていた。江戸市中は、彰義隊の脅威にさらされていた。江戸城が開城された後もなお、退位した前将軍を支持する幕臣等の一団が、彰義隊と称して上野寛永寺に立て籠《こ》もっていた。これらの反乱軍が鎮圧されるまでには、時間がかかることは確かだった。しかし、どうやら官軍に対する深刻な脅威は、ひとまず去ったものと見てよかった（＊15）。

この間、若き天皇は大坂滞在をいかにも楽しんでいたように見える。閏《うるう》四月一日、天皇はヴィクトリア女王の信任状を持参した英国特派全権公使ハリー・パークスを引見した。ケッペル提督、ミットフォード、サトウ他、公使館員ならびに海軍士官がパークスに同行した。謁見《えっけん》は東本願寺別院で行われた。前の謁見の際、パークス公使一行が襲撃を受けたこともあって今回の警備は極めて厳しかった。謁見の様子を伝えるサトウの次の一節は、よく知られている。

一番奥まったところにある高座の上、黒い漆塗りの柱でささえられた天蓋《てんがい》の下に、簾《すだれ》をいっぱいに巻き上げて、天皇《ミカド》がすわっておられた。私たちは二列に並び、右の一列は提督を先頭にして海軍の士官が、左の一列は公使を先頭に公使館の職員が、相共に広間の中央へ進んだ。全員は三回頭を下げた。最初は部屋の中央まで進んだとき、次は壇の下で、三度目は壇の上にのぼってからであった。壇上は、われわれ全員が楽に並べるだけの広さがあった。最初に頭を下げて敬礼したとき、天皇《ミカド》は天蓋の下に起立された。外国事務局督と、他の一人の高官が、玉座の左右にそれぞれひざまずいていた。

玉座の前の左右に、小さい木製の獅子《しし》の彫刻がすえてあった。これはすこぶる時代を経たもので、日本国民に大いに尊ばれているものだ。玉座のうしろには、多数の廷臣が黒い紙の帽子をかぶり、色さまざまの華麗な錦《にしき》の礼服をきて、二列に並んでいた。天皇《ミカド》が起立されると、その目のあたりからお顔の上方まで隠れて見えなくなったが、しかし動かれるたびに私にはお顔がよく見えた。多分化粧しておられたのだろうが、色が白かった。口の格好はよくなく、医者のいう突顎《プラグナサス》であったが、大体から見て顔の輪郭はととのっていた。眉毛《まゆげ》はそられて、その一インチ上の方に描き眉がしてあった。衣裳《いしよう》は、うしろへたれた長い黒色のゆるやかな肩衣《ケープ》に、マントのような白い長袍《ガーメント》、それに紫色のゆるやかな長袴《トラウザー》であった。（中略）

ハリー卿が進み出て、イギリス女王の書翰《しよかん》を天皇《ミカド》に捧《ささ》げた。天皇《ミカド》は恥ずかしがって、おずおずしているように見えた。そこで山階宮《やましなのみや》（＊16）の手をわずらわさなければならなかったのだが、この宮の役目は実は天皇《ミカド》からその書翰を受取るにあったのである。また、陛下は自分の述べる言葉が思い出せず、左手の人から一言聞いて、どうやら最初の一節を発音することができた。すると伊藤は、前もって用意しておいた全部の言葉を翻訳したものを読みあげた。

それから、ハリー卿は順番に私たちを天皇《ミカド》に紹介し、つぎに提督を紹介、さらに提督は士官たちに謁見を行なわせた。天皇《ミカド》は、提督麾下《きか》の艦隊の無事を祈ると述べられた。それが済むと、私たちは最初の時のように頭を下げて、陛下の前を下がり、控室へもどった。そして、すべてが無事に済んだことを互いに祝し合ったのである（＊17）。

天皇の容姿、態度についてのサトウの描写は、まだ十分慣れていない状況に直面した若き君主の神経過敏な心の様子を伝えている。数十年後（一九〇六）、英国王室の一員であるコンノート公アーサー王子からガーター勲章を授与された時、明治天皇は極めて冷静に勲章を受けた。緊張していたのは、アーサー王子の方だった。

この時期の天皇謁見について記した日本人の記述は比較的まれで、これは疑いもなく畏敬の念のなせるわざである。大久保利通は四月九日、東本願寺の行在所の天皇の御前に召された。この時のことを、大久保は次のように日記に記している。「余一身の仕合《しあわせ》、感涙の外《ほか》これなく候。……藩士にては始めての事にて、実は未曾有《みぞう》の事と恐《きょう》懼《く》奉《たてまつ》り候。一字（一時）ごろより……大飲に及び相祝し候」と（＊18）。四月十七日、木戸孝允、後藤象二郎がやはり東本願寺に召され、天皇に拝謁した。木戸は「天下之形勢、海外万国の大勢を、天子御尋《たずね》あらせられ……」と日記に書き、次のように続けている。

「布衣《ほい》にて天顔を咫尺《しせき》に奉拝せし事、数百年、未曾聞《いまだかつてきかざる》なり。感涙満襟、只管《ひたすら》今日、中興之御大業実行の不伸を浩歎《こうたん》す、午後、角力《すもう》を簾内《れんない》より叡覧《えいらん》あり」、無位無官の者が間近で天皇に拝謁するなど、数百年に例のないことである。身にあまることで感涙を禁じ得ない。維新の大業が未《いま》だに完了しないことを、ひたすら無念に思うのみである。午後、天皇は簾内より相撲をご覧になった、と。

また、同年五月二十四日に家人に宛《あ》てた横井小楠《しょうなん》の手紙には、天皇に拝謁した時の印象が次のように記されている。

「御容貌は長が御かほ、御色はあさ黒くあらせられ、御声はおき《ママ》く、御せ（背）もすらりとあらせられ候、御気量を申しあげ候へば、十人並にもあらせらるべきか。唯々、並々ならぬ御英相にて、誠に非常の御方、恐悦無限の至に存じ奉り候」（＊19）

大坂滞在中の明治天皇の生活は、御所での毎日に比べて遥かにくつろいだものだった。天皇は結構自由な空気を満喫したに違いないが、滞在中も学問は続けられた。四月十一日、天皇は簾中より撃剣を天覧し、続いて「大学」、「孫子」、「三略」の進講を受けた。後者二つは兵法書である。四月十六日には、参与田中国之輔から「孫子」の進講を受けた。この日から天皇は、日課として行在所で「古事記」、「左氏伝」、「孫子」等の和漢書を学び始めている。堂上《とうしょう》四十歳以上の者は聴講随意なり、と記録にある。天皇の教育は、側近たちが常に最も関心をそそいだ仕事の一つだった。

天皇の大坂訪問は少なくとも近臣と一部の外国人に、天皇を目に見える存在として認識させる上で役立った。しかし徳川慶喜がすでに懲罰を甘受している今、官軍の最高司令官としての天皇の任務は終わったように見えた。ほどなく、天皇の帰京の予定が立てられた。当然のことながら、大久保利通はこれを喜ばなかった。大久保は大坂遷都《せんと》を望んでいた。天皇がいったん京都に帰ってしまえば、また昔のように国民から掛け離れた存在になってしまうのではないかと恐れた（＊20）。

天皇は閏《うるう》四月七日、大坂の地を離れた。出京の時とは打って変わった速さで、行列は翌日京都に到着した。天皇の乗った葱華輦が堺町門を入るや、天皇の還御を祝う楽士たちが雅楽の還城楽《げんじょうらく》の管弦を奏しながら行列を先導した。大宮御所と九条道孝の屋敷の前には、三職を始めとして公家、諸侯、徴士（政府登用の藩士、庶民）、無位の官吏に到《いた》るまで、その地位に応じて衣冠その他の正装を着け、天皇を迎え出た。未の刻（午後二時前後）、天皇は紫宸殿に入御し、近臣たちの挨拶《あいさつ》を受けた。天皇は御清め、結髪、行水を済ました後、皇太后に対面した。

この日は、天気晴朗だった。一般市民は盛儀を一目見ようと人垣をなし、歓呼の声で天皇の還幸を祝った。天皇親征を象徴するかのように建礼門、建春門、宜秋《ぎしゅう》門に掲げられていた錦旗は、すべて撤去された。明治天皇は今、初めての凱旋《がいせん》を飾ったのだった。

＊1　上代では、政《まつりごと》という言葉は祭事と政治の両方を同時に指した。「明治天皇紀」第一巻六四五～六四六ページ参照。この部分の出典である「太政官日誌」が初めて刊行されたのは慶応四年二月二十日である。この記録文書は、各藩および直轄地《ちょっかつち》の役所に送付された。「明治天皇紀」第一巻六三二ページ参照。また飛鳥井雅道「明治大帝」一二八ページ参照。

＊2　「明治天皇紀」第一巻六四六ページ参照。僧位、僧官の返上を望まない者は、別に上申させた。三月二十八日、神仏混淆《こんこう》を禁ずる勅令が出た。神道の本地《ほんじ》と称される仏像を始め、鰐口《わにぐち》（神社の社殿正面に吊《つ》られた中空の扁円形の金属音響具で、垂れ下がった綱状に編んだ布を揺すって打ち鳴らす）、梵鐘《ぼんしょう》、仏具等は、直ちに神社から除去された。あげくに仏教排斥の声まで挙がった（同六六三ページ）。

＊3　神道と仏教が著しく調和を見せた例として、京都の医僧坂十仏《さかじゅうぶつ》が康永元年（一三四二）の伊勢参宮紀行を記した「伊勢太神宮参詣記《さんけいき》」を挙げておく。伊勢神宮外宮《げくう》（豊受《とようけ》大神宮）の祠官《しかん》度《わた》会《らい》家行《いえゆき》と十仏との面談には、意見の食い違いを示す形跡さえ見られない。

＊4　本地垂迹説の最も初期の例は、九三七年に見られるようである。この年、二柱の神が菩薩の化身であると宣言された。やがて、すべての神々が仏陀ないし菩薩の化身であることになった。様々な神々の「本地（本体、本源）」は、多くが真言密教の十三体の仏であるとされた。神道には加持祈禱《かじきとう》、護摩、護符、お告げ、その他真言密教の教理が取り入れられている。本地垂迹説の根底をなす神仏習合思想の主流は「両部神道」と呼ばれた。真言密教の「金剛界」、「胎蔵界」の両部曼陀羅《まんだら》と、伊勢神宮の外宮、内宮《ないくう》を同一視したことからこの名がある。

＊5　慶応四年四月二十四日、八幡神の称号「八幡大菩薩」から菩薩号が剝奪《はくだつ》された。代わりに

「八幡大神」と呼ばれた。「明治天皇紀」第一巻六八二ページ参照。

＊6 「廃仏毀釈《はいぶつきしやく》（仏法を排斥し、釈尊の教えを棄却すること）」という言葉が、この時期を通じて頻繁に使われた。しかし、政府の方針は神道と仏教を分離することにあり、仏教を排斥することにはなかった。

＊7 古来、中国では天子は北の位置に坐り、南に居並ぶ大臣、家臣と向き合う。これを「南面」という。

＊8 この祭文（祝詞）の原文は、「明治天皇紀」第一巻六四八ページにある。天皇が誓いを立てるに先立って、その経緯が語られている。

＊9 由利公正が原案を起草し、福岡孝弟に意見を問い、修正加筆し、最後に木戸孝允が細部にわたって助言を加えた。詳細は「明治天皇紀」第一巻六五二〜六五五ページ参照。

＊10 遠山茂樹「明治維新」二二七〜二二八ページ参照。遠山の意見によれば、五箇条御誓文およびそれに類する当時の政府布告は、明治天皇の治世が始まるにあたって発布された開明的な措置のように見えるが、実は「天皇制絶対主義をこの世に送り出す陣痛期の麻痺《まひ》剤であったにすぎず、かの啓蒙《けいもう》専制主義以前のものであった」。遠山はまた御誓文に対して、より具体的な批判を加えている。例えば、由利公正は原案第一案で「庶民志を遂げ」といい、「士民心を一にして」と述べ、庶民的要素を比較的重視してはいるが、これは「主として財政的見地から豪商豪農層の政治的発言をある程度許容しようとするに止《とどま》ったもの」であると言っている（二二九ページ）。田中彰（「未完の明治維新」二一四〜二一八ページ）は御誓文の第一条を、いずれ「ひっこめられて」いく運命にあったスローガンに過ぎないと斥《しりぞ》けている。田中はまた、御誓文の開明的な文面は、当

時日本で相次いで起こっていた外国人殺傷事件に対する新政府の姿勢を問われ、海外諸国に新政府の開明性を強調する必要に迫られてのことだった、と述べている。田中はさらに、久米邦武の文章を引用して、木戸が自ら作成にたずさわったはずの御誓文のことを、明治五年（一八七二）の時点でほとんど完全に忘れていたのは御誓文をさほど大事に考えていなかった証拠である、と指摘している。

＊**11**　閏《うるう》四月二十一日、政体改革が行われた際、政体書は改革が御誓文の趣旨に沿うことを目的とすることを謳《うた》っている（『明治天皇紀』第一巻七〇八ページ）。また田中「未完の明治維新」二八ページ参照。田中は、自由民権運動の指導者たちが御誓文の民主的な性格を高く評価していたことを指摘している。

＊**12**　『明治天皇紀』第一巻六四九～六五二ページ。

＊**13**　アーネスト・サトウ『一外交官の見た明治維新』（下）一九二ページ。なお、訳文中「体刑」(personal punishment) とあるのは、ここでは「死刑」のことだと思われる。

＊**14**　『明治天皇紀』第一巻六六三ページ。

＊**15**　これは、必ずしも当時の人々に共通する意見ではなかった。例えば、木戸孝允は閏四月十一日の日記に「今日の形勢にて来年に及ぶときは天下の疲弊言うべくもあらず、終《つい》に王命も立たざるに至るべし」と記している。木戸は当時、戦闘の結果について様々に思い悩んでいた。これは、その一つにすぎない。

＊**16**　より一般的には晃《あきら》親王（一八一六－九八）として知られ、子沢山な伏見宮の長男。八歳で僧籍に入ったが元治元年（一八六四）、還俗《げんぞく》して山階宮家を創立した。慶応二年（一八六六）、岩倉

具視その他と共に政治活動が原因で蟄居《ちつきょ》を命ぜられた。王政復古後は議定に就任し、この時は外国事務総督の任にあった。

＊17　サトウ「一外交官の見た明治維新」(下)一九九～二〇〇ページ。文中「伊藤」とあるのは伊藤俊輔（博文）のこと。この謁見の様子を伝える日本側の資料（「明治天皇紀」第一巻六八六ページ参照）には、サトウが触れていない一節がある。パークスがヴィクトリア女王からの信任状を天皇に差し出した時、パークスは天皇への畏怖《いふ》に打たれて、晃親王に身体を支えられなければならなかった、というのである。この話は、他の記述から我々が受けるパークスの印象と、いかにもそぐわない。

＊18　「大久保利通日記　一」四五二ページ。飛鳥井「明治大帝」一二五ページにも引用がある。

＊19　飛鳥井「明治大帝」一二五ページ。横井の言葉は、「明治天皇紀」第一巻七〇五～七〇六ページに要約された形で紹介されている。

＊20　飛鳥井「明治大帝」一二六ページに引用されている大久保から木戸に宛てた閏四月二日付の手紙の抜粋を参照。また、遠山茂樹編「天皇と華族」六～八ページにある大久保の「大坂遷都建白書」を参照。

第十七章　反乱の宮

天皇が大坂から京都へ戻って間もなく、「万機親裁の布告」が出た。天皇が自ら政務をとることを明らかにした次の布告である（＊1）。

主上御幼年ニ被レ為レ在《あらせられ》、是迄《これまで》後宮（＊2）御住居之御事ニ候処《そうろうところ》、先般御誓約之御旨趣モ有レ之《これあり》、旁《かたがた》之思食《おぼしめし》ヲ以《もっ》テ、以来御表御住居被レ為レ遊《あそばせられ》、毎日御学問所へ出御（＊3）、万機之政務被レ為二聞食《きこしめさせられ》一候間、輔相《ほそう》（＊4）ヨリ遂二奏聞《そうもんをとげ》一候様被二仰付《おおせつけられ》一候。尤《もっとも》時々八景之間（＊5）へ臨御モ被レ為レ在、御清暇ニハ文武御研窮《けんきゅう》、申《さる》ノ刻入御之御順序ニ御治定被二仰出《おおせいだされ》一候事。

（主上は若年のため、これまで後宮に住まわれていたが、先般の御誓文の趣旨からも、また、主上のかねてからの思《おぼ》し召しもあって、このたび表御殿に移り、毎日、御学問所へ出御されている。政務のすべてを掌握し、輔相から奏聞を受け、時には自ら八景之間へ臨御されることもある。政務の暇には文武の道を研究され、中の刻〔午後四時前後〕には表御殿に入御されることになっている）

新政府参与の横井小楠は（すでに前章に引用した）書簡（＊6）の中で、天皇の仕事への献身ぶりに深い感銘を受けたことを述べている。小楠によれば、天皇は八畳の間中央に畳二枚を重ねた玉座に坐《すわ》り、早朝より接見をこなし、政務に没頭した。座右には煙草《たばこ》盆だけが置かれた（＊7）。近習（＊8）二、三人が間を隔ててそばに控え、他の近臣たちは敷居のこちら側に控えた。議定、参与は場合によって列参、或《あ》いは単独で御前に出頭した。小楠は「斯《か》くの如き盛事は実に千余年来絶無に属す」と記している。

時を同じくして政体改革の趣旨が公布され、太政官が立法、行法、司法の三権に分割された。この新しい政治体制の立案者は明らかに、アメリカないしヨーロッパの例を手本としていた（＊9）。しかし改革の意図は、外国の慣習を模倣することにあったのでなく、五箇条御誓文の履行にあった。確かに近い将来、民主主義が実現して万民が機会均等に政治に参加出来るようになるとは誰も予想していなかった（親王、公家、諸侯だけが一等官になる資格があった）。しかし、藩士並びに実力ある一般庶民にも二等官になる道が開けた（＊10）。官吏は公選入札によって選挙され、四年の任期で交替する規定が定められた（＊11）。ただし人望ある官吏は、引き続き再選されることも可能だった。諸侯、農民、商人等の階級を問わず、万人が新政府の出費を負担することが定められたのは、それによって兵備を整え、治安を維持するためである。位官の者は、その俸給の三十分の一を税金として支払うことが定められた。その他多くの規定が同時に公布され、中には特定して細部にわたるものもあれば広く一般的な性格のものもあった。いずれの規定にも、西欧先進国に劣らぬ近代国家建設への抱負が漲《みなぎ》っていた。

戦闘は、決して終わったわけではなかった。特に東北、北の地域で展開されていた。身分の高い公家たちが、実地の訓練における（ないしは将来の職歴としての）軍事能力の如何《いかん》に拘《かかわ》らず、司令官として不穏な地域に派遣された。例えば西園寺公望《さいおんじきんもち》のように文に優れた人物が閏《うるう》四月二十三日、北国鎮撫使《ちんぶし》に任じられ、翌日には任地の越後に向かった。恐らく西園寺は、公家から選ばれた他の将官たちと同じく名目上の大将だったに違いない。しかし、そのような人物が大将に任命されるということ自体、文武両道の思想が未《いま》だに信じられていたということを示している(*12)。

この時期、戦闘に参加した公家の中で最も謎《なぞ》めいた人物は、能久《よしひさ》親王だった。公現親王、或いは輪王寺宮、最後は北白川宮として知られた。弘化四年(一八四七)、伏見宮邦家親王の九番目の息子として生まれた。安政五年(一八五八)、十一歳の時に江戸上野にある天台宗門跡輪王寺に入寺得度して、法諱《ほうき》を公現と称した(*13)。慶応三年(一八六七)、年齢から言って破格の輪王寺門主となった。その他の状況から見て、親王がそのまま祈りと瞑想《めいそう》に生涯を送ったとしても少しもおかしくはなかった。しかし、朝廷の命に服することを誓って上野寛永寺に蟄居《ちっきょ》した徳川慶喜は、輪王寺宮能久親王に働きかけ、上洛《じょうらく》して自分と天皇との間を取り持ってくれるよう依頼した(*14)。

慶応四年(一八六八)二月十一日、まず慶喜の使者が輪王寺宮を訪ねた。輪王寺宮に、東征大総督熾仁《たるひと》親王に会って慶喜のため助命嘆願してくれるよう依頼した。しかし、輪王寺宮は断わった。理由は、次の通りだった。自分は幼少にして僧となったため世事にうとい。国家の大事に際し、その仲裁を取り持つなど自分の力にあまることである。仏を崇拝し、経文をとなえることには慣れているが、人と交渉して相手を説得する経験は皆無である。どうしても必要とあれば、名代として他の者を遣わしてほしい、と。

翌日、慶喜は輪王寺宮を訪ね、正式に上洛を依頼した。輪王寺執当覚王院義観は、宮に代わって次のように応《こた》えた。輪王寺宮の父禅楽親王（邦家親王）は今や年老いている。もし、いったん宮が上洛すれば、江戸へ帰ることは容易でないかもしれない。そうなれば、江戸の人心は動揺する。やはり、名代を立てた方がよろしかろう、と。輪王寺宮が江戸に帰ってこなければ江戸の人心が「動揺」するとは、すなわち輪王寺宮に人気があったということ、少なくとも宮が江戸でよく知られた存在だったことを示している。恐らく、皇族との姻戚《いんせき》関係のためと思われる。

その日は、慶喜も不本意ながら引き下がった。しかし十三日、慶喜は義観を招き、東征大総督熾仁親王がすでに京を出発し、軍を率いて江戸へ向かっている、と告げた。慶喜は、輪王寺宮が自ら上洛して参内してくれるよう義観に繰り返し要請し、翌日、同じ趣旨の書簡を輪王寺宮に送った。十五日、山岡鉄舟他の幕閣たちも連署で義観に書簡を送った。慶喜等が、これほどに輪王寺宮説得に固執したのは、次のような考えがあってのことと思われる。輪王寺宮が上洛し、天皇に謁見《えつけん》を請《こ》えば、宮の身分からして断られるということはあり得ない。これは、まさに天皇の許しを得る絶好の機会である、と。輪王寺宮はついに十七日、上洛を承諾した。出発の日は二十一日と決まった。随従する者は宮の通常の行列の人数で約八十人だった。僧侶《そうりょ》、武士を始めとして医師一人、吟味役一人、書役一人、料理人一人、茶道三人、その他輿丁《よてい》(輿《こし》をかつぐ者)、雑役などである。これでもなお宮の格式からすれば、異例に小規模な行列と言えた(＊15)。京都到着は三月八日の予定だった。

二月二十一日巳《み》の刻(午前十時前後)、輪王寺宮の輿は上野東叡山《とうえいざん》を出発した。随行する家臣たちの親戚老幼が行列を見送り、或いは宮が京都に留められたまま二度と戻ってこないのではないかと恐れ、深く別れを悲しんだ。江戸の市民たちは、徳川家のため私心を棄てて京都へ嘆願に行く輪王寺宮に感動し、路傍で涙ながらに輿が通るのを見送った。

行列は予定より二日遅れの二十五日、小田原に到着した。しかし輪王寺宮は風邪で気分がすぐれず、そこから先へ進むことが出来なかった。二十七日、官軍の先鋒《せんぽう》隊が小田原に入った。大総督の使者として薩摩《さつま》、長州、大村各藩の藩士が義観等と会った。使者は、輪王寺宮が京都に赴こうとしている目的を問い、また一行に随従する武家の数の多いことを大総督が怪しんでいる、と告げた。他にも問答が幾つかあった後、使者は輪王寺宮にこのまま小田原に留まり、大総督の下知を待つよう命じた。さらに、随従する武家を江戸へ帰すよう求めた。宮は求めに応じ、僧籍の者だけを残し、随従の武家をすべて江戸へ帰した。

三月三日、薩摩藩藩士が宮を訪ね、大総督が翌日駿府《すんぷ》（静岡）に到着する、輪王寺宮は府中まで御足労願いたい、と告げた。宮は四日未明、降りしきる雨の中を駿府に向け出発した。一行が箱根湯本村を通過する時だった。小田原へ向かって行軍する薩長の兵たちと擦れ違った。兵たちは宮を嘲《あざけ》るように、大声で歌い始めた。

雨の降るよな鉄砲玉の中へ、上る宮さんの気が知れぬ、とことんやれ、とんやれな（＊16）

兵たちは宮の輿に近づき、銃剣や槍《やり》のいしづきで扉を小突こうとした。休憩所として予定されていた家の周囲は兵たちで満ち、立錐《りっすい》の余地もなかった。仕方なく宮の一行は、近くの寺に一時避難した。再び出発した行列の道筋は、前にも増しておびただしい兵で埋まっていた。宮に対する不敬な振舞いも、先刻に輪をかけてひどかった。一行は箱根権現《ごんげん》別当金剛王院で昼食をとる予定だった。そのための弁当も用意していた。しかし、ここも兵たちに占領されていた。一行は、腹をすかしたまま移動しなければならなかった。すでにあたりは暗くなり始め、雨は一向にやむ気配がなかった。三島に先発していた者の報告によれば、かねて宿泊を予定していた家には官軍の兵が満ち、泊まれる宿は一軒もないとのことだった。前もって三島へ送っておいた食器その他の調度を入れた長持が戻され、宮が夕食にありついたのはすでに夜明けに近い時刻だった。その夜、家来たちは旅装束のまま戸外で寝た。

長く悲惨な旅の果てに、三月六日夕方、輪王寺宮は駿府に到着した。総持院を宿所に指定されたが、宮は丁重に断った。総持院付近には浅間社の神職たちの家が多く、赤心隊を結成して官軍に味方していた。赤心隊は輪王寺宮に反感を抱いているとの噂《うわさ》があった。もっぱら隠遁《いんとん》生活を送っていた人物に対して、このような強い反感が向けられるとは不可解なことである。或いは輪王寺宮が前将軍の必死の懇望で上洛の途中にあるという報《しら》せが、すでに神職たちのもとに届いていたかもしれない。

三月七日、輪王寺宮は大総督本営で熾仁親王に謁見した。宮は慶喜の陳情書を呈し、前将軍が上野東叡山に恭順蟄居していることを告げ、宥免《ゆうめん》のとりなしを懇願した。熾仁親王は、次のように応えた。慶喜の反逆行為は著しく、すでに征討の詔勅は発せられた。今となっては如何ともしがたい、と。また参謀たちは、次のように主張した。慶喜が事実、恭順と称して寺に閉居したとしても、それは征討を中止する十分な理由にはならない。慶喜が陳情書の中で過去の行為の弁解につとめていること自体、自らの罪を認めていない証拠ではないか、と。

輪王寺宮は、官軍参謀に次のように応えた。自分がこうして懇願しているのは、なにも慶喜一人のためではない。宸襟《しんきん》（天子の心）を悩ますことを恐れてのことである。江戸の市民は武士も町人も、官軍が近く江戸の町を攻撃すると知って混乱の状を呈している。もしこのことが天皇のお耳に達すれば、いかほど心を悩まされることか、と。この一言が、参謀たちの心を動かしたようだった。なお疑念を抱きつつも、輪王寺宮の懇願を熟慮すると約束した。

輪王寺宮は三月十二日、再び熾仁親王に謁見した。宮は親王に、慶喜が真に恭順の意を明らかにするためには何をしたらよいか、と尋ねた。熾仁親王は、参謀たちの意見を聞くように、と応えた。熾仁親王は確かに大総督だったが、実際に軍略を決定するのは参謀たちだったようである。輪王寺宮の質問に対する参謀二人の応えは、いとも簡単だった。慶喜は居城と軍艦とを献ずべきのみ、と。輪王寺宮には、これは妥当な申し出と思われた。宮は熾仁親王に、参謀たちの要求を慶喜に伝える使者を出し、自分はこのまま予定通り上洛の旅を続けたい、と言った。熾仁親王は、これに反対した。宮の任務はすでに完了した、上洛の必要はない（＊17）、直ちに江戸へ帰り、宮自身が慶喜に会って謝罪の条件を伝え、江戸の市民を安心させよ、と。輪王寺宮は二日後、江戸へ向かって出発した。

この時の輪王寺宮の気持がどのようなものであったか、それを示す文書は何も残っていない。しかし恐らく、次のようなことではなかったろうか。輪王寺宮は、親王の身分にありながら薩長の兵から無礼極まりない扱いを受けた。今また熾仁親王から有無を言わさず江戸へ帰るよう命令を受け、宮は腹を立てていた。もとより輪王寺宮は、薩長の率いる徳川慶喜征討軍に憤懣《ふんまん》やるかたない思いを抱いていた。そこへきて、この苦汁である。のちに輪王寺宮が官軍に反抗を続ける人々に進んで与《くみ》することになったとしても、それは無理からぬことであったかもしれない。

江戸に戻って間もなく、彰義隊が輪王寺宮に接近した。慶喜を支持する旧幕臣等の一団が彰義隊を結成したのは、慶応四年二月二十三日のことである。慶喜護衛と称して、徳川家菩提《ぼだい》寺の上野東叡山寛永寺に屯集《とんしゅう》した。輪王寺執当覚王院義観は彰義隊の熱心な支持者だった。（受動的とは言え）宮が彰義隊に協力する気になったのは、恐らく義観の影響が強かったと思われる。一橋家旧家臣を始めとする親藩の藩士等は、彰義隊の血判書に先を争って名を記し、「君側の奸《かん》」たる薩摩藩士を滅ぼし、徳川慶喜の汚名を雪《そそ》ぐことを誓った。官軍が江戸市中を制するまでの間、彰義隊は旧幕府によって市内巡邏《じゅんら》の権限を与えられ、事実、江戸市中の秩序維持に役立った面もあったかもしれない。しかし、いったん官軍が到着すると、彰義隊は官軍と小競《こぜ》り合《あ》いを始め、時に略奪を働くまでになった。熾仁親王は、彰義隊に解散を命じた。また勝海舟、山岡鉄舟など旧幕閣は、彰義隊の行動がかえって慶喜を害することになる、と諫《いさ》めた。しかし、効き目はなかった。義観は、山岡を痛罵《つうば》して次のように言った。「今日の事、名は朝廷といへども、実は薩長の所為なり」。貴殿は「薩州の誑惑《きょうわく》」に乗ぜられている。志ある者が上野の山に期せずして集まり、「主家に報効せんとする」は当然のことである。「独り前将軍」の為のみではない、「東照宮以来歴代の霊宮」を守護する為である。貴殿のごときは実に「忘恩の賊臣」である（＊18）、と。

官軍が彰義隊の本拠を攻撃するためには、輪王寺宮が上野にいては都合が悪かった。戦闘で輪王寺宮が死ぬか負傷でもしたら、極めて面倒なことになる。そこで官軍は、宮の父宮である禅楽親王に手紙を書かせ、天皇の御機嫌伺いのためと称して輪王寺宮に上洛を促した。この報せを受けた彰義隊は、宮の上洛に猛然と反対を唱えた。もし輪王寺宮が上洛すれば、それを機に官軍が寛永寺に総攻撃を仕掛けてくることは火を見るより明らかだった。彰義隊は輪王寺宮に通告した。もし宮が山を去るのであれば、我ら一同、山門外で切腹する。宮は、我らの屍《しかばね》を踏み越えて山を下ることになるだろう、と。

江戸の市民もまた、輪王寺宮の上洛に反対し、江戸に留まるよう哀願した。宮が上野にいる限り、江戸が戦火の海になることはないと信じたのである。輪王寺宮の心は、揺れ動いた。上野に留まることを決心した翌日には、また豹変《ひょうへん》した。僧侶の中には宮の安全を願って上洛を促す者もあれば、強く上洛に反対する者もあった。宮がいったん上洛すれば、還俗《げんぞく》させられることはほぼ間違いない。天台宗にとって、それは大きな損失だった。東征総督は総攻撃に備え、輪王寺宮に直ちに上野を去るよう封書一通を出したが、これは義観に握りつぶされた。

もはや、熾仁親王は待てなかった。五月十五日未明、官軍は東叡山を囲み、攻撃の火蓋《ひぶた》を切った。彰義隊は、輪王寺宮守護の名目でこれに抗戦した。戦闘は熾烈《しれつ》を極めた。数で劣る彰義隊は後退を余儀なくされた。午《うま》の半刻（午後一時頃）、薩摩兵が黒門口を占拠した。その朝、輪王寺宮はいつものように御堂にこもって読経に時を過ごしていた。銃砲の声が聞こえると、側近の者たちは宮に御堂を離れるよう勧めた。しかし宮は、読経が済むまでその場を離れようとしなかった。その間、僧侶たちは非常の時のために用意した宮の旅装束を取り出した。宮は僧衣を脱ぎ、これに着替えた。輪王寺宮は、一体どこへ逃げようというのだろうか。宮に随従する少人数の僧侶たちは、極めて困難な状況の中を、捕虜となることを恐れつつ彷徨《ほうこう》した。官軍に下る、という気持は輪王寺宮にはなかったようである。自首するくらいなら、辛苦に耐えた方がましである、と思っていたかもしれない。彷徨の途中で、平生より東叡山の恩顧を受けてきた一人の商人が、宮を安全な場所へ案内すると申し出た。

「随《したが》ひてとある農家に入るに、狭き一室なれば、宮を請《しょう》じまつるべくもあらず。納屋《なや》を開けさせて見れば、農具、藁《わら》、枯草など積みたる一辺に、方九尺許《ばかり》の板敷ありて、其《その》前に土間あり。宮を板敷に据ゑまつりて、僧等は土間に突居《ついい》たり。宮寒しと宣給《のたま》へば、布団《ふとん》二枚を借りしに、汚れ垢《あか》つきたり。宮僧等のたゆたふを見させ給ひ、苦しからずと宣給ひて、取りてかづかせ給ふ。時に丑《うし》半刻（午前三時頃）なりき。蚊多ければ、終夜眠らせ給はざりき」（＊19）

翌朝（十六日）、炊《た》いた飯と味噌汁《みそしる》が出た。飯の食器が欠けて汚れていたので、随伴する僧がこれを握り飯にして宮に差し出した。臭気のある味噌汁はそのまま脇《わき》に置いた。しかし、

「宮かかる時ならでは、民家の汁の味を知るよしなからんとて、強ひて一口飲ませ給ひ、笑ひてさし置かせ給ふ」。

輪王寺宮は、逃亡の試練を笑って受けとめることが出来たようである。しかし官軍

は、担当諸藩に彰義隊残党の潜伏先の捜索を命じた。大総督府は、輪王寺宮の行方を知る者は直ちに申し出るよう命じた。官軍の一隊が紀州家別邸を取り囲み、捜索した。輪王寺宮の妹君は紀州藩主の正室だった。或《ある》いは別邸に宮が潜んでいるのではないか、と疑ったのである。このことが、（宮が潜伏していた）市ヶ谷自証院の院主亮栄《りようえい》に、熾仁親王は敵である、頼むに足らず、と確信させた。亮栄は輪王寺宮に船で奥羽《おうう》方面へ逃げるよう勧めた。宮に変装させ、品川までの護衛の手配を整えた。品川湾に停泊する榎本武揚《たけあき》の軍艦に、輪王寺宮を乗船させようと謀《はか》ったのである（＊20）。

五月二十五日夜遅く、輪王寺宮一行は小舟で軍艦長鯨丸まで漕《こ》ぎ渡り、船上で丁重に迎えられた。榎本は旗艦開陽丸から長鯨丸に出向き、宮を迎えた。榎本は人払いをして、輪王寺宮に質《ただ》した。もし宮が熾仁親王の大総督府へ行きたければ、船員は命を棄てて宮を護衛し、大総督府へ送り届ける所存である。しかし、宮がどうしても奥羽へ渡りたいとの決意を固めているのであれば、是非その趣旨を承りたい、と。輪王寺宮は、次のように応えた。上野東叡山の寺は兵火にかけられ、もはや行く所とてない。江戸はどこも危険である。かりに熾仁親王を頼ったとしても、それが安全であるという保証はどこにもない。しばらく難を奥州に避け、戦乱の及ばない天台宗の末寺に身を隠したい。そこで、官軍が全国を平定する日を待つことにする、と。榎本は、輪王寺宮の仰《おお》せに従う、と言った。しかし南北朝時代の轍《てつ》を踏まぬよう、これが宮の意志であることを明言する手書を書いていただきたい、と榎本は輪王寺宮に頼んだ。ここで榎本が、敵対する二人の天皇が兵を率いて権力闘争した十四世紀南北朝の例を引き合いに出したということは、明治天皇と国の支配権を争う一派の旗頭に輪王寺宮がなることを、すでにこの段階で見越していたということを示している。

立証できない一説によれば、輪王寺宮の手書は勅書の形に仕立てられていた。また、輪王寺宮は榎本以下の幕臣を新たに樹立されるべき朝廷の官職に任じた（＊21）。もしこれが実際にあった事実であれば、輪王寺宮は自分が今や日本全国でないまでも、日本を二分する北国の天皇であると考えていたということになる（＊22）。この説から浮かび上がる輪王寺宮の印象は、なんとも名状しがたいものである。輪王寺宮は、自分がどういう立場にいるかという認識をまったく欠いていたのではないか。戦乱に巻き込まれることを恐れて、輪王寺宮は北へ逃げた。しかし、そこは反政府勢力の中心地だった。輪王寺宮は勿論《もちろん》、子供ではない。いかにも世間知らずと見える輪王寺宮と、その後の反乱勢力に与する輪王寺宮とを、どう結びつけたらよいのだろうか。

五月二十八日、輪王寺宮は平潟《ひらかた》港に上陸し、六月六日、反政府勢力の強力な一拠点である会津若松城に入った。五月二十九日、権大納言《ごんだいなごん》徳川茂栄《もちはる》と中納言徳川慶頼《よしより》は連署して、東征大総督府に輪王寺宮に対する温情の措置を嘆願した。嘆願書には、宮が賊徒に擁せられ、一緒に逃げざるを得なかったことが書かれている（＊23）。しかし、すでに見たように輪王寺宮は、自らの意志に反して賊徒に与するよう強いられたのではなかった。現に輪王寺宮は、大総督府へ無事送り届けるという榎本の申し出を断っている。輪王寺宮自身の証言によれば、宮の決意は戦乱を避け、ひたすら平和を祈願する気持から出たものである。しかし事実は、賊徒を利する結果となった。皇族の一人を擁したことによって、賊軍は錦《にしき》の御旗を掲げることが出来たのだった。

すでに「白石盟約書」が閏《うるう》四月に調印され、奥羽列藩同盟が五月三日に結成されていた。一カ月後、輪王寺宮が現れた時、宮は同盟の「シンボル」となるよう懇請された。さらに列藩同盟は、輪王寺宮に軍事までを統括する同盟総裁への就任を要望した。しかし輪王寺宮は、自分は僧侶《そうりょ》の身であるからと、これは丁重に断った。その日、輪王寺宮は奥羽列藩同盟の盟主に就任した。六月十六日、同盟の列藩会議で宮の地位を規定する七項目が作成された。最初の三項目は次の通りである。

一　宮様の仮住居は白石城とする。
一　賄《まかな》いは、奥羽にある旧幕領の収納をあてる。

一　彰義隊は是迄《これまで》通り警衛にあたる。

輪王寺宮は七月十三日、白石城へ移った。宮は城中で列藩会議に臨み、名実ともに同盟盟主の役を果たした。仙台藩主、米沢藩主が総督に選ばれ、参謀以下も決定し、事実上ここに京都朝廷に対抗する新たな「朝廷」が誕生した。菊池容斎（一七八八－一八七八）（＊24）が筆録した文書によれば、輪王寺宮が盟主に就任した六月十六日を期して、奥羽では大政元年と改元され、輪王寺宮は「東武皇帝」に即位した（＊25）。他の証拠によって裏書きされていないこの文書を、どこまで信じてよいかは疑問である。しかし、こういう文書が存在するということ自体、当時このようなことがあり得ると思われていた証拠である。

輪王寺宮は、戦闘が手痛い終焉《しゅうえん》を迎えるまで北に留まった。奥羽列藩同盟がすでにその兵力のほとんどを失い、戦闘の先が見えてきた明治元年九月十八日、輪王寺宮は京都朝廷に対して自分の行為を詫《わ》びる弁明書を書いた。輪王寺宮は言う。「拙僧は朝廷に対し奉《たてまつ》りて、深く慚悔《ざんかい》し、恐れ入り奉り候ふ」と。列藩同盟の残党が、宮を誘拐《ゆうかい》して外国行きの船に乗せる計画を立てているという噂《うわさ》が広まった。厳しい監視を続けるよう命令が下されたが、事実は、輪王寺宮はそのまま仙台にいて、十月十二日に東京へ向け出発した。十一月、次の決定が宮に下された。「輪王寺宮大義を失はせ給《たま》ひしによりて、伏見宮にあづけさせ給ふ。直に京都に赴きて謹慎せさせ給ふべし」。明治二年十月四日、輪王寺宮は謹慎を解かれ、伏見宮の位に復帰した。（この場合に限らず皇族に関わりのある時はいつもそうであるが）朝廷は、自ら進んでそうしたかどうかはともかく京都朝廷に対する反逆の中心人物となった輪王寺宮に対して寛大な慈悲を賜った（＊26）。明治三年、宮は横浜を出港し、まずアメリカからイギリス、最後にドイツへ行き、そこで軍事学を学んだ。明治五年、北白川宮家を継ぎ、晩年はこの名で知られた。明治二十八年（一八九五）、輪王寺宮は近衛《このえ》師団長として台湾出征中に病死した。

もう一人、皇族の中で何かと物議をかもす存在である朝彦親王は慶応四年（一八六八）八月十六日、政府転覆計画に関与した疑いで広島藩お預けとなった。朝彦親王はすでに前年、朝廷から謹慎処分を受けて蟄居《ちっきょ》していた。しかし慶応四年七月、朝彦親王が徳川家の政権回復を企てているとの密告があった。親王は榎本武揚の率いる艦隊を大坂、丹後、若狭に送り、各所に兵を上陸させ、朝廷に対して謀叛《むほん》を起こす計画を立てていたという（＊27）。調べた結果、その罪が確定した。朝彦親王は親王ならびに弾正尹《だんじょうのいん》の位を剝奪《はくだつ》され、仁孝天皇の養子としての地位も失った。しかし、その罰は次第に軽減され、明治五年（一八七二）正月、謹慎を解かれ、のち親王の地位に復した。

この時期、朝廷政府に楯突《たてつ》いた中で最もよく知られているのは、疑いもなく榎本武揚の反乱である。江戸城が官軍に引き渡された五カ月後、榎本は八隻《せき》の軍艦と共に脱走した。平潟（輪王寺宮の上陸地点）に寄港した後、榎本は蝦夷《えぞ》（北海道）へ向かった。榎本は松前、弘前藩の守備兵に圧倒的勝利を博し、洋式城塞《じょうさい》の箱館五稜郭《ごりょうかく》を占拠した。十二月二日、榎本は英国、フランス公使を通じて朝廷に嘆願書を送り、蝦夷地開拓の仕事を委任してくれるよう請願した。しかし岩倉具視は十二月十四日、両公使に宛《あ》てた返書の中で次のように述べた。榎本の嘆願書には言行一致せざるところ多く、その為《な》すところ正に「賊名」を免れず、と。この手厳しい返答は或いは、榎本のいわゆる「蝦夷共和国」宣言に触発されてのことだったかもしれない。「蝦夷共和国」は、たまたま箱館に居合わせた英国、フランス両国の小艦隊から国家としての条件付承認を得たにすぎなかった。幕府を支持する者たちが集まって幕府の伝統に基づいた生活を送る国――その試みは明治二年五月十八日、失敗に終わった。榎本は黒田清隆率いる官軍に降伏した。しかし明治維新に伴って起きた反乱の中で、これは最も息の長い戦闘だった（＊28）。

これが明治維新直後の時期に朝廷政府の権威に楯突いた最後の大きな反乱となったが、小規模でも似たような事件は幾つかあった。W・E・グリフィスは次のように書いている。「一八七一年には、新たなミカドをもり立てて古い制度を復活させようという試みがまたもやなされたのである。（中略）万事はまことに古くさい方法で計画された。つまり、まず第一に、誰か皇族の一人の身柄を獲得するのである。天子をひとりつかまえておけば、簒奪者《さんだつしゃ》たちは彼の名において事を行ない、これに神聖さと法の色合いをそえることができるのだ」（＊29）と。

明治四年（一八七一）四月三日、また一つの陰謀が露顕した。二人の公家（外山光輔《とやまみつすけ》、愛宕通旭《おたぎみちてる》）が政体の変革、ならびに孝明天皇の攘夷《じょうい》の理想の実現を謀って陰謀を企《たく》んだ。物価の急騰《きゅうとう》は庶民を苦しめ、首都が東京に移って京都は荒廃し、とりわけ国内を外国人が闊歩《かっぽ》し、至るところ外国の影響が氾濫《はんらん》していた。これらの現状に憤懣《ふんまん》やるかたない思いを抱いた二人は、朝彦親王の家臣を含む公家たちを糾合した。グリフィスによれば、「その計画の一部は、東京に火を放ち、皇帝を京都につれかえり、全政治組織を変えようというものであった」（＊30）。共謀者の一人は、京都府の政府の建物を爆破し、中にいる邪悪な役人どもを虐殺《ぎゃくさつ》すると主張した。もう一人は、神戸にいる外国人の一掃を企んだ。幸いにも、容疑者は計画を実行する前に逮捕された。逮捕された後もなお、外山と愛宕は朝廷が公布した法令（朝憲）に対して侮蔑《ぶべつ》を顕《あら》わにし、なお法令違反を画策していたのは明らかだった。この理由で、二人は明治四年十二月三日、自尽（自害）を命じられた。二人に追従する者たちも、また罰せられた。中には平民に格下げされた者もあり、終身刑を言い渡された者もいた。

これら高位の者たちの陰謀のほかにも、農民たちの一揆《いっき》が数多くあった。慶応四年（明治元年）だけでも百二十六件の一揆があり、その多くは上野国《こうずけ》一帯で起こった。このような一揆は、旧幕府や諸藩の脱走人などが農民を煽動《せんどう》した例が多い。しかし、一揆の標的は中央政府でなく、富裕な庄屋や地元の藩だった。そのため、一揆の中には結果的に政府に利することになったものもあった（＊31）。

これら朝廷の支配に対する不満の声を、若き天皇はどこまで知っていたのだろうか。「明治天皇紀」は、そのへんのところを正確に記していない。明治天皇が、これらの現状について概括的に把握していたことは確かである（＊32）。また、輪王寺宮と朝彦親王の行動についても耳にしていたに違いない。なにしろ二人とも、仁孝天皇の養子という公家の最高位にあった人物である。北における政府軍の数々の勝利は、常に事態が収拾されたという保証を伴って天皇に報告された。或いはこの時期、天皇の関心はこれら軍事的問題から逸《そ》らされていたかもしれない。間近に迫る即位と江戸下向の旅、いずれも遠隔地での戦闘より直に天皇の心に響く出来事が控えていた。しかし、明治天皇が紛れもなく気づいていたように、幕府復活の脅威が永遠に葬《ほうむ》られるためにも、相次ぐ反乱はことごとく鎮圧されなければならなかった。

＊1　原文は遠山茂樹編「天皇と華族」九ページ。布告の日付は、慶応四年閏四月二十一日。「明治天皇紀」第一巻七〇五ページも参照。

＊2　後宮は、ただ「奥」とも呼ばれることが多く、天皇が私生活を営む所で女官が統括していた。トルコ等で言う seraglio に当たる。

＊3　別の出典によれば、「辰の刻（午前八時前後）」とある。遠山編「天皇と華族」九ページ参照。

＊4　当時の官僚の最高位。岩倉具視と三条実美《さねとみ》は議定と輔相を兼ねた。

＊5　八景之間は輔相が政務をとる部屋。「明治天皇紀」は布告の原文に言葉を足してふくらませ、天皇が輔相の部屋へ行くのは輔相が忙しく国務に専念している仕事ぶりを見るためである、ということを示唆《しさ》している。

＊6　「明治天皇紀」第一巻七〇五～七〇六ページに要約されている。

＊7　これは、他のどこにも出てこない事実であるが、明らかにこの時まで天皇が喫煙していたことを示しているようである。

＊8　「御前詰」の称を改め、新たに創設された天皇の私設秘書。条規は次のことを定めている。（一）御前の事決して他に漏らすべからず、（二）政事に関し当路を経ずして直奏等を為《な》すべからず、（三）御前に於て厳に卑俗非礼の言行を為すことを慎むべし、（四）朝夕勤仕の間、苟《いやし》くも君恩に狃《な》れ、天威を冒瀆《ぼうとく》するが如《ごと》き行動なかるべきは勿論《もちろん》、内外に対し威権を張るべからず、等々。残る六つの条規は、いずれも勤務規定を扱っている（「明治天皇紀」第一巻七〇六〜七〇七ページ参照）。すべての要求を満たす公家を探し出すのは困難であるが、最終的に十人が選ばれた。十人の名前は、同七〇七ページ参照。

＊9　アーネスト・サトウは、すでに制定された幾つかの「法令」を見ており、その最新のものは六月に発行されたものだった。サトウは、次のように書いている。「それにはアメリカの政治学説の影響が歴然とあらわれていた。私は、フルベッキ博士の弟子大隈《オークマ》と、彼と同藩士の副島《ソエジマ》が、それらの法令制定に相当大きな役割をつとめたものと思っている。ある条項には、『太政官《ダイジョーカン》（すなわち政府）の権力を立法、行政、司法の三権に分かつ』という意味の字句があった。また他の条項には、『すべての官吏は四年の任期をもって交代する。官吏は投票により、票の多数によって任命される。ただし、政府官吏の交代する時期が来たら、その初度においては現在の半数は二年延期して残し、公務に支障をきたさぬようにする』と規定されていた。私たちは、この規定の中に『猟官制度《スポイル・システム》』のエコー（こだま）を聞くような気がした。大隈の説明によれば、『行政』は、『大統領とその顧問官より成る』アメリカ合衆国の憲法の行政部をまねたものであるが、実際は神祇《じんぎ》、会計、軍務、外務等の諸省の首位にあるというのであった」（サトウ「一外交官の見た明治維新」（下）二〇七ページ）

＊10「明治天皇紀」第一巻七〇八ページ。この時、一等官に任じられた者の中には、後藤象二郎、木戸孝允《たかよし》、大久保利通、副島種臣、横井小楠、と目のくらむような人材が次々と名を連ねている。

＊11 しかし最初の選挙の際は、継続の意味もあって、選ばれた内の半数は二年延長された。

＊12 岩倉具視は七月二十三日、自ら佐賀藩兵二千人を率いて出征させて欲しいと天皇に奏請した。その上表書の中で岩倉は、自分は公家の家に生まれたため、戦争の知識が皆無であることを認めながら、それでもなお北の賊軍との戦闘で、自分の「螻蟻《ろうぎ》（むしけら）」の力を試してみたい、と述べている。岩倉は結局、思い止《とど》まることになったが、それは軍事経験未熟のためではない。「明治天皇紀」第一巻七七四〜七七五ページ。

＊13 これは一八六八年の活動を記録するほとんどの文書で使われている名前であるが、私（キーン）はこの時期を通じて最もよく知られた名前である輪王寺宮を使うことにした。

＊14「明治天皇紀」第一巻六一八ページ。森鷗外「能久親王事蹟」（「鷗外全集」第三巻五一〇〜五一三ページ）も参照。

＊15 有馬頼義《よりちか》（「北白川宮生涯」〔「別冊文藝春秋」一〇五号〕二四四ページ）は、輪王寺宮の格式から言えば数百人の供まわりが必要だと述べている。

＊16 鷗外「能久親王事蹟」五一六ページ。

＊17 有馬（「北白川宮生涯」二四七ページ）によれば、岩倉は輪王寺宮が天皇に影響を与え、江戸城攻撃の計画を邪魔するのではないかと考えた。岩倉はたとえ東征軍は送っても、江戸城は攻撃しないと決めていた。なぜなら、岩倉にとって幕府方の交渉相手である勝海舟は死なせるには惜しい男だったからである。

＊**18**　渋沢栄一「徳川慶喜公伝」第四巻二四八ページ。

＊**19**　鷗外「能久親王事蹟」五三二ページ。

＊**20**　同右五三五ページ。（患家を訪ねる医師のような）宮の扮装《ふんそう》の詳細については、五三六ページ参照。

＊**21**　瀧川政次郎「知られざる天皇」（「新潮」一九五〇年十月号）一二六ページ。瀧川は、このことを故尾佐竹猛博士から直接聞いたと書いている。瀧川自身は文書を見なかった。しかし瀧川は、情報源としての尾佐竹に絶大なる信頼を寄せている。

＊**22**　この地域は日本の北に位置していたが、普通は東と呼ばれていた。「天皇」としての宮の肩書は、従って「東武」だった。朝廷政府の軍隊は「西軍」と呼ばれた。

＊**23**　「明治天皇紀」第一巻七三六ページ。アーネスト・サトウは同様の意見を持っていた。サトウ（「一外交官の見た明治維新」（下）二〇五ページ）は次のように書いている。「門跡《もんぜき》の資格でそこに常住し、徳川の抗戦派が天皇《ミカド》の位につけようとしていた親王輪王寺宮《リンノージノミヤ》は、合戦の終わりごろ生残者に擁せられて、同所を立ち退《の》かれた」と。

＊**24**　神武天皇から後亀山天皇の時代に至る五百人の傑出した人物（天皇、忠臣、烈婦など）の肖像と小伝をまとめた「前賢故実」の筆者。「前賢故実」は天保七年（一八三六）から明治元年（一八六八）にかけて出版された。

＊**25**　佐々木克《すぐる》「戊辰戦争」一三二ページ。「東武（「東部」と同音異義）」という名称は、国の西部地域を明治天皇が支配し、輪王寺宮は東部地域だけの天皇であるということを示している。このように国を二分する分割は、十世紀の平将門《まさかど》の乱を思い起こさせる。将門は東部だけの「新

皇」と自ら称していた。

＊26 鷗外「能久親王事蹟」五五七ページ。明治五年（一八七二）正月六日、皇族で高位にある三品《さんぽん》に叙せられた。同日、同じく曖昧模糊《あいまいもこ》とした人物である兄の朝彦親王も、三品に叙せられた。徳川慶喜は従四位に、また「東武皇帝」の短命な治世に権征夷大将軍に任じられた伊達慶邦《よしくに》は従五位に叙せられた。政府の寛大さは、ほとんど信じられないくらいである。

＊27 「明治天皇紀」第二巻七九二〜七九三ページ。朝彦親王の陰謀に関するさらに詳しい話は、渋沢栄一「徳川慶喜公伝」第四巻二六八〜二六九ページ参照。

＊28 独立国の建設、国際的な関係、そして榎本政府の崩壊については、石井孝「維新の内乱」二〇四〜二四九ページ、同じく石井「戊辰戦争論」二七七〜三二三ページ参照。

＊29 W・E・グリフィス「ミカド」（亀井俊介訳）一八九〜一九〇ページ。私（キーン）は、この計画の首謀者を特定出来なかった。

＊30 同右一九二ページ。

＊31 石井「戊辰戦争論」二一九ページ参照。石井は「このとき、もし農民の反乱が政府軍に向けられたとすれば、戦争の前途は予断を許さなかったであろう。しかし、農民の一揆はかえって長岡藩に向けられた」と述べ、「農民がいっせいに蜂起《ほうき》し、大庄屋や庄屋を打ちこわした。……長岡藩では、鎮圧のため武士を派遣したところ、かえって農民に撃退された」と述べている。

＊32 例えば慶応四年六月二十二日、明治天皇は会津征討越後口総督として京都を出発する嘉彰《よしあき》親王に、皇軍のしるしである錦旗《きんき》を授けている。「明治天皇紀」第一巻七五四ページ参照。また七月五日、天皇は勅使を奥羽の戦地へ遣わし、東征の将士の労苦をいたわる叡旨《えいし》を伝え、恩賜《おんし》の酒《しゅ》

肴《こう》を賜っている（「明治天皇紀」第一巻七五七ページ）。部隊への酒肴等の慰問は戦闘が終わるまで続けられた。

第十八章　東の都

慶応四年（一八六八）八月二十七日、明治天皇の即位の礼が執り行われた。当初は前年十一月に予定されていたが、国内情勢不安定のため大がかりな式典の挙行を許す状況になかった。また式典にふさわしい準備を整える時間も十分でないと判断され、翌年に延期された。国事多端のため、式典の詳細について周到な研究が始まったのは慶応四年五月に入ってからである。岩倉具視《ともみ》は神祇《じんぎ》官《かん》副知事亀井《かめい》茲監《これみ》に昔の記録を考証勘案するよう命じ、日本古来の正しい典拠に則《のっと》った「皇国神裔《しんえい》継承」の規範を裁定させた。岩倉の確信するところでは、これまで伝統的な典儀とされてきたものは実は中国の制度を模倣したものに過ぎなかった。今、維新の大変革に際し、典儀もまた将来の即位の礼の雛形《ひながた》となるよう更改されることが望ましい、と岩倉は考えた。

八月、正式命令が亀井と神祇官判事福羽美静《ふくばびせい》（文三郎）に下され、新しい形式による即位の礼の式次第が定められることになった。この時点で福羽は、古来の伝統に明らかにそぐわない一つの建言をした。福羽は言う。かつて徳川斉昭《なりあき》が、孝明天皇に地球儀を献じたことがあった。斉昭のねらいは、孝明天皇に世界の大勢を知らしめ、四方に向けて日本の国威を発揚するよう仕向けることにあった。もし、この地球儀を即位の式典の中心に据えるならば、と福羽は続けた。列席する百官有司（役人）に高邁《こうまい》なる志操を吹き込み、その見識を深めさせることになる。同時に万民は、荘厳崇高な即位の式典に深く感銘を受けることになるに違いない、と（＊1）。福羽はまた、式典に捧《ささ》げる宣命宣制、寿詞《じゅし》は、すべからく万民の奉賀の気持を体したものでなければならない、と建言した。これまで正式には高位の公家だけに限られていた儀式の世界に、広く万民を取り込むこと——これは、岩倉の願いでもあった。

当然のことながら、式典が執り行われるべき日時について陰陽頭《おんようのかみ》に勘進が命じられた。その勘文《かんもん》により、即位の日時は八月二十七日辰《たつ》の刻（午前八時前後）と決まった。式典の諸役が任命された。諸役は、これまでの式典の規範に種々の変更を指示した。いずれも、古代日本の文献に基づく変更だった。中古以来用いられてきた唐制礼服は廃された。主だった神社仏閣に供物《くもつ》が捧げられ、即位当日に風雨の難がないよう祈禱《きとう》が行われた（＊2）。奉幣使が神武天皇、天智天皇および前帝三代の山陵に派遣され、近く即位の礼が行われることが報告された。

即位の礼は入念この上なく、参列者の動作の端々に到《いた》るまですべて計画どおりに執り行われた。これらの儀式については「明治天皇紀」に、ぎっしりつまった活字で五ページ以上にわたり極めて詳細に記述されている。その日早朝、天皇は清涼殿で束帯を着けた。これは、中古以来の唐制礼服の伝統からの離脱を意味する。巳《み》の半刻（午前十一時頃）、天皇は儀式の行われる紫宸殿《ししんでん》に通じる長橋を渡御した。御前命婦《みょうぶ》が二人ずつ先行し、次に掌侍《しょうじ》二人がそれぞれ御剣、御璽《ぎょじ》を奉じて進んだ。天皇の後から、弁事阿野公誠《きんみ》が笏《しゃく》の入った箱を捧げて続き、別の弁事が天皇の裾《すそ》を捧げ持った。天皇は、紫宸殿に用意された御帳で閉ざされた高御座《たかみくら》に北面（後面）から入り、玉座に着いた。天皇の姿は、まだ列席の人々から見ることが出来なかった。掌侍二人が、玉座の左に置かれた案机の上に剣璽を安置し、退いた。阿野公誠が天皇に笏を捧げ、柳原光愛《みつなる》が天皇の履物を玉座の後段の一段目に置いた。鉦《しょう》の音を合図に、女官二人が玉座南面（前面）の御帳を上げた。ここで初めて、天皇の姿が一同に見えた。執仗《しつじょう》の合図で、群臣は平伏した。弁事勘解由小路《かでのこうじ》資生《すけなり》は、天皇に幣《ぬさ》（神に捧げる布製の礼物）を献じ、次に神祇官知事鷹司輔熙《すけひろ》が御前に進み、幣を拝受した。この儀式が終わると、典儀伏原宣足《のぶたる》が再拝を求め、賛者がこれを伝唱し、群臣は一斉に再拝した。ここで、宣命使冷泉為理《れいぜいためただ》が参進して所定の位置に着き、宣命を捧げ、声高く新しい天皇の皇位継承を宣した。つづいて天皇の長命と国家の繁栄を祝う寿詞が読み上げられ、伶官《れいかん》（楽師）が大歌を奏した。「わたつみの　はまのまさごを　かぞへつつ　きみがちとせの　ありかずにせん」（＊3）（大海の浜辺の砂を数えながら、その砂の数ほどに御治世が永遠に続くことをお祈りする）。

大歌が終わると、伏原宣足の合図で、群臣は一斉に再拝した。幟仁《たかひと》親王が膝行《しっこう》して天皇の御前に参進し、即位の礼の終了を告げた。鉦を合図に命婦が御帳を下ろし、天皇は再び一同から見えなくなった。天皇は北面から還御し、議定、参与は小御所に赴き、天皇に即位の礼が無事終了した祝いの言葉を述べた。列席した他の諸官が退鼓の音を合図に退出し、諸儀すべて終了したのは午時（正午）だった。この時、それまで降りしきっていた雨がぴたりとやみ、にわかに空が晴れ上がった。人々は、これを吉兆と見て喜んだ。官吏は休暇を賜り、庶民は仕事を休んで奉祝した。

即位の礼の前日、天皇と国民との間の絆《きずな》を強める措置として、天皇の誕生日（九月二十二日）を国民の祝日とし、「天長節」と定めた（＊4）。天皇の誕生日を祝日とする慣例は、すでに宝亀《ほうき》六年（七七五）に見られる。しかし、この慣例は長年にわたって中断されていた。この時期における慣例の復活は、やはり古代の慣習への復帰を意図したものにほかならない。

九月八日、年号（＊5）が慶応から明治と改元され、同時に「一世一元の制」が定められた（＊6）。明治という言葉は、古代中国の易占いの書「易経」の次の一節から取られた。「聖人南面而聴天下嚮《きょうめい》明而治（聖人南面して天下を聴き、明に嚮《むか》いて治む）」。新しい年号が公表される前日、天皇は自ら内侍所に赴き、清原、菅原両家堂上《とうしょう》の勘文による二、三の候補の中から、籤《くじ》によって新しい年号を決定した（＊7）。それは、単に年号ということに止《とど》まらなかった。恐らく当時そのことに気づいてはいなかったろうが、天皇は後世、人々がその呼称によって天皇を知ることになる名前を選んだのだった。これまでの天皇は、住居のあった土地の名前或《ある》いは（明治天皇の父と祖父がそうだったように）死後に贈られた諡号《しごう》によって知られるのが普通だった。「明治」は「明らかに治める」という意味に解釈され、明治天皇の治世の性格そのものを的確に表わす名称となったようである。天皇の父や祖父につけられた「孝明」、「仁《にん》孝《こう》」といった諡号は確かに吉兆を表わすものではあっても、明治時代の性格を表わすものとしては適切さに欠けると言わざるを得ない。

即位の礼が片づくと、若き君主の前には次なる大仕事が控えていた。東京行幸である。この行幸については去る八月四日に布告があり、すでに「海内一家東西同視」の叡慮《えいりよ》によって江戸が東京、すなわち「東の都」と命名されたことが明らかにされている。行幸の公式の理由は、次のようなものだった。今春以来、東国の民衆は数々の戦闘によって多大な艱難《かんなん》辛苦を味わった。天皇は、かねてより、これら東国の民衆を慰《い》撫《ぶ》したいという願いを抱いていた。東京行幸は、その天皇の願いを実現するものである、と。岩倉具視は、この行幸を非常に重視していたようである。岩倉は天皇の出発の期日を、即位の礼の翌日に公式に発表すべきであると主張した。八月二十五日、岩倉は議定、参与に対し、誰が天皇の行列に供奉《ぐぶ》して東京へ行くか、また誰が京都に残って政務をとり、天皇の留守を預かって都を警衛するか、その分担を指名する提議を行なっている。

東京行幸については、時期尚早と反発の声も挙がった。朝彦親王の陰謀発覚と旧幕府軍艦の脱走は、東国が未《いま》だ完全に鎮圧されていない証拠である、というのが反対の理由だった。しかし、東京遷都《せんと》の発案者ということになっている江藤新平は、東京行幸は直ちに行われなければならないと強く主張した。江藤は言う。東国の民衆は長年にわたる武家政治の恩恵に慣れ、未だ天皇の慈愛の威光の何たるかを知らない。徳川家の崩壊で、東国の民衆は主人を奪われたも同然の思いであり、その思いをどこへ向けてよいか途方に暮れている。もし賊艦を恐れて天皇の東幸が延期されたということになれば、天皇の新政府は信を内外に失うばかりでなく、東国の民衆の心を摑《つか》む願ってもない機会を逸し、その禍害には測り知れないものがある、と。江藤の力強い雄弁と岩倉の政治的洞察力とが相まって、大勢は東京行幸を直ちに行うべしとの方向に傾いた。

しかし、なお反対の声は絶えなかった。なにも奥羽越方面が完全に鎮圧されていないことを危ぶむ者ばかりではなかった。鳥羽伏見の戦闘以来、政府の出費はかさむばかりだった。反対を唱える者たちの念頭には、その莫大《ばくだい》な出費があった。東京行幸に際して天皇および随従する者たちにかかるさらなる出費が、すでに財政危機にあるこの国の財源に深刻な枯渇《こかつ》をもたらすことを恐れたのである。京都の市民たちもまた、このたびの東京行幸が或いは東京遷都の前触れになるのではないかと危惧《きぐ》していた(参与大久保利通は東京遷都賛成派として知られていた)(＊8)。

東京の市民たちは逆に、天皇の行幸を今か今かと待ち焦《こ》がれる思いだった。すでに幕府が解体した今、江戸(東京)はその政治的価値を失い、誰からも顧みられない存在と化すのではないかという恐れがあった。なにも東京の市民だけが、このような危惧を抱いたわけではない。サトウは日記に、次のように書いている。

「出入りの商人や商店主がこれまで品物を納めていた諸大名は、今やことごとく国もとへ立ち退《の》いてしまったので、人口も当然減少を免れなかった。江戸は極東《ファー・イースト》の最も立派な都市の一つであったから、それが衰微するというのは悲しいことだった。江戸には立派な公共建築物こそないが、町は海岸に臨み、それに沿って諸大名の遊園地が幾つもあった。城は、素晴らしく大きな濠《ほり》をめぐらして、巨大な石を積み重ねた堂々たる城壁を構えていた。絵のように美しい松並み木が日陰をつくっており、市の中にも田舎《いなか》びた所が多く、すべてが偉大という印象を与えていた」（＊9）

サトウの哀調に満ちた筆致は、将軍と大名の去った江戸の町が、その偉大さと有形の美までも失おうとしていることを惜しんでいるかのようである。武家屋敷の並ぶ一郭は寂れ果て、死に絶えたように見えた。東京がその価値を回復する唯一《ゆいいつ》の道は、日本の首都に選ばれることだった。これは事実、大久保が意図したことだった。大久保は東征大総督の補佐のため東京にいた。九月十三日、京都へ戻った大久保は、東京行幸を速やかに断行すべしと激しく論じた。朝議は、ついに出発を九月二十日と決定した。翌週、奥羽から吉報が届いた。十五日、仙台藩が官軍に降伏したのだった。

天皇の鳳輦《ほうれん》は予定通り二十日、東京へ向けて出発した。辰《たつ》の刻（午前八時前後）、天皇は紫宸殿《ししんでん》に出御し、ここで鳳輦に乗御した。天皇は三種の神器の一つ、内侍所《ないしどころ》(神鏡)を奉じて建礼門を出た。岩倉具視、中山忠能《ただやす》、伊達《だて》宗城《むねなり》、池田章政《あきまさ》(岡山藩主)、木戸孝允《たかよし》等を筆頭に、供奉の列に加わる者は三千三百余人にのぼった。加藤明《あき》実《ざね》(水口藩主)が神鏡の警衛にあたった(＊10)。行列は、道喜《どうぎ》門で皇太后と淑子《すみこ》内親王の見送りを受けた。宮、堂上、在京の諸侯は南門外に整列して行列を見送った。沿道には老弱男女《ろうにゃくなんにょ》が列をなして鳳輦を拝観した。喝道《かつどう》(貴人の行列の先払い)禁制が特になかったにも拘《かかわ》らず、沿道の民衆に雑踏狼藉《ろうぜき》はなく、粛然とした規律があった。沿道から拍手《かしわで》を打って拝む音が絶えなかった。

行列は三条通を東に粟田口《あわたぐち》まで進み、天台宗門跡の青蓮院《しょうれんいん》で小休止した。ここで天皇は午餐《ごさん》をとり、遠出用の軽便な板輿《いたごし》に乗り換えた。行列は蹴上《けあげ》坂、奴茶屋を過ぎ、東山を越えて山科《やましな》へ出た。途中、天皇は天智天皇の山科陵を遥拝《ようはい》している。未《ひつじ》の半刻(午後三時頃)、行列は大津に到着した。天皇は、行在所《あんざいしょ》に定められた本陣に入った。神鏡は、別の家に安置された。この時、権中納言《ごんちゅうなごん》大原重徳《しげとみ》が行列を追って馬で駆けつけた。大原は、直ちに京都へ引き返すよう建言した。大原によれば今月十六日、豊受《とようけ》大神宮の大祭を執行中、皇大神宮の大鳥居が倒れた。神職等は、これを天照皇大神《あまてらすおおみかみ》の警告と受け取り、直ちに急使を以《もっ》て朝廷へ報告した。かねてより天皇の東京行幸に反対を唱えていた大原は、これを機に東幸を阻止しようと急遽《きゅうきょ》駆けつけたのだった。しかし岩倉は、大原の建言に動じなかった。自らが誓書を神明に奉じることを約束し、大原を京都へ帰した。

この日、(これは実は東京行幸の途中立ち寄ったすべての土地で行われることになるが)天皇は沿道にあるすべての神社に幣帛《へいはく》を奉じるよう命じた。さらに高齢者に金を与え、孝子、節婦、義僕婢《ぎぼくひ》、また公益事業の功労者を表彰した。疾病《しっぺい》、遭難、困窮者には施しを恵んだ。その費用は莫大な額にのぼった。幸いにも旅費の大半は、三井次郎右衛門を始めとする京大坂の富商が請け負った(＊11)。

行列は、京都と東京を結ぶ東海道を着実に進んでいった。九月二十二日に会津藩、二十三日に庄内藩、十月六日に長岡藩、九日に盛岡藩、と奥羽越地方の各藩降伏の報《しら》せが次々と届いた。官軍に反抗を続けているのは、今や蝦夷《えぞ》の榎本武揚だけとなった。

若き天皇は、この初めての大掛かりな旅のことを、どう考えていたのだろうか。天皇は、やがて和歌を表現の主な手段とするようになるが、この旅の印象は和歌には記録しなかったようである。しかし、「明治天皇紀」は場合によって天皇が特に感銘を受けたものが何であったかという手掛かりを与えてくれる。九月二十七日、熱田を過ぎて間もなく、天皇は輿を止め、農民が米を収穫する姿を垣間《かいま》見た。岩倉は農民から稲穂を取り寄せ、天皇の御前に供した。この時、尾張藩主徳川徳成は次の和歌を天皇に捧げている。

かりし穂のすくなきみればあはれなり
大みたからの心やいかに

「大みたから」は大御田族《おおみたから》、天皇の臣たる農民のことである（＊12）。記録によれば、天皇は農民に菓子を賜り、その労苦をねぎらったとある。人は不敬にもマリー・アントワネットの言葉を思い起こすかもしれない。人民がパンもなく飢えていた時、マリー・アントワネットは次のように言ったと伝えられている。「パンが無ければ、菓子を与えればよいではないか」と。

十月一日、静岡沿岸の汐見坂から、天皇は初めて太平洋を見た。これは恐らく日本史上、天皇が実際に太平洋を見た最初の記録である。しかし、明治天皇の反応は記録されていない。たとえ天皇自身は黙したままであったにせよ、木戸孝允は心に感ずるところあって、次のように口走ったという。「皇威ヲ洋外ニ輝シ給《たも》フハ此《これ》ヨリ始マルナリ」と。翌日、天皇は御座船で浜名湖を渡った。湖面は波静かで、「天顔頗《すこぶ》る麗《うるわ》し」

と記録にある（＊13）。岩倉は、ここで和歌一首を詠《よ》んだ。謙虚に、自分の旅の感想は何も書き入れていない。

浪風のあらゐのうみは名のみにて
　御船しづかにわたりましけり（＊14）

旅の途次、ほかにも興味深い経験の数々があった。日本で最も川幅が広く、渡るのが困難な大井川では（＊15）、天皇の便宜のために板橋が架けられた。天竜川、安倍川《あべかわ》では船橋を渡った。天皇にとって、これはより一層新しい経験であったろう。しかし、なんといっても天皇の記憶に最も鮮明に残った出来事といえば、それは紛れもなく十月七日、富士山を仰ぎ見たことであったに違いない。これは恐らく、日本の天皇が和歌、物語、紀行文で名高いこの山を見た最初の例だった。明治天皇は、随従する者たちの一人一人に、行列の東京到着までに富士を和歌に詠みこむよう命じた。この日の午後、三島に到着後、天皇は行在所に定められた本陣にある不二亭から、富士を心ゆくまで眺めた。

八日、行列は箱根山を越えなければならなかった。天皇は三島の行在所を早暁寅《そうぎようとら》の半刻（午前五時頃）に出発した。天皇は予定通り、午餐時に箱根駅に到着した。芦《あし》ノ湖《こ》を見渡しながら天皇は銃猟を見たいと思ったが、土地の者に迷惑をかけることを恐れた。木戸孝允は天皇の気持を察し、前日、駿河伊豆の国境で天皇の行列を出迎えた射撃の名手、江川太郎左衛門に相談した。江川は従者の一人に命じ、御前に拡《ひろ》がる湖上の鳥を銃で狙《ねら》わせた。弾は一羽の鴨《かも》に命中した。江川は、これを天皇に献じた。天皇はいたく喜び、江川の従者に賞金五百疋《ぴき》を賜った。翌日、大磯で天皇は供奉する諸藩の兵隊に命じ、巌上《がんじょう》の鴉《からす》の群れを射撃させた。残念ながら、弾はいずれも的をはずれ、鴉の群れは無傷のまま飛び去った。天皇はまた、漁夫に地曳《じび》き網を使わせた。漁夫は数個の大桶《おおおけ》に潮水を満たし、中に捕獲した魚を放ち、天皇の御座所へ運んだ。「天顔頗る喜色あり」と記録にある。

明治天皇が東京に到着したのは、十月十三日である。大総督熾仁《たるひと》親王、鎮将三条実《さね》美《とみ》、東京府知事烏丸光徳《からすまるみつえ》等が品川で天皇を迎えた。天皇に供奉する親王、公家、諸侯は衣冠帯剣で都入りした。三等官以上の徴士は直垂《ひたたれ》帯剣で、いずれも騎馬だった。この極めて印象的な効果の演出者は岩倉具視である。岩倉は言う。長年にわたって武力の統治に慣らされてきた関東の民衆は「慓悍《ひょうかん》」である。これをうまく御するには「先《ま》づ朝廷衣冠の礼を観しめ、以《もっ》て其《そ》の心を和にするに如《し》かざるなり」と。

天皇の行列は増上寺で小休止し、ここで天皇は鳳輦に乗り換えた。行列は芝から新橋、京橋、呉服橋見附を経て、和田倉門から江戸城に入った。楽士が管弦を奏しながら行列を先導した。在東京の三等官以上の役人及び諸侯は、坂下門外に列をなして行列を迎えた。未の半刻（午後三時頃）、天皇は西城（西の丸）に入った。これより以降、江戸城は皇居となり、名称改め東京城となった。この日、幾千万という民衆が天皇の行列を拝観し、感涙して次のように言ったという。「図らざりき、今日一天万乗《いってんばんじょう》（天下を統治する天子）の尊厳を仰ぎたてまつらんとは」と。

戦闘は、まだ終わっていなかった。事実、十月二十七日、蝦夷の官軍は榎本武揚の軍艦に敗北を喫した（＊16）。しかし、大方の意見では反乱軍はもはやこれ以上、新政府にとって深刻な脅威とはならないという見通しだった（＊17）。十一月二日、熾仁親王は錦旗《きんき》と節刀を天皇に奉還した。これは、奥羽越諸藩の官軍に対する反抗が終わった、ということを意味する。

十一月四日、天皇は東京行幸の祝いとして東京市民に大量の酒を賜った。下賜《かし》された酒は、しめて約二千九百九十樽《たる》だった。これに加えて、錫瓶子《すずへいし》（錫製の徳利）五百五十本、干鯣《するめ》千七百把が下賜された。金額の総計は一万四千三十八両余である。東京市民は二日間にわたって家業を休み、歓を尽くした。これが、ごく初期の明治文学の題材となっている。次に挙げるのは、漢詩人大沼枕山《ちんざん》の七言絶句である(＊18)。

天子遷都寵華《ちょうか》ヲ布《し》ク
東京ノ児女美花ノ如《ごと》シ
須《すべか》ラク知ルベシ鴨水《おうすい》ハ鷗渡《おうと》ニ輸スルヲ
多少ノ簪紳《しんしん》家ヲ顧ミズ

(天子が遷都し、「寵華」を賜った
東京の子女は、花のごとく美しい
「鴨水」が「鷗渡」に及ばぬことを知って
公家たちは、家のことなど、どうでもよくなった)

「寵華」とは、天皇が賜った酒のことに違いない。「鴨水(京都の鴨川)」は今や、京都の公家たちにとって「鷗渡(東京の隅田川)」ほど魅力が無くなり、先祖伝来の京都の家を忘れてしまった、というのである。事実、十一月二十七日、翌月早々に天皇が京都へ還幸すると発表があった時、公家を率いる立場にある三条実美は、東京を離れることを不可とした。三条は、次のように主張した。国家の興廃は関東の人心の向背に繋《つな》がるところが大きい。もし、天皇がにわかに京都還幸ということにでもなれば、関東の人心を失うこと必定である。東京の盛衰は、すなわち日本全国の盛衰に繋がる。「縦令《たとい》京摂（京都と摂津）を失ふとも、東京を失はざれば則《すなわ》ち天下を失ふことなし」と。

東京滞在中、天皇はとりわけ個人的に大切な人々に会った。今は親子《ちかこ》内親王として知られる和宮に謁《えつ》を賜った天皇は、恐らく和宮の兄である故孝明天皇の思い出を語り合ったに違いない。天皇はまた十一月二十三日、水戸藩主の徳川昭武に謁を賜った。一年間のフランス留学から帰朝した昭武に、天皇は外国事情を尋ねた。昭武の報告は、明らかに明治天皇を感銘させたようだった。それ以来、天皇は西洋の情報を求めて頻繁に昭武を召している。十二月始め、昭武はわずか十五歳にして蝦夷へ派遣され、水戸藩主として箱館の反乱軍討伐に従軍することになった（＊19）。昭武が派遣されたのは、疑いもなく軍人としての才能のためというよりは名前のためだった。恐らく官軍に徳川家の人間——最後の将軍の弟——を置くことで、榎本武揚を支持する旧幕府の人間の動揺を狙ったものだろう。

明治天皇の東京滞在中、横浜駐在の外交官との交渉が始まった。交渉の案件は、政府軍と反乱軍との紛争に対する局外中立の解除、箱館の反乱軍の征討、キリスト教徒に関する処置、紙幣の発行等に関する諸問題である。これらの交渉は、決して順調には進まなかった。恐るべきハリー・パークスの率いる外国代表団は、箱館その他の地域における不可侵の貿易の権利を脅《おびや》かす如何《いか》なる要求をも考慮することを拒否した。

十一月十九日、東京互市場《ごしじょう》（交易所）が開かれ、また日本と外国との長年にわたる論争の的だった新潟港がついに開港した。東京互市場は築地《つきじ》鉄砲洲《てっぽうず》にあり、そこは外国人のための居住地としても開放された。武士は鑑札無しでこの居留地に入ることを禁じられた。居留地への武士の立ち入り禁止は、恐らく帯刀する武士に対する外国人の恐怖を鎮《しず》める意図があったと思われる。しかし、これは必然的に武士の威信を貶《おとし》めることになった。ほどなく、武士は外国船防備の仕事を与えられた。もとより、武士たちの誰も予測だにしないことだった。大沼枕山は武士たちの苦境について、次の漢詩を詠んでいる（＊20）。

小揚州ハ是《こ》レ新島原
関訶《かんか》ノ邦士蛮船ヲ護ス
郎ニ勧ム帯ブル莫《なか》レ両条ノ鉄

郎ニ勧ム須《すべから》ク帯ビルベシ十万銭

(小揚州——中国の「揚州」は遊里で知られた——すなわち新島原である

いじめ抜かれたわが日本の武士たちは、今や異国船の番人である

遊女がいうには、「お願いだから、両刀なんか持ってこないでおくれ

持ってくるなら、ねえ、十万銭を」)

明治元年(一八六八)の冬、鉄砲洲界隈《かいわい》の大名屋敷は取り壊され、その地区一帯は外国人の居住地として開放された。同時に、新しい遊廓《ゆうかく》が京都の島原遊廓の名をとって近くに開かれた。最後の二行は、新島原の遊女にとって客の身分地位より金の方が大事であることを示唆《しさ》している。これは確かに、数年前の攘夷《じょうい》の信念とは裏腹に外国人を保護する仕事に従事することになった武士たちにとって、それに劣らず屈辱的なことだった。

十一月二十二日、二十三日と続けて、天皇は外国公使を引見した。日本と諸外国の関係を増進させ、良好なものにしようという天皇の願いの証《あか》しだった。二十二日午の刻(正午前後)、イタリア、フランス、オランダ公使が東京城に参内した(*21)。捧銃の礼が行われ、外国官判事、弁事、外国官知事が出迎えた。茶菓子が饗《きょう》され、その

間に天皇は大広間に出御し、伶人《れいじん》の奏楽が始まった。知事が天皇の御前に各公使を案内し、通訳官が輔相《ほしょう》に公使の氏名を告げ、輔相がこれを天皇に奏上した。公使は国書を捧呈《ほうてい》し、自国の君主から受けた命を伝奏した。次に、公使の随従者が同様に天皇に拝謁した。引見が終わると公使等は退出し、天皇は入御し、奏楽は止《や》んだ。三公使並びに参朝した外国人一同は高輪待遇所に案内され、日本料理と西洋料理を饗された。

西洋の外交的慣例から言って、この日、別に特筆すべきことが起こったわけではなかった。しかし、外交官接待の饗宴は日本では前例のないことだった。しかも、それが自信をもって堂々と行われたことは驚いてよかった。さらに、それが孝明天皇死後二年にも満たないことを思えば、ますます驚いていいことだった。なにしろ、孝明天皇は決して外国人に会おうとしなかったし、神聖な日本の土地に外国人がいるということ自体が神々に対する言語に絶する侮辱であると考えていた。若き天皇は進んで外国人に会おうとしたばかりでなく、この時に限らず外国人に対して常に好意的だった。

十一月二十八日、天皇は初めて日本の軍艦に搭乗し、船艦の運転を視察した。前日、三条実美と岩倉具視は天皇に軍艦で横浜沖まで出ることを勧めた。しかし、祖父中山忠能は海上において剣璽《けんじ》を紛失することを恐れ、これに反対した。結局、聖断によって乗艦が決まったが、剣璽だけは浜御殿に残し、厳しく守護させることになった。天皇が富士艦に搭乗した際、米国戦艦は祝砲二十一発を放ち、富士艦もこれに答砲した。天皇に随従した侍臣たち（議定中山忠能、参与大久保利通等以下）は、この砲弾の音に肝をつぶした。しかし天皇は、「自若として龍顔《りゆうがん》殊《こと》に麗し」と記録にある。後年、間近で爆発ないしはそれに似た音がしても、天皇は同じく沈着冷静だった。幼少の頃、天皇が砲弾の音を初めて聞いて気絶したという話とは、いかにも対照的ではないか。

天皇の軍艦搭乗は、成功裡《り》に終わった。この日、天気晴朗にして風波起らず、天皇の機嫌もすこぶる満悦、と記録にある。これは日本海軍の将来にとって幸先のよいしるしとなった。事実、翌日、天皇より「海軍之儀ハ当今ノ急務」であり、ますます「講究精励」あるべし、との御沙汰《さた》があった。

十二月三日、輔相岩倉具視と外国官副知事東久世《ひがしくぜ》通禧《みちとみ》は横浜の英国公使館を訪れ、政府軍と旧幕府軍との戦闘における列強の局外中立を解除するよう要求した。この要求が緊急を要したについては、主として米国建造の甲鉄艦ストーンウォール・ジャクソン購入の問題があった。もともと、この戦艦の購入契約の当事者は旧幕府だった。しかし船が幕府に引き渡される前に、日本は戦闘で二分されることになった。列強は局外中立を選び、そのため政府軍、旧幕府軍のどちらの側にも船を引き渡すことを渋った。政府は数度にわたり、列強に中立を解除するよう求めたが、列強はこれを拒絶した。ストーンウォール・ジャクソンは、横浜港に釘《くぎ》づけさせられたも同然だった。岩倉と東久世は、戦闘が事実上終結し、従って列強が局外中立を保つ理由は何もないと主張した。サトウは、この時のハリー・パークスの返事から次のことを記している。

「公使たちは、戦争終結の宣言はしたいが、それにしてもストーンウォール・ジャクソン号の引渡しはしたくないという腹らしかった。そして、この船を保留しておく口実のために、局外中立の通告の取消しをしたがらなかったのだ」(＊22)。サトウは続ける。

「私たちとしては、これは甚だ筋の通らないものだと思った。岩倉は前回の議論を全部繰りかえし、榎本《エノモト》を攻撃するために、天皇《ミカド》政府がストーンウォール号を手に入れたがっているなどとは、思いもよらぬことだ、むしろ榎本に対しては寛大な条件を考えているのだと付言した。そこで長官は、自分としては戦争はすでに終結したと考えているから、局外中立もそれと同時に消滅したものと考える、自分はいつでもこの旨《むね》を文書で述べるつもりでいると言明した。岩倉はこう言った。天皇《ミカド》は諸公使からの回答を大いに待ち望んでおられる、そのために天皇《ミカド》はこの自分に、五日間あとに残ってこの問題の解決に努めた上で、東海道の清水《シミズ》港で京都還幸の行列に加わるように命ぜられたのである。そこで、自分としても天皇《ミカド》によいおみやげを持たせてやりたいので、内々でハリー卿《きょう》の気持を知りたいと思っているのだ、と」(*23)。

パークスはあらゆる手を尽くして他の外国公使たちを説き伏せた。その調停のお蔭《かげ》で、公使たちは十二月二十八日、少なくとも局外中立をやめることに同意した。「天皇《ミカド》政府」がストーンウォール・ジャクソンを榎本攻撃に使うなどとんでもないとする岩倉の言明を、どう理解したらよいだろうか。岩倉の言葉に対するサトウの理解に誤りがないと仮定すれば、岩倉は嘘《うそ》をついていた。中立が解かれるや否《いな》や、政府は米国から船を購入し、箱館へ送った。ストーンウォール・ジャクソンは、対榎本軍の海戦で勇壮に戦った(*24)。しかし、岩倉が約束した反乱軍への寛大な処置は嘘ではなかった。明治二年(一八六九)五月十八日、降伏した榎本はその後三年間投獄された後、明治五年に特赦を受け、直ちに北海道開発の開拓使に任じられた。

反乱に関与した諸藩主たちは、同様に寛大な処置を受けた。奥羽越における戦闘が終わると、天皇はおよそ次の意味の詔書を発した。賞罰は天下の大典にして、朕《ちん》一人が勝手に決めるべきものにあらず。広く天下の衆議を集め、至正公平いささかも誤りなきように決すべし、と。前会津藩主松平容保《かたもり》については、本来であれば謀叛《むほん》の罪として厳刑に処するところ死一等が減じられた。この勧告は事実、容保のみならず他のすべての謀叛藩主について適用された。政府に楯突《たてつ》いて処刑された者は一人もいなかった。容保は鳥取藩に永の御預けとなったが、ほどなく謹慎を解かれ、日光東照宮宮司に任じられた。他の諸藩主は領地を没収されたが、大方は別に新たに領地を賜った。あくまで死罪を主張したのは、木戸孝允ただ一人だった。木戸は言う。自分は、その人を憎むにあらず、ただ、その罪を憎むなり。王事に力を尽くした者の多くが、彼らの謀叛のため非業の最期《さいご》を遂げた。刑典は天下の大法である。寛大なる処置によって天下の大法を枉《ま》げてはならない、と。しかし、木戸の言葉は他の政府諸官を動かすことは出来なかった。寛大なる処置は、時代の流れだった。

天皇は十二月八日、翌春再び東京へ戻ることを約して還幸の途についた。随従する者は二千百五十三人で、下向の時に比べてかなり少ない人数だった。敵対する者たちの危険が減ったことを示すものだろう。途中、天皇は再び富士山を仰ぎ、三保の松原の景観を賞したが、初めて目にした時の興奮には及ばなかったのではないかと思われる。しかし、天皇が満足していい理由はすべて揃《そろ》っていた。京都を出発して三ヵ月足らずの間に奥羽越の反乱は、完全に鎮圧された。未《いま》だに箱館で抵抗が続いているとは言え、各国公使でさえ今や勝利は朝廷政府のものであることを認めていた。二百数十年にわたって幕府の拠点だった江戸の町は、天皇の手に落ちた。加えて、天皇の鳳輦《ほうれん》が東海道を行くという前例のない壮挙は、京都から遠く離れた土地に住む民衆たちに天皇の威光を知らしめる結果となったことは疑いもない事実だった（＊25）。

天皇の鳳輦は十二月二十二日、京都に入った。二十五日には、予定どおり孝明天皇の三回聖忌が滞りなく行われた。三日後の二十八日、天皇の花嫁一条美子《はるこ》が入内《じゅだい》した。日本史上最も重要な年の一つに数えられるこの一年を締め括《くく》るにふさわしい吉事だった。

＊1　地球儀は事実、即位の礼で重要な役割を演じた。「明治天皇紀」第一巻八〇五ページ参照。
＊2　同右七九六ページ。祈りは聞き届けられなかった。式典の最中、雨は激しく降りしきった。
＊3　同右八一二ページ。「古今和歌集」第三百四十四番、賀歌の一つである。
＊4　「明治天皇紀」第一巻八〇四ページ。「天長」という言葉は、「天長地久」という熟語から出ている。天地が永久に続くごとく、天皇の長久を願ったものである。明治六年（一八七三）に太陽暦が採用されて以後、天長節は十一月三日と定められた。嘉永五年（一八五二）の明治天皇の誕生日を陰暦から陽暦に換算したのである。明治元年（一八六八）の誕生日は、太陽暦によれば十一月六日だった。アーネスト・サトウ（「一外交官の見た明治維新」（下）二二九ページ）は、「十一月六日は天皇《ミカド》の誕生日にあたるので、祝賀の盛儀が取り行なわれた」と書いている。
＊5　「年号」は、「元号」と同じ意味で使われる。

＊6 この決定がなされた理由は、明示されていない。恐らく西暦の言い方に慣れた日本人に、目まぐるしく変わる日本の年号は効率が悪いということになったのではないか。

＊7 十二世紀以来というもの、ごくわずかの例を除いて、代々学者の家系である菅原家が新しい年号の候補を撰進《せんしん》した。清原家（江戸初期、秀賢の代より舟橋家と改称）は儒学の家柄として知られる。

＊8 サトウは日記に書いている。「（一八六八年八月）二十三日（慶応四年七月六日）に、私は小松や中井と会食した。これは、この年の初め京都から大坂《オーザカ》への遷都を提案した薩摩《さつま》の政治家大久保に会うためだった。結局江戸を政治の中心とし、その名を東京《トーキョー》、すなわち東の都と改称することに決定したのだが、それには大久保の影響力が大きかったことを私は疑わない」（「一外交官の見た明治維新」（下）二二二ページ）。また、遠山茂樹編「天皇と華族」六〜八ページ参照。「大坂遷都建白書」（慶応四年一月）の中で大久保は、遷都提唱の理由を述べている。のちに大久保は、新しい首都に東京がふさわしいと思うようになった。

＊9 サトウ「一外交官の見た明治維新」（下）一九三ページ。

＊10 行列の厳密な構成は、吉野作造編「明治文化全集」第十七巻（皇室篇）一九七〜二〇五ページに詳細が載っている。

＊11 「明治天皇紀」第一巻八三九ページ。「明治文化全集」第十七巻二〇六ページに、大津で下賜《かし》された金額の内訳が出ている。りきという女は姑《しゅうとめ》に孝養を尽くした嫁の鑑《かがみ》であり、夫安兵衛の妻としてもよく婦道を守った。りきは、そのあっぱれな振舞いのために二千疋《ぴき》を下賜されている。ほかに合計三百五十八人の老人が下賜を受け、七十歳以上には二百疋、九十歳を越える一人には

五百疋が与えられている。

＊12 「明治天皇紀」第一巻八四七ページ。多田好問編「岩倉公実記」（中）五七〇ページは、内容的に驚くほどよく似ている一つの逸話を伝えている。九月二十一日、天皇の鳳輦が東海道の宿場町石部に到着した際、伊達宗城は路傍の田に近づき、稲穂五茎を採って御前に供した。その際、次の歌を添えたという。「君見ませ五月の雨のふりすぎて／かり穂の稲のとり実すくなき」。いずれの逸話、和歌ともに同じ趣旨のことを伝えている。すなわち天皇は、これまでに田を耕す農民の姿を一度も見たことはなかった。和歌を捧げた二人は天皇に、貧しい収穫に悩む農民の辛苦を伝えようとした。「岩倉公実記」（中）五七二ページは同じく熱田での逸話、徳川徳成の歌と共に慶勝の歌も載せている。

＊13 「明治天皇紀」第一巻八五二ページ。のちに明治天皇は、船に乗ることを嫌うようになった。

＊14 同右八五二ページ。この歌の要点は、「あらゐ」が近くの地名の「新居」であると同時に、波風が「荒い」の意味でもあるところにある。「あらゐ」のは名ばかりで、実際は穏やかな湖面だった。

＊15 河を渡りにくい状態のままにしてあるのは旧幕府の政策である、と岩倉は示唆《しさ》している。役人はたっぷり時間をかけて旅行者を取り調べることが出来るし、また非常の際には川が西から押し寄せる敵の防壁となる（多田編「岩倉公実記」（中）五七二〜五七三ページ）。「明治天皇紀」第一巻八五四ページも参照。

＊16 「明治天皇紀」第一巻八七八ページ。十一月五日、反乱軍は福山城を占拠した。同八八九ページ参照。

＊17　これは、岩倉具視の見解である。「明治天皇紀」第一巻九〇六ページ参照。

＊18　木下彪「明治詩話」三ページ。

＊19　「明治天皇紀」第一巻九一三ページ。明治二年一月十日、昭武の箱館出征は中止とされた。度重なる敗北で反乱軍が勢いを失い、降伏も間近と見られたからである。しかし、昭武の出征の準備はすでに終わっていた。昭武は予定どおり、征討従軍を請願した。事実、その月の二十五日、昭武は箱館へ向けて出発している。「明治天皇紀」第二巻一一ページ。

＊20　木下「明治詩話」一二ページ。

＊21　二十三日、英国、米国、プロシアの公使が招かれ、饗宴《きょうえん》はほぼ同じように行われた。英国公使パークスは公使館書記官六人、海陸軍将校十三人というこれまでで最大の代表団を率いて参内した。「明治天皇紀」第一巻九〇三ページ。

＊22　サトウ「一外交官の見た明治維新」（下）二四四ページ。

＊23　同右二四四～二四五ページ。

＊24　その後間もなく、東久世は六人の外国公使に対して非公式に、天皇が翌春東京に戻った段階で、東京は日本の新しい首都になる予定である、と告げた。また東久世は、東京の地図を開いて、公使館の建設敷地として提供する地域を示した。サトウは次のように記録している。「ハリー卿《きょう》が、日本以外の公使はみな、敷地をもらうのは本意でないと言いだした。私は、次第にハリー卿が、日本人の言うことはみんなうそだと思う悪い癖から脱しつつあることを知ったのである」（サトウ「一外交官の見た明治維新」（下）二五〇ページ）。この時点で、なお岩倉の言葉が嘘《うそ》であると思われていた可能性は十分ある。

＊25　多木浩二「天皇の肖像」は、天皇の視覚的イメージが民衆にどういう形で提供されたか、その事実を伝える極めて興味深い本である。多木は、東京行幸に伴って様々な錦絵《にしきえ》が作られたことを伝えている。これらの錦絵は、よく売れた。とりわけ天皇の行列の東京入城を描いたものが売れ、錦絵を通じて一般民衆は一種の政治的経験をした。

第十九章 剛毅《ごうき》木訥《ぼくとつ》仁ニ近シ

明治二年(一八六九)は、ここ数年の記憶に残るどの年よりもはるかに幸福な状況の下で始まった。元旦《がんたん》、京都の御所で行われた四方拝を始めとする数々の儀式は、いずれも古式に則《のっと》った伝統的かつ入念なものだった。東京でも在府の公家、藩主、百官有司(役人)等が東京城に参賀した。新年を祝う賀書が、英米各公使から寄せられた。四日、政府の重臣(輔相《ほしょう》、議定、参与など)が小御所に召され、輔相岩倉具視《ともみ》が天皇の勅書を捧読《ほうどく》するのを拝聴した。勅書は言う。朕《ちん》は自らの不徳のため、祖先より受け継いだ万世一系の皇統を損なうことになるのではないかと危惧《きぐ》している。多くの臣民が数々の戦闘のため塗炭の苦しみを味わった。幸いにも、今日ここに居並ぶ百官将士の働きで臣民が安堵《あんど》するに至ったことは、朕の喜びとするところである。願わくば、朕は今後ますます祖先の偉業を内外に及ぼし、永く先皇の威徳を宣揚したい。皆も勉励怠らず、その職分を尽くし、忌憚《きたん》なく朕の「闕漏《けつろう》」（手落ち）を「匡救《きようきゆう》」（言行の悪いところを正し救うこと）せよ、と。

勅書の言葉遣いは、だいたいにおいて型通りのもので、その作成にあたって天皇が関与したものとは思われない（＊1）。しかし天皇は明らかに、今後の政府の決定のすべてに参画したい意向を持っていた。この時以降、明治天皇は閣議への出席のみならず、数えきれぬほどの公的職務をこなし、それはほとんど崩御の日まで続けられた。天皇が最後に公式の場に姿を現わしたのは、東京帝国大学の卒業式だった（＊2）。天皇が会議の席上で発言するということは、まずなかった。しかし天皇がそこにいるというだけで、会議に加わる威厳と重みには測り知れないものがあった。

新年の屠蘇《とそ》気分を打ち切るように、ある事件が起きた。一月五日未《ひつじ》の刻頃（午後二時前後）、参与横井平四郎（小楠《しようなん》）が駕籠《かご》で退朝の途次、寺町通を過ぎた時だった。凶徒数人が突如、短銃を放って横井の駕籠に迫った。横井は駕籠を捨て、短刀で立ち向かおうとした。横井は病後で弱っていた。身体《からだ》が思うように動かず、あえなく凶刃《きようじん》に倒れた。横井に随従する門弟、従僕は防ぎ及ばず、凶徒は皆逃げた。

横井暗殺の報《しら》せが届いた時、天皇は大いに驚いた。直ちに侍臣少納言長谷信成《しようなごんながたにのぶなり》を横井の寓居《ぐうきょ》に遣わし、事の真偽を確かめさせた。負傷した門弟、従僕等に、天皇は治療手当として金四百両を賜った。翌日、天皇は熊本藩主細川韶邦《よしくに》に横井を手厚く葬《ほうむ》るよう命じ、祭資金として特に三百両を賜った。この時、明治天皇が見せた敏速かつ心温まる措置は記憶に残る。後年、横井以上に親しい存在だった人々が暗殺された時に天皇が見せた冷静さと、いかにも対照的である。この時、咄嗟《とっさ》に示した天皇の思いやりの気持は、或《あるい》いは天皇の若さということだったかもしれない。後年、君主の振舞いがどうあるべきかという考えが熟するにつれて、天皇のこのような自発的な態度は影をひそめ、個人の感情をめったに見せない公平無私な態度が取って替わった。

横井小楠暗殺の犯人は、高野山で見つかった。京都の諸出口を封鎖するなど、あらゆる厳戒措置をとった探索の結果である。捕まった下手人たちによれば、横井暗殺の理由は次のようなものだった。横井は外国人と通じ、キリスト教を日本に流布《るふ》させようとした軽蔑《けいべつ》すべき売国奴である、と(＊3)。暗殺犯は福岡藩邸に監禁された。暗殺犯はやがて、藩邸内で同情の対象となった。福岡藩主は下手人に寛大な処置がとられるよう請願し、他にも藩邸内で特赦を嘆願する者が多かった。政府の役人までが、横井に落度があった証拠を探す始末だった。このようにして横井暗殺は正当化されていった。暗殺犯に対するこのような同情は明らかに、新政府の開化された外観とは裏腹に、昔ながらの外国人嫌いが未《いま》だに根強く残っていたことを示している。四人の暗殺犯が処刑されたのは、翌明治三年十月になってからのことだった。

言うまでもなく、横井の意図するところは日本人をキリスト教に改宗させることにあったのではなかった。横井は熱心な儒学者（明治天皇の侍読として儒学を講じた極めて保守的な元田永孚《ながざね》の師にあたる）だったし、儒学の教えを捨てたことは一度もなかった。横井は攘夷《じょうい》思想の持主だったが、のちに実学に転じた（＊4）。このことが、洋学輸入の奨励へと横井を導いた。すなわち西洋の経済思想、政治思想である。横井の思想の根本に、キリスト教があったわけでは決してなかった。しかし、この時代を専門に研究している一人の西洋人が言うように、「横井にとってキリスト教は、いわば実用主義ないしは合理主義を支える倫理のようなものだった。西洋の科学技術ならびに経済力と、キリスト教との間に密接な関係があることを見出《みいだ》した点で、横井は後年の日本の思想家より洞察力に富んでいた。つまり横井は、近代性とその裏にひそむ倫理との関係を理解したのである」（＊5）。横井暗殺の下手人は、伝統的な日本の思想の純粋性が外国の影響によって汚《けが》されることをひたすら恐れた。暗殺犯は、横井の学問が新しい日本にとって価値があるということを理解しようとしなかった。

横井は、時代に先んじた人物だった。ジョージ・サンソムは横井の政治思想の発展を跡づけ、次のように考えた。ついに「横井は、普遍的な平和と友愛の観念を説くまでに到《いた》り、一種の『一つの世界』説を提起したのである」と（＊6）。伝統的な儒教教育は、或いは友愛の信念を育《はぐく》むことがあったかもしれない。しかし、これはなにも徳川時代末期の日本の儒教に典型的な特徴であったわけではなかった。横井を殺害した男たちは、疑いもなく次のように信じていた。自分たちの起こした暴挙は、若い頃、武士の嗜《たしな》みとして学んだ儒教に触発されたものである、と。宏量《こうりょう》であると狭量であるとは、いずれも儒教の教えによって正当化することが出来た。

若き天皇の学問は、当時の人間が正統の儒教とみなしていたものを象徴するかのように、中国思想の正典と認められた書物を読むことだった。これに日本史として定評のある二、三の書物が加わった。毎月の日課として、「論語」輪講が六回、「日本書紀」進講が六回行われた。ほどなく教科の範囲が「論語」以外の四書輪読にまで拡《ひろ》がり、（日本の書物の中では）「神皇正統記」輪読がこれに加わった（＊7）。未だこの時期、明治天皇に世界の地理や歴史を進講する侍読はいなかった。科学については言うまでもない。

当時、日課の中で唯一《ゆいいつ》近代に譲歩したものと言えば、若き天皇に月六回の乗馬が許されたことである。天皇が乗馬に対する興味に目覚めたのは二年前（慶応三年）、初めて馬に乗った時だった。その翌年には、馬術の演技を何度も観覧している。天皇の数少ない親友の一人だった木戸孝允《たかよし》は、日記に次のことを記している。明治元年八月二十四日、京都の御馬見所で天皇は御簾《みす》を上げ、木戸に騎乗を命じた。木戸は颯爽《さっそう》と馬を乗りこなした。天皇は木戸に親しく肴菓《こうか》上の花一枝を与え、ふんだんに酒を賜り、木戸はしたたかに酔ったという。ほどなく、明治天皇は乗馬に憑《つ》かれたようになった。これが侍臣たちの悩みの種となった（＊8）。乗馬の時間を減らし、読書により多くの時間を割くべきである、と侍臣たちは考えた。乗馬を好んだことからもわかるように、若き天皇の行動性は、もっぱら非行動的な生活を基調にした父孝明天皇と極めて対照的であったと言わなければならない。孝明天皇は馬に乗らないどころか生涯、御所の外に出るということすら無いに等しかった。明治天皇の行動性は、或いは天皇が士族に対して示した親近感から出たものだったかもしれない。士族は、なんといっても日本の武芸の伝統の宝庫だった。

明治二年一月十五日、天皇は馬場始の儀に出御し、自ら白衣緋袴《びゃくえひばかま》を着けて騎乗した。大名数名（武芸百般は武家教育の当然の嗜みだった）が陪騎したほか、三条実美《さねとみ》、明治天皇の祖父中山忠能《ただやす》等公家も騎乗した。そもそも天皇に乗馬が奨励されたのは、幼少の頃より女官に囲まれて育った天皇の脆弱《ぜいじゃく》な身体を鍛えるためだった。今や乗馬に寄せる天皇の情熱は、まわりの人間にまで伝播《でんぱ》した。どうやら天皇は、馬を乗りこなす能力の如何《いかん》によって人間を評価していたようである。

天皇の教育は、侍臣たちの一大関心事だった。木戸の日記は、特にこの先十年間、繰り返しその心痛のほどを語っている。岩倉具視もまた、若き天皇の周囲に適切な相談相手が必要であることを痛感していた。明治二年一月二十五日、岩倉は三条実美に宛《あ》てた書簡の中で「君徳」の培養が肝要であることを強調し、今や大政維新の初めにあたり天皇は年若く経験に乏しい、ゆえに「輔導の任一日も闕《か》くべからず」と述べている（＊9）。岩倉はまた公家、諸侯、徴士（＊10）の中から篤実《とくじつ》謹厳なる者、器識高遠なる者、又は和漢洋の学識ある者を選抜し、天皇の侍臣ないし侍読に当てるべきである、と勧めている。「君主聡敏《そうびん》にして明徳を備へ、大綱を総攬《そうらん》したまふ時は、政府則《すなわ》ち其《そ》の人を得べし」（＊11）と岩倉は力説する。

新しい日本の君主にふさわしい教育内容については当初、具体的な計画は無きに等しかった。明治四年（一八七一）、天皇の教科内容が変更され、近代に関連した素材が幾つか取り入れられた。教科の時間割は十日単位で立てられた。十日の内四日間、天皇は「西国立志編」の講義を受けた。これは、ほんの数ヵ月前に出版されたばかりのサミュエル・スマイルズ「自助論」（"Self-Help"）の翻訳である。本と言えば主として儒教の書と、皇祖の家系の話に限られていた若者にとって、これは驚きであったに違いない。なにしろ、持って生まれた知性と努力のお蔭《かげ》で貧困と階級の障壁を克服したベンジャミン・フランクリンのような人物が次々と登場するのだから。天皇はまた、原書講読を目指してドイツ語の学習を始めることになった（＊12）。しかしこれは、ほどなく公務多忙のためとの理由で中止された。

学問に関しては西洋の新知識が導入されたが、文化に関しては旧来の伝統が未だに宮廷を支配していた。一月二十七日、明治天皇の治世になって初めての御楽始が行われ、天皇は皇后とともに小御所に臨御した。奏楽はすべて廷臣たちによって奏された。笙《しょう》は前左大臣近衛忠房等八人の公家、篳篥《ひちりき》は六人、笛は中山忠能等六人、琵琶《びわ》は三人、箏《こと》は五人の公家がそれぞれ奏した。雅楽の楽器に堪能《たんのう》であるということは、平安時代さながら当時の宮廷においても重要視された。

明治天皇は楽器を嗜まなかったようである。しかし幼少の頃から天皇は、父孝明天皇の指導の下に和歌を詠《よ》むことを覚え、生涯を通じてこの趣味を捨てることがなかった。明治二年一月二十四日、明治天皇は、やはり天皇の治世になって初めて小御所で催された和歌御会始に出御した。天皇の和歌の題は「春風海上ヨリ来《きた》ル」だった。

ちよ萬《よろづ》かはらぬ春のしるしとて
海べをつたふ風ぞのどけき

皇后も同じ題で、次の和歌を詠んでいる。

おきつ浪霞《かすみ》にこめて春きぬと
風もなぎたるよもの海づら

これらの和歌には、詠み手の感情や個性がほとんどうかがわれない、いや皆無と言ってもいい。天皇と皇后は、過去千年間の無数の宮廷歌人とまったく同じ作法で春のおとずれの喜びを歌っている。言い回しや言葉の影像に独創を取り入れようという意図などまったく無い。韻律的に正確なこれらの和歌を詠むことは、伝統的な宮廷文化に精通していることを示すにとどまった。

宮廷の伝統をうかがわせる別の一面は、二月八日に出た極めて簡潔な告示に見ることが出来る。権大納言橋本実麗《さねあきら》の娘夏子がこの日、典侍に任じられた。翌日、天皇は夏子を引見し盃を賜った。さらに、夏子に練絹《ねりぎぬ》などが贈られている。夏子はまだ十二歳だった。天皇の側室になるには、あまりに若すぎる年齢だった。しかし四年後の明治六年（一八七三）十一月十三日、夏子は天皇の女児を死産、夏子も翌日死去した。この皇女は、天皇の初めての子ではなかった。すでに二カ月前の九月十八日、権典侍葉室《はむろ》光子が男児を出産している。この皇子は同日死去し、母光子もまた四日後に死去した。

天皇と皇后の結婚は幸せなものだった。しかし、皇后に子が出来ないことは早くに気づいていたらしい。かりに皇后以外の女性と寝所を共にするのは気が進まないことであるにせよ、天皇には世継ぎを作る義務があった。ほぼこの時期から天皇は、細心の注意を払って選ばれた公家の娘たちと夜を共にするようになった。中から一人でも二人でもが妊娠することを期待したのである。これら公家の娘たちは、ほとんどが十代だった（橋本夏子は十六歳で死んでいる）。いずれも非の打ちどころのない家柄であるにも拘《かかわ》らず、ひたすら皇子皇女を出産することだけが望みの教養に乏しい女性ばかりだった。天皇の関心を引こうと、女たちの間で競争意識に火花が散った。しかし、かりに首尾よく天皇の子を身籠《みご》もったとしても、母親の喜びを味わうことは出来なかった。生まれた赤ん坊は、やがて生みの母親から引き裂かれ、正式には皇后の子供として遇されるようになる。それでもなお、明治天皇の母中山慶子《よしこ》の例からわかるように、皇子皇女の生みの母親は宮廷で高い位階を受け、数々の恩典に浴することが出来た。かりにその子供が死んだとしても、生みの母親には一生安楽な生活が約束された。たとえそれが寂しい一生であったにせよ、である（*13）。

明治天皇は、五人の側室から十五人の皇子皇女を得た。いずれの側室も宮中で特に目立つという類《たぐい》の女性ではなかったようである。残っている写真を見てもわかるように、お決まりの髪型と衣裳でどれも同じように見える。天皇に女性の好みというものがあったかどうかはわからない。しかし、二人の権典侍（園祥子《さちこ》、小倉文子《ふみこ》）は他の女性より長く天皇に仕えた。園は明治天皇の皇子皇女を八人産み、その内四人が生き残った。ヨーロッパでは、王の庶出の子供は王位を継承する資格がなかった。しかし伝統の異なる日本では、皇后に生まれた子供であれ、他の女性の腹を「借りて」この世に誕生した子供であれ、そこには何ら区別はなかった。

明治天皇のいわゆる性生活については、昔から何かと噂《うわさ》がある。今日でもなお、実は自分は庶出の子孫だと名乗り出る者が跡を絶たない。その主張を裏づける確たる証拠は何もない（*14）。昔の日本の公家や武士の例を思えば、天皇が綺麗《きれい》な芸者に惹《ひ》かれて一夜の伽《とぎ》を命じたことくらいあっても不思議ではない。そういうことが事実あったと考えられないこともない。しかし、若き天皇を最もよく知る人物たちが書き残したものの中には、この推測を確証するものは何もない。天皇は、側室として五人もの公家の娘を配されていた。天皇の気に染まない（或いは死んだ）側室の代わりは容易に見つかった。天皇は目を外に向ける必要などなかった。

まだ二十歳に満たない、それも子供を出来るだけ早く作らなければならないという精神的重圧にさらされた若者が、勉学をそこなうまでに肉体的快楽に走るかもしれないということは容易に想像できる。木戸の日記は特に明治七年（一八七四）以降、折りに触れて天皇教育の行き詰まりを嘆いている。天皇の気持は、どうも学問以外のことに向けられていたようだった。この年、木戸は天皇の侍読たちから要請を受け、学問の研鑽《けんさん》を重ねることで皇統を継ぐに値する人物であることを示すよう天皇に勧めている。或いはこれは、天皇が女性と時を過ごしすぎることへの遠回しな警告であったかもしれない。

この時期、すでにかなり広い範囲にわたる天皇の教育計画が立案されていた。例えばそこには中国思想の古典や日本史はもとより、ヨーロッパの歴史、ドイツ語までが含まれていた。しかし、天皇の勉強は遅々として進まなかった。日本史の侍読を務める福羽美静《ふくばびせい》、ドイツ法の侍読の加藤弘之等と会った後、木戸は日記に次の意味のことを記している。福羽や加藤は天皇の学問がはかどらないことを非常に心配している。自分が天皇のお側《そば》近くに仕えているのを幸い、ぜひ天皇に従来の心構えを改め、学問に専心するよう勧めてくれないかと言う。そこで、自分は思うところを彼らに述べた。皆は異論なく、これに同意した。そこで自分は天皇に直接その意とするところを申し上げることにした、と（＊15）。木戸は、日頃から天皇が自分に好意を抱いていることに勇気づけられたようである。御前で、これまでに増して精進して「天職」をまっとうするよう説得した（＊16）。一年後、木戸は天皇に忌憚《きたん》なく次のように述べている。「天職を御尽し遊ばせられず候ては、臣等杞憂《きゆう》に堪へず」（＊17）と。

侍臣たちの一大関心事の一つに、天皇の酒好きということがあった。中山忠能の屋敷で狂言など観覧した後、「御酒宴も盛にして余り御興に過ごされしを窃《ひそか》に気遣ひ申上るものあり」と、木戸は日記に書いている（＊18）。天皇の酒の強さについては、近臣たちの数々の思い出話が残っている。例えば、侍従高島鞆之助《とものすけ》は次のように語る。「御酒量も強く、時々御気に入りの侍臣等を集めて御酒宴を開かせられしが、自分は酒量甚《はなは》だ浅く畏《おそ》れ多き事ながら何時《いつ》も逃げ隠れる様にして居た。所が彼《か》の山岡鉄舟や中山大納言（忠能）の如《ごと》きは却々《なかなか》の酒豪で、斗酒猶《なお》辞せずと云《い》ふ豪傑であつたから聖上には何時も酒宴を開かせ給ふ毎《ごと》に、此等《これら》の面々を御召し寄せになつては、御機嫌殊《こと》に麗《うる》はしく、勇壮な御物語りを御肴《さかな》として玉杯の数を重ねさせ給ふを此上なき御楽しみとせられた。而《しか》も聖上の当時用ゐさせ給《たま》ひし玉盃は普通の小さいのではなくて下々《しもじも》の水飲茶碗《ぢやわん》を見るが如き大きなる玉盃に、並み〳〵と受けさせられては満を引かせ給ふが常であつた。

此頃よりの聖上の御精励は非常にして毎朝早くより表御所に御出御遊され万機を御親裁になつて、午後の五時若《も》しくは六時ならでは、御奥へ入御あらせられぬのが常であつた。又時々は夫《それ》も御廃《や》めになつて、今宵は表御所で遊ばうとの御諚《ごじよう》下り、夜更《よふ》くるまで侍臣を御対手《あいて》に種々の御物語りに耽《ふけ》らせ給ふこともある。斯様《かよう》の時にイザ御寝《ぎよしん》と云ふ事となれば急に御奥より夜の御寝具を運び、吾々《われわれ》侍臣は御廊下に殿居をして一夜を明かすのは決して珍しき事ではなかつた」（＊19）

皇后は天皇の飲酒癖を、いたく気に病んでいた。その様子が次の和歌にうかがえる。

花の春紅葉の秋の盃も
　ほどほどにこそ汲《く》ままほしけれ（＊20）

皇后が「花の春」と「紅葉の秋」を挙げているのは、なんといっても酒の量が増えるのがこの二つの季節だった(し、現在もそうである)からである。

若き日の明治天皇は、好んで日本酒を飲んだ。しかし、のちに天皇はフランスのワインとシャンパンに切り換えた。天皇の酒量は並外れていたが、いつも酒に強いというわけではなかった。明治十九年(一八八六)から侍従として仕えた日野西資博《ひのにしすけひろ》は、天皇がシャンパンを一度に二本開けたこともあると書いている。口当りがよく、天皇はつい飲み過ぎて、足元が怪しくなる時もあった。それ以来、なるべくシャンパンはさし上げぬように致しております、と日野西は記している(＊21)。天皇は、テーブルの上の酒が無くなるまで席を離れることがなかった。普通は夜の十一時には還御となるが、さまざまな回想録によれば、時には十二時をまわって酒宴が深夜に及ぶこともあったようである。

しかし、これまたあらゆる回想録が証言しているように、天皇は毎日、早朝から御学問所に出御し、その日の政務をこなした。確かに時には勉学を怠たり、木戸や他の近臣たちを失望させるようなことがあったかもしれない。しかし、天皇の仕事に対する義務感は強く、国事をおろそかにするようなことは断じて無かった。天皇には、自分が日本の天皇であるということについての十分な認識があった。そのことが当時の外国の批評家に深い感銘を与え、彼らはヨーロッパの君主と比較する上で常に明治天皇に好意的だった。その典型的な例を次に挙げる。チャールズ・ランマンは明治十五年（一八八二）、明治天皇を称賛して次のように書いている。

「ヨーロッパの君主や王族の多くと違って、明治天皇は放縦に身をまかせるということがなく、もっぱら精神を教化することに喜びを見出《みいだ》している。知識を求めるにあたって労を惜しまず、個人的不自由も厭《いと》わない。まだ若いにも拘《かかわ》らず、枢密《すうみつ》顧問官の会議には頻繁に出席する。（中略）行政部門をよく訪れ、天皇の出席が望ましいあらゆる公務にも常に顔を出す。科学や文学にいそしむ一方で、専門的な研究に毎日数時間をあてるなど自分を厳しく律する習慣を持ち、それに厳格に従っている。性格においては賢明、断固たる決意の持主で、進歩的かつ向上心に燃えている。治世の最初から天皇のまわりには帝国きっての賢い政治的指導者が配され、これが当然のことながら天皇自身の成長にも役立っている。かくして今世紀の日本の王冠は、偉大なる尊敬に値する人物の上に輝いている」（＊22）

ランマンはさらに続けて、明治天皇を「偏見から自由で、国家の繁栄の増進に有益と思われるあらゆるものを外国から採り入れる熱意ある向上心の持主」と称《たた》え、ピョートル大帝に驚くほどよく似ていると明言している。木戸であれば、このような称賛はいささか度を越していると思ったかもしれない。しかしヨーロッパの王室の弱点を知っている者なら、こぞって明治天皇の公務への献身を称賛するに違いない。ランマンがピョートル大帝との類似を指摘しているのは、疑いもなく日本の近代化を押し進めた明治天皇の方針に対する賛辞であったろう。しかし、人格の上でこの二人には類似するところなど何一つなかった。片や粗暴で残忍とさえ言えるロシアの君主、片や誠実で極めて控えめな日本の君主である。

日本人は明治天皇の性格について、他にもいろいろ称賛すべき面を見出している。質朴で奢侈《しゃし》や誇示を嫌う天皇の性格は、よく指摘されるところである。ある侍従は「御使用の筆も、穂先がちび、墨も永らく御使用になって、小さくなったのを捨てずに使っておられた。墨をお磨《す》りになるのも御自分で、決して人手を借りられなかった」と回想している(＊23)。何年にもわたって天皇は同じ軍服を身につけ、陸軍の服制改正で他の者がすべて近代風に変えた後も、天皇だけは旧式の「肋骨《ろっこつ》」つきの軍服を着ていた。その軍服は何度も修繕された。古くなった短靴《たんか》が、ゆるくて履けなくなると、侍従は新しい靴を揃《そろ》えた。しかし天皇は、古い靴を修繕するよう命じた(＊24)。衣服や靴のみならず、古いものを修繕する方が新しいものを買うより費用が高くつくこともあることを天皇は承知していた。しかし、天皇はあくまで「修理して使えば使えるものは修理せよ」という原則に従った。多くの回顧録の筆者は、明治天皇が倹約（また、電気より蠟燭《ろうそく》の使用）を主張した結果、宮殿のカーテンは煤《すす》け、障子紙は黒ずんだままだったと指摘している。

明治天皇が学究肌であったという侍読の証言は一つもないが、高辻修長《おさなが》は「進講は極めて御熱心に御聞取り遊ばされ、御不審の個所は意義の透《とお》るまで、何処《どこ》までも御正し遊ばさるゝと云ふ風であつた」と回想している（＊25）。加藤弘之は週に二、三日、憲法や国際法などの侍読をした。残念なことに、天皇は政治向きの仕事を学業に優先せざるを得なかった。学業の進み具合は当然、加藤の立てた予定より遅れるようになった。そこで、「御侍読の時間を増し一時、夏は午前七時より、冬は午前八時半より、毎日御学問所に入らせらるゝ事となつた。陛下の御精励は誠に恐れ多い次第で、毎朝五時には必ず御起床遊ばされ、時間前より御学問所にて、侍読の参内を御待ち受けあらせらるゝので、遅れて参内したる侍読達は、恐懼《きょうく》して思はず冷汗に背を霑《うるお》すことも少なくはなかつた」（＊26）。

加藤は、憲法に関する西洋の書物からの抄訳を作り、それを講義した。立法、行政、司法の三権分立のこと、市町村自治制のこと、十八世紀末から十九世紀中期に到《いた》るヨーロッパの憲法史の大略等である。最初は、ドイツの権威ある学説、特にブルンチュりの書物の翻訳を教材に使った。しかし加藤は、天皇が翻訳だけに頼っていては真の理解が得られないかもしれないと恐れた。そこで、ドイツ語の原書の講読に切り換えることにした。しかし、やがて天皇には外国語を学ぶ時間（あるいは、その適性）がないことが明らかになった。しかし加藤は、あくまで天皇が勤勉であったことを伝えている。

加藤は言う。「先帝は御性質至って、綿密着実に渡らせらるゝより、物事を中途半端にして御止《や》め遊ばす様な事なく、飽《あ》く迄《まで》も根柢《こんてい》を理解せられざれば止まずと云ふ御有様であつた。例へば今日申上げしことも、御不審あらば明日御理解の行く迄は御質問遊ばさるゝ有様なれば、御進歩は遅き代り、一旦《いったん》御理解になりし事は何時迄も御忘れなく、必ずこれを御活用遊ばさるゝと云ふ御有様には、予の常に舌を巻きて感嘆し奉《たてまつ》りし所である。予は多年教育家として多数の学生にも接したるが、陛下の如く試験あるにもあらせられず、全く御自身の御修養の為に、斯《かく》の如く学問研究に御熱心に渡らせらるゝ事は、未《いま》だ嘗《かつ》て他に見ざる処である」。

天皇の抜群の記憶力は、天皇を知る多くの者たちの指摘するところである。海軍中将有地品之允《ありちしなのじよう》は、次のように回想している。

「宮中の種々なる儀式、典礼、其他歴史の事実に至るまで、一として御精通遊ばされざる事なく、微々たる者までも一度御拝謁《はいえつ》を賜ひし者は、決して其名を御忘れ遊ばすと云ふ事がない。例へば陸海軍は諸学校を始め、大学等の卒業式等に行幸遊ばされ、御手づから、賞典を賜つた優等卒業者や、又は御前講義をなせし人々の一々の名前をも、決して御記憶に止めさせられずと云ふ事はなかつた。聖上始めて大学の卒業式に行幸ありて、斎藤修一郎の御前講義を御聴取り遊ばした事があつたが、其後常に斎藤々々と御忘れなく、御陪食を仰《おお》せ付けらるゝ時の如き、其折の事を語り出《いだ》させ給ひて、彼《か》の時は何《ど》うであつた、彼の場合は斯《こ》うであつた等と、一々見るが如く、久しき御記憶を辿《たど》らせ給ふのをよく拝聴したのであつた」(＊27)

崩御されたばかりの天皇の回想ということから、有地の称賛の言葉には多少の誇張があったかもしれない。しかし、それを差し引いてもなお、明治天皇が抜群の記憶力の持主であったという事実は動かない。天皇は明らかに、いわゆる知識人ではなかった。天皇を知る者たちの思い出話からは、むしろ次の論語の一節が思い起こされる。「剛毅《ごうき》木訥《ぼくとつ》仁に近し」。意志が強く、容易に屈することなく、無欲で、飾りけのないこと、これ即《すなわ》ち、孔子の理想である仁に近い、というのである。

明治天皇の人格にある「剛毅」な面は、軍隊の演習に積極的に参加することで顕著に示された。天皇は馬上で玉剣を手に、三軍を統率することとさえした。大元帥《だいげんすい》として初めての演習の際、激しい風雨をものともせず天皇は終始沈着冷静で、その英姿は三軍を鼓舞激励したという。この天皇の沈着冷静さは、その後の治世を通じて変わることがなかった。困った事態であれ、また悲惨な状況であれ、天皇が不平を漏らしたり意気消沈するということは絶えてなかった。

治世のこの時期、未だ明治天皇は周囲を取り巻く優れた人材に頼らざるを得ない経験未熟な若者だった。これら取り巻きの人物たちの態度は敬意に満ち、紛れもなく天皇を自分たちの君主として崇敬していた。しかし、同時に彼らの持つ政治、軍事のみならず文学、哲学にまで及ぶ知識は、むしろ天皇を怖《お》じ気《け》づかせることになったかもしれない。木戸が愚痴をこぼしているごとく、天皇は学問に対する熱意に欠けているかのように見えた。或《あ》いはそれは、いくら努力しても彼らの完成の域には達することが出来ないのではないか、という天皇の諦《あきら》めにも似た気持から出たものであったかもしれない。

これまでのところ、未だ明治天皇は自らの気概を見せる機会に恵まれたとは言えない。もし、このまま若くして死ぬか、父孝明天皇と同じわずか三十五歳で生涯を終えるようなことになっていたとしたら、この若者は単に王政復古の時代に君臨した天皇として記憶されることになったに違いない。長命と強い使命感が、この若者をついには歴代の天皇の中で最も名高い天皇に仕立て上げることになる。

（第二巻へ続く）

＊1 勅書原文は「明治天皇紀」第二巻四ページ。当時出された詔勅、勅令などの多くは皇学所御用掛の玉松操によって書かれた。「明治天皇紀」第二巻一九ページ。

＊2 これは明治四十五年（一九一二）のことである。このような儀式に出席し、優等卒業生に銀時計を賜るのは明治三十二年（一八九九）以来、明治天皇の習慣となっていた。東京帝国大学以外に天皇が卒業式に出席したのは、陸軍大学校、陸軍士官学校など軍関係の学校だけだった。飛鳥井雅道「明治大帝」一五ページ参照。天皇は七月十九日に倒れ、三十日に崩御した。

＊3 「明治天皇紀」第二巻七ページ。横井暗殺の動機を述べた供述書の原文は、森川哲郎「明治暗殺史」二九ページ。暗殺者の一人上田立夫が特に激怒したのは、横井が洋服を着て外国製の帽子をかぶり、築地の外国人地区を散策していたのを目撃したからだった。

＊4 実学が中国と日本でどのように発展したかについての研究は、Wm. Theodore de Bary and Irene Bloom “Principle and Practicality” 一八九～五一一ページ参照。

＊5 H. D. Harootunian “Toward Restoration” 三三五ページ。

＊6 G. B. Sansom “The Western World and Japan” 二八三ページ。

＊7 「明治天皇紀」第二巻四一ページ。「日本書紀」を玉松操と平田大角が、「論語」を東坊城任《ただ》

長《なが》と中沼了三（葵園《きえん》）が、それぞれ進講した。「明治天皇紀」第二巻二六ページ参照。

＊8 議定中御門経之は明治二年四月二十八日、この趣意の書を岩倉具視に送っている。明治天皇が最近、隔日に乗馬していることを知った中御門は、これを毎月三・八の日、すなわち毎月六回に限るよう天皇に奏請することを岩倉に勧めている。「明治天皇紀」第二巻一〇九ページ参照。

＊9 「明治天皇紀」第二巻三〇ページ。

＊10 藩、民間から特に優れた才能、業績のため召し出され、朝廷の用を務めた。

＊11 「明治天皇紀」第二巻三〇ページ。

＊12 （英語やフランス語よりむしろ）ドイツ語が選ばれたのは、恐らく考案中の日本の新憲法がドイツの憲法の影響下にあったからである。天皇の侍講の一人加藤弘之は、早くからドイツ語を学び、堪能《たんのう》だった。加藤弘之「予が侍読に召されし頃」（太陽臨時増刊「明治聖天子」三八ページ）参照。

＊13 詳細は、加藤仁《ひとし》「明治天皇お局《つぼね》ご落胤《らくいん》伝」（「新潮45」一九八八年九月、十月号）参照。

＊14 加藤（同右）は、明治天皇の庶子の子孫であると名乗る人々の言い分を取り上げている。しかし加藤は、その信憑性《しんぴょうせい》については疑問視している。

＊15 「木戸孝允日記」明治七年五月十九日の項。

＊16 同右、明治七年五月二十日の項。明治九年七月十一日の項に、木戸は別の懸念《けねん》を書きつけている。行幸中の天皇が輿《こし》にばかり乗りたがるので、木戸は天皇が運動不足から健康を害するのではないかと恐れた。そこで、しきりに「御馬上」または「些少《さしょう》の御歩行」を勧めたが、天皇は聞き入れなかった、と日記にある。

＊17　同右、明治八年八月二十日の項。
＊18　同右、明治九年十月十三日の項。
＊19　高島鞆之助「神武以来の英主」（太陽臨時増刊「明治聖天子」三三〜三四ページ）。飛鳥井「明治大帝」一四八ページにも一部引用がある。
＊20　加藤「明治天皇お局ご落胤伝」六一ページに引用。
＊21　日野西資博「明治天皇の御日常」八一ページ。日野西はまた、次の話も紹介している。天皇は土方伯爵《はくしゃく》の屋敷で酒を飲んだ後、足元がふらついて日野西に寄りかかった。日野西は身体が小柄で、体格のいい天皇を抱えながら歩くのに苦労した。それでもなんとか、もう少しで乗馬口というところまでたどりついたが、そこで足がもつれて二人とも倒れてしまった（同八一〜八三ページ）。
＊22　Charles Lanman "Leading Men of Japan" 一八ページ。
＊23　坊城俊良《としなが》「宮中五十年」一四ページ。
＊24　同右一六ページ。坊城は自身、靴を修繕させたことを書いている。
＊25　高辻修長「御幼時の進講」（太陽臨時増刊「明治聖天子」三〇ページ）。
＊26　加藤「予が侍読に召されし頃」（太陽臨時増刊「明治聖天子」三八ページ）。
＊27　有地品之允「勇壮、闊達《かったつ》、細心、諧謔《かいぎゃく》、勤倹に渡らせらる」（太陽臨時増刊「明治聖天子」五二ページ）。

この作品は平成十三年十月新潮社より刊行された
『明治天皇　上巻』『明治天皇　下巻』を、文庫化
に際し四巻本として再編集したうちの第一巻です。

吉村昭著

ニコライ遭難

〝ロシア皇太子、襲わる〟——近代国家への道を歩む明治日本を震撼させた未曾有の国難・大津事件に揺れる世相を活写する歴史長編。

角田房子著

閔妃《ミンビ》暗殺

—朝鮮王朝末期の国母—

時は十九世紀末、朝鮮王朝の宮廷に君臨した美貌の王妃は、なぜ殺害されたのか。日韓関係の原点に迫る渾身のノンフィクション。

長部日出雄著

天皇はどこから来たか

青森・三内丸山遺跡の発見が、一人の作家を衝き動かした——大胆な仮説と意表を突く想定で、日本史上最大の謎に迫る衝撃の試論！

梅原猛著

黄泉《よみ》の王《おおきみ》

—私見・高松塚—

華麗な彩色壁画を持つ高松塚は亡霊の復活を拒絶した古墳!? 律令制定前後の血塗られた粛清劇と、一人の悲劇の皇子の姿を明かす。

梅原猛著

天皇家の〝ふるさと〟日向をゆく

天孫降臨は事実か？ 梅原猛が南九州の旅で記紀の神話を実地検証。戦後歴史学最大の〝タブー〟に挑む、カラー満載の大胆推理紀行！

司馬遼太郎著

歴史と視点

歴史小説に新時代を画した司馬文学の発想の源泉と積年のテーマ、〝権力とは〟〝日本人とは〟に迫る、独自な発想と自在な思索の軌跡。

亀井勝一郎著
大和古寺風物誌
輝かしい古代文化が生れた日本のふるさと大和、飛鳥、歓びや苦悩の祈りに満ちた斑鳩の里、いにしえの仏教文化の跡をたどる名著。

末木文美士著
日本仏教史
―思想史としてのアプローチ―
日本仏教を支えた聖徳太子、空海、親鸞、日蓮など数々の俊英の思索の足跡を辿り、日本仏教の本質、及び日本人の思想の原質に迫る。

坪内祐三著
靖国
それは、軍国主義の象徴でも英霊の瞑る聖地でもない――イデオロギーにまみれた空間の意外な姿を再現し、日本の近代化を問う評論。

田辺聖子著
新源氏物語
（上・中・下）
平安の宮廷で華麗に繰り広げられた光源氏の愛と葛藤の物語を、新鮮な感覚で「現代」のよみものとして、甦らせた大ロマン長編。

丸谷才一著
新々百人一首
（上・下）
王朝和歌の絢爛たる世界が蘇る！　丸谷才一が二十五年の歳月をかけて不朽の秀歌百首を選び、スリリングな解釈を施した大作。

辻　邦生著
西行花伝
谷崎潤一郎賞受賞
高貴なる世界に吹き通う乱気流のさなか、現実とせめぎ合う〝美〟に身を置き続けた行動の歌人。流麗雄偉の生涯を唱いあげる交響絵巻。

白洲正子著

西　　行

ねがはくは花の下にて春死なん……平安末期の動乱の世を生きた歌聖・西行。ゆかりの地を訪ねつつ、その謎に満ちた生涯の真実に迫る。

白洲正子著

日本のたくみ

歴史と伝統に培われ、真に美しいものを目指して打ち込む人々。扇、染織、陶器から現代彫刻まで、様々な日本のたくみを紹介する。

江藤　淳著

決定版夏目漱石

処女作「夏目漱石」以来二十余年。著者の漱石論考のすべてを収めた本書は、その豊かな洞察力によって最良の漱石文学案内となろう。

嵐山光三郎著

芭　蕉　紀　行

これまで振り向かれなかった足跡にもスポットを当てた、空前絶後の全紀行。芭蕉の衆道にも踏み込んだくだりは圧巻。各章絵地図入り。

大野　晋著

日本語の年輪

日本人の暮しの中で言葉の果した役割を探り、言葉にこめられた民族の心情や歴史をたどる。日本語の将来を考える若い人々に必読の書。

森本哲郎著

日本語　表と裏

どうも、やっぱり、まあまあ——私たちが使う日本語は、あいまいな表現に満ちている。言葉を通して日本人の物の考え方を追求する。

新潮文庫最新刊

上橋菜穂子著
神の守り人
上 来訪編・下 帰還編
小学館児童出版文化賞受賞

バルサが市場で救った美少女は、〈畏ろしき神〉を招く力を持っていた。彼女は〈神の子〉か？ それとも〈災いの子〉なのか？

上橋菜穂子
チーム北海道著
バルサの食卓

〈ノギ屋の鳥飯〉〈タンダの山菜鍋〉〈胡桃餅〉。上橋作品のメチャクチャおいしそうな料理を達人たちが再現。夢のレシピを召し上がれ。

恩田陸著
中庭の出来事
山本周五郎賞受賞

瀟洒なホテルの中庭で、気鋭の脚本家が謎の死を遂げた。容疑は三人の女優に掛かるが。芝居とミステリが見事に融合した著者の新境地。

平野啓一郎著
あなたが、いなかった、あなた

小説家は、なぜ登場人物の「死」を描くのか。——日常性の中に潜む死の気配から、今を生きる実感を探り出す11の短篇集。

柴田よしき著
所轄刑事・麻生龍太郎

小さな事件にも隠された闇があり、刑事にも人に明かせぬ秘密がある——。下町の所轄署に配属された新米刑事が解決する五つの事件。

橋本紡著
空色ヒッチハイカー

いちどしかない18歳の夏休み。受験勉強を放り出し、偽の免許証を携えて、僕は車で旅に出た。大人へと向かう少年のひと夏の冒険。

新潮文庫最新刊

森 達也著
東京番外地
皇居、歌舞伎町、小菅——街の底に沈んだ聖域へ踏み込んだ、裏東京ルポルタージュ。文庫書き下ろし「東京ディズニーランド」収録。

手塚正己著
軍艦武蔵（上・下）
十余年の歳月をかけて徹底取材を敢行。世界最大の戦艦の生涯、そして武蔵をめぐる蒼き群像を描く、比類なきノンフィクション。

青沼陽一郎著
帰還せず
—残留日本兵 六〇年目の証言—
祖国のために戦いながら、なぜ彼らは日本へ帰らなかったのか。現地に留まった兵士たちの選択とその人生。渾身のルポルタージュ。

新潮社編
子供たちに残す戦争体験
子を探す父、道に積み上げられた死体の山。これは全国から寄せられた体験者たちの生の声。教科書には書かれない真実の記録です。

J・バゼル
池田真紀子訳
死神を葬れ
地獄の病院勤務にあえぐ研修医の僕。そこへ過去を知るマフィアが入院してきて……絶体絶命。疾走感抜群のメディカル・スリラー！

R・バック
法村里絵訳
二匹は人気作家
フェレット物語
作家バジェロンの夢は壮大な歴史小説の上梓。一方、彼の妻も娯楽作品でデビューする。芸術の意味と愛の尊さを描くシリーズ第三作。

明《めい》治《じ》天《てん》皇《のう》(一)

新潮文庫　き－30－1

平成十九年三月一日発行
平成二十一年八月二十五日六刷

著者　ドナルド・キーン
訳者　角《かく》地《ち》幸《ゆき》男《お》

発行者　佐藤隆信
発行所　株式会社 新潮社
郵便番号　一六二―八七一一
東京都新宿区矢来町七一
電話　編集部(〇三)三二六六―五四四〇
読者係(〇三)三二六六―五一一一
http://www.shinchosha.co.jp

価格はカバーに表示してあります。

乱丁・落丁本は、ご面倒ですが小社読者係宛ご送付ください。送料小社負担にてお取替えいたします。

印刷・大日本印刷株式会社　製本・加藤製本株式会社

ISBN978-4-10-131351-1　C0121